普通高等院校经济管理类“十四五”应用型精品教材

【市场营销系列】

电子商务概论

INTRODUCTION TO E-COMMERCE

第2版

主　编　张淑琴
副主编　王　锦
参　编　杨　蕾　淡梅华

机械工业出版社
China Machine Press

图书在版编目（CIP）数据

电子商务概论 / 张淑琴主编．—2 版．—北京：机械工业出版社，2022.12
普通高等院校经济管理类“十四五”应用型精品教材 · 市场营销系列
ISBN 978-7-111-71823-9

I. ①电… II. ①张… III. ①电子商务 - 高等学校 - 教材 IV. ① F713.36

中国版本图书馆 CIP 数据核字（2022）第 192431 号

本书共分九章，涵盖了电子商务的主要内容，包括电子商务概述、电子商务模式、电子商务安全、网上支付、电子商务物流、网络营销、移动电子商务、电子商务网站规划、跨境电子商务。本书突出了电子商务的前沿理论，并融入课程思政元素，书中案例丰富、新颖，实用性强。通过对本书的学习，读者可以掌握电子商务的基本原理、方法和相关技能，能够创造性地分析和解决电子商务应用中的实际问题。

本书既可作为高等院校电子商务等经济管理类专业本专科生、研究生的教材，也可作为企业管理人员和电子商务从业人员的参考书或培训教材。

出版发行：机械工业出版社（北京市西城区百万庄大街 22 号　邮政编码：100037）
责任编辑：施琳琳　　责任校对：贾海霞　张　征
印　　刷：河北鹏盛贤印刷有限公司　　版　　次：2023 年 1 月第 2 版第 1 次印刷
开　　本：185mm × 260mm　1/16　　印　　张：16.75
书　　号：ISBN 978-7-111-71823-9　　定　　价：49.00 元

客服电话：（010）88361066　68326294

PREFACE 前　　言

电子商务在我国已经走过20多年的时间，随着互联网尤其是移动互联网的普及，消费者的日常生活已经与电子商务密不可分。2020年全球暴发新冠病毒感染，进一步加深了人们对电子商务的认识与依赖。随着大数据、云计算、物联网、人工智能等新一代信息技术的广泛应用，电子商务新业态、新模式不断出现，日益影响着人们的思维、生活和工作方式，同时加速了传统企业的转型进程，进一步促进国家乃至整个世界经济结构和发展方式的变革。深刻领会电子商务的基本理论与原理，掌握电子商务的相关技能，是新时代提出的新要求、新挑战。

《电子商务概论》自2018年6月出版后，受到了广大应用型本科院校经济管理类专业师生的普遍欢迎和好评，第1版先后6次印刷，但在教学实践中，我们仍感觉还有一些不足。在机械工业出版社的大力支持下，我们完成了《电子商务概论》第2版的编写任务。与第1版教材相比，第2版在保持原教材特点和风格的基础上，在以下几个方面进行了改进和完善。

（1）更加突出理论的前沿性。为保持教材与学科发展前沿的同步性，并吸收行业发展的最新成果，本书在修订过程中对第1版内容做了如下调整。一是删除了第1版中电子商务法律一章的内容，增加了跨境电子商务一章内容。二是对网络营销这一章的内容及结构进行了较大调整，新增了社交媒体营销一节内容，对网络营销发展趋势的内容进行了全部替换。三是对电子商务发展趋势进行了新阶段划分并增加了新内容。四是对涉及电子商务模式及业态发展的数据进行了更新。

（2）融入课程思政元素。根据教育部高校课程思政建设要发挥好每门课程育人作用的要求，本书在不同章节中融入了帮助学生了解电子商务专业和行业领域的国家战略、法律法规和相关政策等内容。例如，本书第一章第三节引入党的十九大报告提出的“推动互联网、大数据、人工智能和实体经济深度融合”、国家发改委发布的“新基建”的概念来论述电子商务对经济社会的影响，第三章第一节引入习近平总书记关于网络安全与国家安全的论述，第四章第一节引入我国数字人民币相关内容，第七章第二节引入《中华人民共和国电子商务法》相关内容，第九章第一节引入我国政府推动跨境电商出台的一系列政策，等等。这些内容有助于培育学生经世济民、诚信服务、德法兼修的职业素养、政治认同和家国情怀。

（3）案例更具时代性。为了帮助学生加深对最新理论的理解，本书在保持原有案例结构的基础上，对案例进行了系统性的更新与修改，以突出案例的针对性、时代性与丰富性。本次修订共替换和新增案例 11 个，系统性修改案例 7 个。

本书主编是张淑琴，负责把握全书框架；副主编是王锦。本书的具体分工如下：张淑琴编写第一章、第二章（第一节、第四节）和第五章（第一节）；王锦编写第二章（第二节、第三节、第五节、第六节）、第三章、第四章、第五章（第二节、第三节）和第六章；淡梅华编写第七章、第八章；杨蕾编写第九章。

在本书编写过程中，西安思源学院校企合作单位西安橙果电子商务有限公司对教材涉及的实践教学内容中学生创新创业能力的提升方面提出了宝贵意见，本书得到了西安思源学院裴莹、王浩两位老师的帮助，也得到了机械工业出版社的大力支持，在此深表感谢！在写作过程中，编者参考和借鉴了许多资料，在此表示诚挚的谢意！

电子商务的发展日新月异，内容不断变化，理论不断创新，由于编者水平有限，书中难免会出现错漏和不妥之处，恳请专家、同行、读者提出宝贵意见，以便不断修正和完善。

编者

2023 年 1 月

SUGGESTIONS 教学建议

教学目的

电子商务概论是电子商务专业的一门专业基础课程，也是经济管理类非电子商务专业的一门重要课程。通过对本课程的学习，学生对电子商务的整体框架会有一个全面的认识，能够理解电子商务的基本原理与商务模式，掌握电子商务的基本应用技能，及时了解电子商务领域的最新应用。

教学方式方法与手段建议

电子商务具有很强的实践性，理论与实践的结合是本课程教学的重要方式与手段。在理论课的教学中为了加深学生对知识的理解、原理的把握及方案的综合应用，建议在传统课堂讲授的基础上，授课教师可根据教学内容灵活运用案例分析、小组讨论、翻转课堂等方法来提升教学效果。对于形成专业技能的实践教学内容，可采用模拟平台与实战平台相结合的方式进行。模拟平台主要用于电子商务模式中后台交易流程的体验与实践。在互联网已经普及的今天，授课教师可充分利用互联网免费资源进行实战教学，使学生充分掌握电子商务的基本应用技能。当然，授课教师也可以进行适当的教学设计，将相关理论教学与实践教学内容融合在一起，形成项目化的教学任务，让学生进行方案设计并通过路演汇报，提升学生的综合实践应用能力。

课时分布建议

章号	教学内容	学习要点	学时
第一章	电子商务概述	认识电子商务	8
		电子商务系统构成	
		电子商务对经济社会的影响	
		电子商务的发展	

（续）

章号	教学内容	学习要点	学时
第二章	电子商务模式	电子商务商业模式概述	12
		B2B电子商务模式	
		B2C电子商务模式	
		C2C电子商务模式	
		O2O电子商务模式	
		其他电子商务模式	
第三章	电子商务安全	电子商务安全概述	4
		数字加密技术	
		数字证书技术与认证中心	
		网络安全技术	
		电子商务安全支付协议	
第四章	网上支付	网上支付概述	4
		网络银行	
		移动支付	
第五章	电子商务物流	电子商务物流概述	4
		电子商务物流模式	
		电子商务物流中心	
第六章	网络营销	网络营销概述	6
		网络营销策略	
		网络营销常用方法	
		社交媒体营销	
第七章	移动电子商务	移动电子商务概述	2
		移动电子商务商业模式及其发展策略	
第八章	电子商务网站规划	电子商务网站规划概述	4
		电子商务网站建设技术要素	
第九章	跨境电子商务	跨境电子商务概述	4
		跨境电子商务模式分类及主流平台	
		跨境电子商务支付	
		跨境电子商务物流	
合计			48

CONTENTS 目　录

CHAPTER 1　第一章

电子商务概述

知识目标

- 理解电子商务的概念、特点与类型
- 了解电子商务与传统商务的区别
- 掌握电子商务系统结构
- 理解电子商务对社会经济的影响
- 了解电子商务的发展

能力标准

- 能够通过与传统商务的对比概括出电子商务的本质
- 能够结合实际说明电子商务对企业管理变革的具体表现

第一节　认识电子商务

案例 1-1

阿里巴巴的电子商务模式

2007 年 11 月 6 日，阿里巴巴 B2B 公司在中国香港首度挂牌上市了。时隔 5 年后，2012 年阿里巴巴 B2B 公司在中国香港退市，2014 年 9 月，再度在美国纽约交易所上市，首日上涨 38%，总市值高达 2 314 亿美元。这意味着阿里巴巴成为中国最大的互联网上市公司，市值已接近当时百度与腾讯之和。

让天下没有难做的生意

阿里巴巴将自己的使命确定为：让天下没有难做的生意。受公司使命感的驱使，阿里巴巴一直坚持一个原则："让客户越来越简单，把麻烦留给自己。"在服务对象的选择上，阿里巴巴一直保持着清醒的头脑，虽然阿里巴巴从不排斥为大企业提供服务，但它还是毫不动摇地把目标客户定位在中小企业上。因为大企业有自己专门的信息渠道，有巨额广告费，中小企业没有那么雄厚的实力，所以它们才真正需要互联网。阿里巴巴推出的大多数服务之所以免费，就是要降低中小企业进入电子商务的门槛。

从“达摩五指”到阿里生态体系

在传统互联网时代，阿里巴巴经过不断的探索将自己为中小企业服务的业务或发展方向定为“达摩五指”：第一是诚信，第二是电子市场，第三是搜索，第四是支付，第五是软件。随着移动互联网的快速应用，阿里巴巴的生态体系进一步快速扩张，但作为服务型互联网平台的定位始终没有改变。

2002 年 3 月 10 日，阿里巴巴开始在国内全面推行“诚信通”计划，首创企业间网上信用商务平台，目的是建立网络的诚信体系。“诚信通”是一个很实用的电子商务活档案，它是阿里巴巴首创的交互式网上信用管理体系，它结合了传统认证服务与网络实时互动的特点，将建立信用与展示产品相结合，从传统的第三方认证、合作商的反馈和评价、企业在阿里巴巴的活动记录等多方面，多角度、不间断地呈现企业的电子商务过程。

在电子市场的构建上，1999 年阿里巴巴就独具慧眼地选择了 B2B（企业与企业之间通过互联网进行产品、服务及信息的交换）领域。据资料显示，在创立两年后的 2001 年 7 月，阿里巴巴的会员数目就达到 73 万，分别来自 202 个国家和地区，每天登记成为阿里巴巴商人会员的企业数超过 1 500 个。2003 年 7 月，当所有人都认为阿里巴巴将在 B2B 领域深度挖掘的时候，在一片质疑声中，它突然创建了以免费为号召的淘宝网，正面挑战全球 C2C（消费者与消费者之间的电子商务）领域的老大——eBay。当时 eBay 垄断了中国 C2C 市场 90% 的份额，阿里巴巴重新定义 C2C，由 eBay 的“网上个人拍卖”模式改为个人交易网站模式。随着淘宝网站功能的不断增强，众多企业入驻淘宝平台，于是针对企业的淘宝商城（B2C）在 2010 年上线，这就是天猫商城的前身，2012 年淘宝商城正式更名为天猫商城并从淘宝中独立出来。

从 1999 年 8848 等电子商务网站风起云涌开始，电子支付就成为电子商务发展过程中最重要的环节。然而正是出于对这一环节的安全考虑，电子商务的普及与发展遇到了巨大阻碍，而“网银大盗”“证券大盗”的出现，更使其蒙上了一层阴影。为了解决电子商务支付环节的安全问题，2003 年 10 月，阿里巴巴在淘宝网推出了独立的第三方支付平台——支付宝，正式进入电子支付领域。在交易过程中，支付宝作为诚信、中立的第三方机构，起到了保障货款安全及维护买卖双方利益的作用。

在解决了信息流与资金流等问题后，阿里巴巴不得不考虑物流在电子商务产业链中所扮演的重要角色。2006 年 11 月 22 日，阿里巴巴与中国邮政签订了合作协定。中国邮政的 EMS（中国邮政快递公司）成为支付宝的推荐物流服务商，作为交换，中国邮政的绿卡和网上支付汇款业务将与支付宝挂钩。双方合作后，阿里巴巴和淘宝网以及外部千余家网店用户可轻松选用 EMS 标准服务和 e 邮宝作为物流形式。随后，在 2013 年 5 月 28 日，阿里巴巴集团与银泰集团联合其他企业集团，以及顺丰集团、“四通一达”（申通、圆通、中通、百世汇通、韵达）等物流公司共同组建菜鸟网络科技有限公司，其目标是通过 5 ～ 8 年的努力打造一个开放的社会化智能物流大平台，全国任意一个地区都可以做到 24 小时送达。

随着阿里巴巴的发展壮大，拥有海量电子商务信息一直是阿里巴巴的优势。但是发展到一定程度后，选择余地过大也会给客户带来困扰。如何从海量信息中找到最适合的信息已成为诸多客户最迫切的需求，而搜索与电子商务的结合是解决这一问题的最好手段。另外，面对B2B阿里巴巴、C2C淘宝网以及B2C业务，如何将三种模式实现无缝整合，如何实现资源共享，如何让买卖双方在三个平台中可以自由升级、转化、过渡，最终实现一站式服务，阿里巴巴认为还是必须借助搜索引擎。2005年8月，阿里巴巴完成了中国互联网历史上最大的收购案，阿里巴巴收购了雅虎中国。

2007年，阿里巴巴宣布成立第五家分公司——阿里软件，进入企业商务软件领域。阿里软件的口号是“让天下没有难管的生意”。阿里软件给自己的定位是电子商务与企业管理相结合的软件服务公司。阿里软件总经理王涛这样解释阿里软件的定位：把电子商务延伸到中小企业的内部，提供电子商务营销工具、客户管理、进销存+财务、供应链管理等软件工具。考虑到安全因素，阿里软件在中国率先采取了SaaS（软件即服务）模式，这种模式因为在不用安装客户端软件的情况下就可以使用软件，并能够帮助客户安全保存数据，因而可以防止病毒攻击。阿里软件就是现在阿里云的前身。

在移动互联网快速发展的今天，阿里巴巴的业务及生态体系迅速扩大，如图1-1所示。

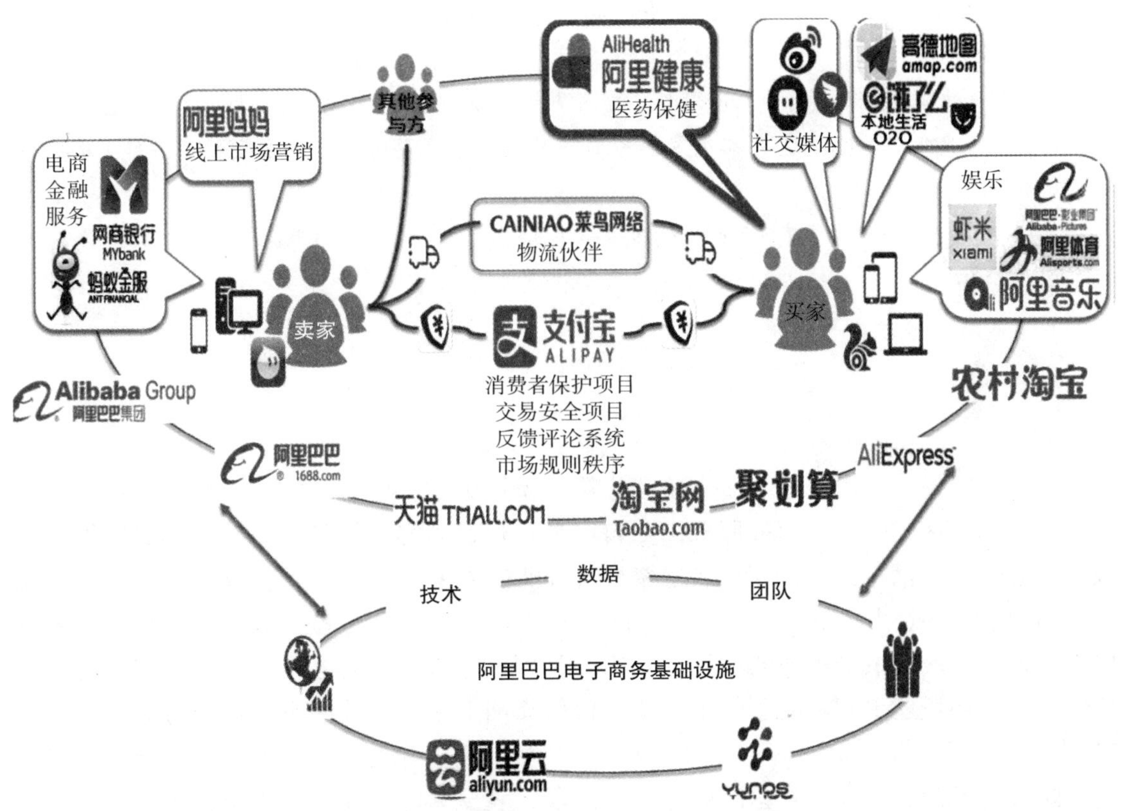

图1-1 阿里巴巴的业务及生态体系

拥抱变化的“阿里巴巴新商业基础设施”

阿里巴巴一直践行着“拥抱变化”的企业文化。“阿里巴巴的战略是打造社会未来的商业基础设施，电子商务只是阿里巴巴整体战略的第一步”。

事实上经过20多年的发展，阿里巴巴已经成功地实现了其整体战略的第一步并创造出一个初步的“阿里新商业生态体”。2020 财年，阿里巴巴数字经济体的全球年度活跃消费者达到 9.60 亿，其中 7.80 亿消费者来自中国，1.80 亿消费者来自海外，中国零售市场年度活跃消费者达 7.26 亿，2020 财年阿里巴巴数字经济体内的商品交易额（GMV）已经达到 7.053 万亿元，即 1 万亿美元的规模，其中包括中国零售市场、跨境与全球零售市场及本地生活服务多个业务，实现了“电商即淘宝，平台即市场”的奇迹，互联网世界的一个“巨型零售体”出现了。阿里巴巴的 B2B 服务于全球上亿个中小企业买家，其中 100 万国内供货商、2.5 万国外供货商、1 000 万国内采购商、1 亿国外采购商。阿里云作为帮助全球中小企业做生意的未来创新商业基础设施，经过连续 10 年的持续投入和建设，已经成为中国最大、全球领先的云计算服务平台。2016 年，在增资 60 亿元后，国际业务迅速拓展。目前，阿里巴巴的基础设施和生态效应正在海外蓬勃发展，全球买、全球卖、全球付、全球运和全球游进展快速。截至 2020 年 6 月，支付宝及 9 个本地钱包服务的全球用户已超 12 亿，网上支付打通全球 220 多个国家和地区、支持 27 种币种交易；阿里云在海外有 20 个地域节点和 61 个可用区，菜鸟全球智能物流骨干网已具雏形，目前已经连接了 200 多个跨境仓库、300 多条跨境物流专线，通过全链路的协同，把重点国家的物流时效从 70 天提升到 10 天以内。

“拥抱变化，投资变化，创造变化”是阿里巴巴历史性的选择，我们期待阿里巴巴成为“未来商业基础设施”的建造者和优秀服务者，成为“第五经济体”（互联网经济体）的推动者和成就者。

资料来源：根据张淑琴《电子商务基础与实务》“阿里巴巴的经营之道”案例改编。

案例分析

1. 你是如何理解电子与商务之间的关系的？
2. 谈谈你对电子商务本质的认识。

互联网的商业应用经过了多个阶段。第一阶段为 20 世纪 90 年代的 ICP 时代。在这一阶段，绝大多数的电子商务服务商对自己的定位是内容提供商，免费为网民提供信息服务，通过提高网站的访问量（点击率）以得到广告主的青睐从而获取广告收入，这就是所谓的眼球注意力经济时代，或门户网站时代。第二个阶段是“.com”的技术经济时代。在这一阶段，电子商务的应用形式主要是网上零售。在与电子商务系统相关的社会环境和企业环境还不配套的条件下，众多仅依靠网上零售的纯网络公司纷纷关闭。进入 21 世纪，电子商务开始了商业应用的第三个阶段，有专家称之为 B2B 的整合经济时代。这一阶段电子商务进入了真正的商务应用阶段，表现为电子商务与传统商务相结合，并以企业与企业之间的电子商务应用为推动力，电子商务的商务模式在我国发生了显著的变化，为中小企业服务的第三方网站得到了快速的发展，有典型代表性的就是阿里巴巴的电子商务模式。

阿里巴巴的电子商务模式及服务理念向我们全方位地诠释了电子商务的本质。通过对阿里巴巴电子商务模式的分析，我们可以加深对电子商务内涵的理解。不管是电子商务服务的提供者还是电子商务的应用者，都应该把“商务”放到电子商务的中心位置，在此基础上探索出适合企业自身特点的电子商务应用模式，进一步推动整个电子商务行业的快速、健康发展。

一、传统商务与电子商务

（一）传统商务的运作过程

传统商务运作过程是企业在具体进行一个商务交易过程中的实际操作步骤和处理过程，这一工作过程中的实务操作由交易前的准备、贸易磋商、签订合同与执行、资金支付与清算等环节组成（见图 1-2），各环节是通过传统的面对面方式来完成的。

交易前的准备。对于传统商务交易过程来说，交易前的准备就是供需双方如何宣传或者获取有效的商品信息的过程，它主要是通过传统的方式传播和获取信息的。

贸易磋商。当商品的供需双方都了解了有关商品的供需信息后，就开始进入具体的贸易磋商过程，贸易磋商实际上是贸易双方进行口头磋商或纸面贸易单证的传递过程。

签订合同与执行。在传统商务活动中，贸易磋商经常通过口头协议来完成，但在磋商过程完成后，交易双方必须要以书面形式签订具有法律效力的商务合同，来确定磋商的结果，以便监督执行，并在产生纠纷时依据合同提请法定机构做出公正的裁判。

资金支付与清算。传统商务中的支付一般有支票和现金两种方式，支票方式多用于企业间的商务过程，涉及单位及其开户银行，现金方式常用于企业对个体消费者的商品销售过程。

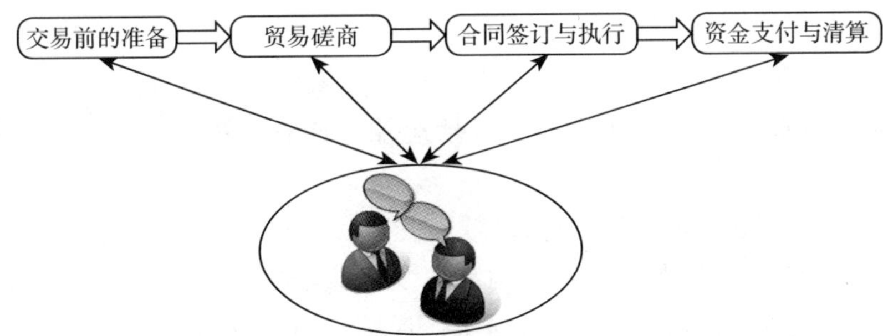

图 1-2　传统商务运作过程示意图

（二）电子商务的运作过程

在电子商务环境下，商务的运作过程虽然也有交易前的准备、贸易磋商、签订合同与执行以及资金支付与清算等环节，但是交易具体使用的运作方法是完全不同的，更多的是通过网络的手段来实现（见图 1-3）。

交易前的准备。在电子商务模式中，交易的供需信息都是通过网络完成的，如交易双方的网站或交易平台，双方信息的沟通具有快速和高效率的特点。

贸易磋商。电子商务中的贸易磋商是将纸面单证变成了电子化的记录、文件和报文，并在网络上传递。网站的数据交换协议保证了网络信息传递的正确性和安全性。

签订合同与执行。电子商务环境下的网络协议和电子商务应用系统保证了交易双方所有的贸易磋商文件的正确性和可靠性，并且在第三方授权的情况下，这些文件具有法律效力，可以作为执行过程中产生纠纷的裁判依据。

资金支付与清算。电子商务中交易的资金支付采用信用卡、电子支票、电子现金和电子钱包或第三方支付等形式，以网上支付的方式进行。

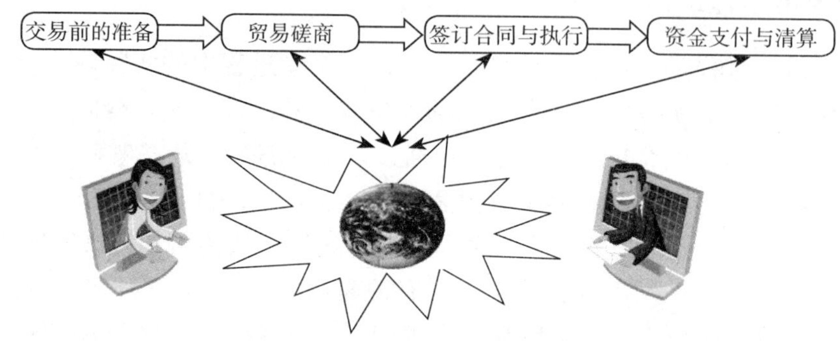

图 1-3　电子商务运作过程示意图

（三）传统商务与电子商务比较

任何商务活动都有三种“流”，即物流、资金流和信息流。从商务运作的过程来看，传统商务与电子商务没有本质的区别，但其商务活动中的信息流发生了改变，正是由于信息流的改变，因此电子商务与传统商务相比更具优势。

1. 商务活动中的信息流

商务活动包含的三种基本“流”。

（1）物流。物质实体的流动过程，包括运输、储存、配送、装运、保管、物流信息等。

（2）资金流。资金转移过程，包括付款、转账。

（3）信息流。企业与消费者、企业内部以及企业与供应商、销售商之间的信息与交流过程。该过程的信息流包括商品信息提供、促销、技术支持、售后服务等内容，以及询价单、报价单、付款单、转账单等商业贸易单证，还包括企业支付能力和信誉。

其中，信息流尤为重要，它在一个更高的层次上对其余各“流”进行监控，如企业生产什么商品，在什么时间生产，生产多少数量，在哪里生产，由什么人生产，在哪里销售产品以及从何处收款等信息无不取决于企业所掌握的情况，信息流的质量与效率，决定了企业整个业务活动的质量与效率。

2. 传统商务活动中的信息流

传统商务活动中的信息流是一种典型的直线型结构，顾客的需求信息经企业的销售部门、设计部门、生产部门、采购部门等，最后传送到企业的供应商处，如图 1-4 所示。

图 1-4　传统商务活动中企业内部顾客需求信息传递过程

这种信息流的基本特点如下。

（1）业务信息逐级转递，时间长。企业无法了解顾客的即时需求和自身各种资源的状态。

（2）信息传输错误率高，信息不能准确反映顾客需求。

（3）信息收集传输成本高。电话、传真、与顾客沟通的成本高，不能大规模交流。

其结果是企业不得不依据相对过时和模糊的信息进行决策，不得不针对目标市场的"平均"需求提供"平均"产品，以降低成本，这就是大规模生产的弊病。松下幸之助将其称为"自来水哲学"，即大量生产低价、同质但有用的产品。最终企业无法以低价格满足顾客的个性化需求。在物资匮乏的年代，这种信息流的缺陷并不突出，但是在物质丰富的年代，人们的需求趋向个性化、多样化，它就越来越不适应市场要求了。

为此人们一直在寻找新的方法来改进企业收集、处理信息的能力，主要代表有使用管理信息系统（MIS）、电子数据交换（Electronic Data Interchange，EDI）等，然而这些方法的不足之处有以下两点。

（1）没有解决消费者与企业之间的信息传输问题。

（2）技术资金要求高，只限于大企业间开展，小企业被排除在外。

3. 电子商务活动中企业的信息流

图 1-5 是电子商务环境下企业网状信息流的示意图。在电子商务环境中，企业业务活动中的信息流由直线结构转化为一种网状结构，企业各部门、企业与其合作者通过这一网络彼此协作，共同满足消费者需要。电子商务彻底改变了企业与消费者、企业内部及企业与供应商、销售商之间的信息沟通与处理方式，从而改变了企业商务活动的面貌。由此，电子商务利用网络技术将商务活动中的物流、资金流、信息流整合在一起，实现了"三流合一"。"三流合一"开创了一种新的极具竞争力的商务模式。

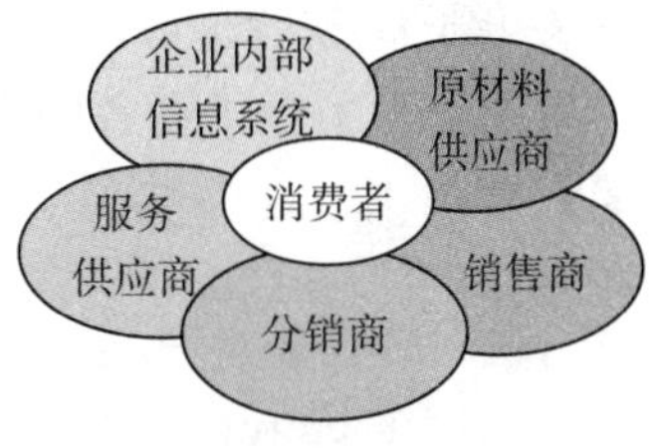

图 1-5　电子商务环境下企业网状信息流示意图

有学者认为在电子商务活动中除上面的三种"流"外，还有第四种"流"即"商流"。商流是指商品所有权的流动。网上交易的最终目的是要实现商品所有权的转移，随着网上支付的完成，商品所有权随即发生变化，销售商必须通过物流来实现商品所有权的转移，此时商流便产生了。

4. 传统商务与电子商务的比较

电子商务与传统商务相比没有本质区别。电子商务的核心内容仍然是商务，"电子"只是从事商务活动的一种手段，是为商务活动服务的，离开了商务的本质内容来谈电子商务，将把电子商务引入歧途。

从商务活动的手段来看，网络技术的使用使电子商务活动的信息流发生了质的飞跃。也就是说，电子商务是通过改变企业业务活动中的信息流程来改变企业业务流程，提高企业竞争力的。作为一种革命性的信息工具，互联网最基本的特性是互动、共享与廉价。这使得企业能够以低成本与消费者直接交流，也使得企业内部各部门以及供应商都能够在第一时间共享市场信息，对市场需求变化快速做出反应。传统商务与电子商务具体的区别如表 1-1 所示。

表 1-1 传统商务与电子商务的比较

项 目	传统商务	电子商务
信息提供	根据销售商的不同而不同	透明、准确
流通渠道	企业—批发商—零售商—消费者	企业—消费者
交易对象	部分地区	全球
交易时间	规定的营业时间内	24 小时
销售方法	通过各种关系买卖	完全自由购买
营销活动	销售商的单方营销	双向通信、一对一
顾客方便性	受时间与地点的限制，还要看店主的脸色	顾客按自己的方式无拘无束地购物
销售地点	需要销售空间（店铺）	虚拟空间

二、电子商务的含义

（一）电子商务的概念

电子商务在全球范围内的应用虽然已有 20 多年的历史了，但它仍然是一个新生事物，尤其是移动互联网技术的快速发展与应用，人们对电子商务的认识还在不断的探索之中，有关电子商务的称呼与概念还不统一，各国政府、学者、国际组织、企业界人士都从不同角度给出了电子商务的定义，如世界贸易组织（WTO)、经济合作与发展组织（OECD)、国际商会、IBM、惠普等。目前，国内有关电子商务的称呼主要有 EC 和 EB 两种。

1. EC

EC（Electronic Commerce）的形成是由于互联网的出现及广泛应用而产生的。在互联网没有大范围应用之前，一些大企业主要是通过电子数据交换从事商务活动。EDI 是企业间通过传输标准格式的电子数据而实现的交易活动，它是建立在专用增值网基础上的，不仅成本高，而且只有大企业才能使用。互联网的出现，让电子商务活动程序简化、成本降低成为必然。EC 是 EDI 在互联网上的推广使用，也就是说 EC 是利用互联网进行的商务活动，这些商务活动包括商品交易、信息服务、产品服务等内容。

2. EB

EB（Electronic Business）是利用互联网进行的与企业经营管理相关的各种活动。EB 包含的内容比 EC 大，不仅包括商品交易、信息服务、产品服务等商务活动，还包括供应链管理、客户关系管理、企业内部管理等。

由 EC 发展成 EB 为电子商务的进一步发展和应用拓宽了思路。EB 是利用互联网技术和现代通信技术实现的企业整体商务活动的过程，包括利用互联网（Internet)、企业内部网（Intranet）和企业外部网（Extranet）等各种不同形式网络在内的一切计算机网络以及其他信息技术开展的所有的企业活动。

以上两种观点并没有对错之分，只是从不同角度看问题。所以有人进一步将EC称为狭义电子商务，将EB称为广义电子商务。

（二）电子商务的内涵

从电子商务的核心内容商务的角度来看，电子商务的内涵包括四个方面。

1. 电子商务的前提是商务信息化

互联网技术是革命性的进步。从人类文明史来看，以往的技术发明和工具创造，主要是用于对自然界的物质能源开发，而以电子计算机为代表的电子信息技术的发明和创造，主要针对的是人的知识获取和智力开发等。它是对自然信息、人类信息进行采集、储存、加工处理、分发和传输等的工具。在它的帮助下，人类可以不断继承与挖掘前人的经验、教训和智慧，可以大大地扩充知识，从而走出一条内涵式、集约化、节约型发展社会物质、文化的理想之路。因此，以互联网信息技术为手段的电子商务活动的前提必然是商务的信息化。

2. 电子商务的核心是人

因为电子商务是一个社会系统，所以它的核心必然是人。以往的定义中只强调了电子工具及其电子流水线，而没有明确提出人的作用以及人的知识与技能的变化。电子商务的出发点和归宿是商务，商务的中心是人或人的集合。电子工具的系统化应用也只能靠人，而从事电子商务的人就必然是既掌握现代信息技术又掌握现代商务技术的复合型人才。

3. 电子工具必然是现代化的

现代化工具是指技术成熟、先进、高效、低成本、安全、可靠和方便操作的电子工具，如电报、电话、传真、电视、电子数据交换（EDI）、销售终端（POS）、电子货币、管理信息系统、决策支持系统（DSS）等工具。从系统化的角度来看，应将局域网、城域网和广域网等纵横相连，构造成支持微观、中观和宏观商务活动的安全、可靠、灵活、方便的系统。

4. 对象的变化是至关重要的

以往的商务活动主要是针对实物商品进行的商务活动，电子商务则首先要将商品虚拟化，形成信息化（数字化、多媒体化）的虚拟商品，进而对虚拟化的商品进行整理、储存、加工和传输。

三、电子商务的特点

电子商务将传统商业活动中的物流、资金流和信息流的传递方式利用网络技术进行了整合，企业将重要的信息通过万维网（WWW）、企业内部网或外部网直接与分布在各地的客户、员工、经销商及供应商连接，创造更具竞争力的经营优势。电子商务与传统的商务活动方式相比，具有以下几个方面的特点。

1. 交易虚拟化

通过以互联网为代表的计算机网络进行的贸易，贸易双方从贸易磋商、签订合同到支付等无须当面进行，均通过计算机网络实现，整个交易完全虚拟化。对卖方来说，可以到网络管理机构申请域名，制作自己的主页，组织产品信息上网。虚拟现实、即时沟通等新技术的发展使买方能够根据自己的需求选择广告，并将信息反馈给卖方。通过信息的推拉互动，签订电子合同，完成交易并进行电子支付，整个交易都在网络这个虚拟的环境中进行。

2. 交易成本低

电子商务使得买卖双方的交易成本大大降低，具体表现在以下方面。

（1）距离越远，网络上进行信息传递的成本相对于信件、电话、传真就越低。此外，缩短时间及减少重复的数据录入也降低了信息成本。

（2）买卖双方通过网络进行商务活动，无须中介参与，减少了交易的中间环节。

（3）卖方可通过互联网进行产品介绍、宣传，节省了在传统商务方式下做广告，发放印刷品等大量费用。

（4）电子商务实行“无纸贸易”，可减少 90% 的文件处理费用。

（5）互联网使买卖双方能即时沟通供需信息，使无库存生产和无库存销售成为可能。

（6）企业利用内部网可实现“无纸办公”，提高了内部信息传递的效率，节省时间并降低管理成本。互联网把企业总部、代理商以及分布在其他国家和地区的子公司、分公司联系在一起，及时对各地市场情况做出反应，即时销售，降低库存费用，采用快捷的配送公司提供交货服务，从而降低产品成本。

（7）传统商务的贸易平台是地面店铺，电子商务的贸易平台则是网络交易平台。

3. 交易效率高

由于互联网将贸易中的商业报文标准化了，因此商业报文能在世界各地瞬间完成传递与计算机自动处理，原料采购、产品生产、产品销售、银行汇兑、保险、货物托运及申报等过程，将在无须人员干预的情况下，在最短的时间内完成。在传统贸易方式中，用信件、电话和传真传递信息必须有人的参与，且每个环节都要花不少时间。有时由于人员合作和工作时间的问题会延误传输时间，企业可能失去最佳商机。电子商务克服了传统贸易方式费用高、易出错、处理速度慢等缺点，极大地缩短了交易时间，使整个交易过程快捷且高效。

4. 交易透明化

买卖双方的交易洽谈、签约以及货款的支付、交货通知等整个交易过程都在网络上进行。通畅、快捷的信息传输可以保证各种信息之间互相印证，从而有效地防止伪造信息的流通。

四、电子商务的类型

(一)按电子商务的主要参与者来划分

(1)B2C(Business to Customer),即企业与消费者之间的电子商务。它是企业与消费者在互联网的虚拟环境中进行的交易活动,基本上等同于电子化零售。在21世纪,互联网上各种类型的商业中心,提供的商品与服务有鲜花、书、计算机、VCD、软件、汽车等,它们都是B2C模式的电子商务。例如,成立于1999年的以书籍销售为主,现发展为百货类网上商城的当当网;成立于2004年以家电销售为主,现发展为综合类网上商城的京东商城,都是采用这一商业模式的网站。这是一种利用计算机网络使消费者参与经济活动的高级形式。

(2)B2B(Business to Business),即企业与企业之间的电子商务。它指的是企业在开放的网络中从寻求贸易伙伴,与贸易伙伴谈判,订购贸易结算的整个贸易过程,包括通过计算机网络实现的企业间的协作。这种类型的电子商务潜力大、发展快。早期通过增值网(VAN)的电子数据交换,现在转移到互联网上。例如,阿里巴巴就是典型的第三方B2B交易平台网站,还有大量的行业B2B网站,如中国化工厂网、中国机械制造网等。

(3)C2C(Customer to Customer),即消费者之间的电子商务。C2C电子商务主要是消费者之间的交易,这类网站为消费者提供了一个平台,例如eBay,消费者在网上公布要买卖的商品价格,对方可以竞价,如果成功可以在线或线下完成交易,相当于网上拍卖,主要指消费者在网上进行的小额交易。另一种形式是消费者可以在第三方平台上建立自己的个人店铺来销售商品,淘宝网属于此类商业模式。

(4)C2B(Customer to Business),即消费者对企业的电子商务。C2B是近年来新兴的电子商务模式。这种电子商务模式是由消费者驱动的,由消费者提出需求在先,企业根据需求进行生产的定制化交易模式。C2B的具体形式有多种,如常见的团购、模块化定制、个性化定制等。

(5)C2F(Customer to Factory),即终端消费者对工厂的电子商务。消费者通过互联网向工厂定制个性商品的一种新型网上购物行为。C2F是以消费者的特殊购买欲望为主导,以工厂生产制作加工服务为构成条件的新型网上购物体验,C2F会成为未来制造业变革的主流模式,定制化形态下的C2B模式即C2F模式。

除以上五种类型外,还有诸如消费者与政府之间的电子商务,即C2G(Customer to Government);企业和政府之间的电子商务,即B2G(Business to Government),它们都是电子政务的一部分,前者的主要内容有个人福利发放、自我估税、个人税收交纳等,后者涵盖企业与政府之间的各项事务,包括政府采购、税收、商检、管理条例发布等。电子政务还有政府与政府之间的电子商务,即G2G(Government to Government),包括同级政府之间、上下级政府之间、本国政府与国外政府之间的活动等。它们可被统称为电子政务。

(二)按商务活动的内容分类

(1)间接电子商务。间接电子商务是指有形货物的电子交易,它仍然需要利用传统渠道（如邮政服务或商业快递）来送货。

（2）直接电子商务。直接电子商务主要指无形货物和服务，如计算机软件、娱乐内容的在线订购、付款和交付，或者是全球规模的信息服务。

（三）按照使用网络类型分类

（1）EDI 商务。EDI 是一种电子数据交换标准，早期的 EDI 依赖专用增值网，主要应用于企业与企业、企业与批发商、批发商与零售商之间的业务。EDI 在贸易过程中的自动化、无人工干预，可以大大提高贸易的效率。

（2）互联网商务。互联网商务是国际现代商务的最新形式，它以计算机、通信、多媒体、数据库技术为基础，通过互联网在网上实现营销、购物服务。它突破了传统商务流程，真正实现了少投入、低成本、零库存、高效率，避免了商品的无效搬运，从而实现了社会资源的高效运转和最大节余。消费者可以不受时间、空间、厂商的限制，广泛浏览，充分比较，方便使用，以最低的价格获得最为满意的商品和服务。

（3）Intranet 商务。Intranet 就是用互联网技术组建的企业内部信息网络。它与互联网之间的最主要区别在于，Intranet 内的敏感或享有产权的信息受到企业防火墙安全网关的保护，它只允许有授权才能进入内部的网络站点，外部人员只有在许可的条件下才可进入企业的 Intranet。Intranet 将大中型企业分布在各地的分支机构及企业内部有关部门的各种信息通过网络予以连通，企业各级管理人员能够通过网络读取自己所需的信息，利用在线业务的申请和注册代替纸张贸易与内部流通的形式，从而有效地降低交易成本，提高经营效益。

电子商务的类型除以上分类外，随着移动电子商务的发展，还出现了其他形式的电子商务，如 O2O 等。

五、对电子商务的理解

（一）正确处理电子与商务的关系

从电子商务的基本要素来看，电子商务包括技术与商务两大要素，企业在开展电子商务应用时应正确处理两者之间的关系。

1. 电子商务的本质是商务而非技术

目前绝大多数企业已经认识到电子商务的本质是商务而不是技术，但在具体开展电子商务应用时却很难把握住这一基本观念。于是就会出现许多企业的电子商务系统建立起来后效果不佳，或者电子商务系统与企业业务活动不匹配，或者技术过于先进而成为摆设等现象。因此，从商务的角度看电子商务，企业首先要对传统商务活动有一定的了解，再来看网络技术如何为其服务。例如，电子商务在我国发展的初期，聚集了优秀技术人才的大多数网络公司经营一直亏损，而一些农民仅通过网上发布商务信息就获取了大量的利润。

2. 电子商务活动中技术的应用十分重要

电子商务是现代信息技术在企业经营管理中的应用，本身并不是高技术，但高技术的应用十分重要。在实践中如何应用技术就成了企业电子商务成功与否的一个关键因素。很多企业由于缺乏技术人才而惧怕开展电子商务，从而错过了一个个商机。实际上大多数人员无须了解高深的技术，他们可以把相关的技术问题外包给电子商务技术服务公司，自己则专注于商务活动。

阿里巴巴的创办与发展过程就充分证明了这一点，所以马云最初一再强调说阿里巴巴不是 IT 企业，而是服务型公司，是为中国的商人、中小企业服务的，这就是阿里巴巴的目标市场定位。因此如何应用信息技术，采用什么样的商务模式为中小企业服务就成为阿里巴巴的核心业务。阿里巴巴的成功就在于寻找到一条为中小企业电子商务服务的最佳商务模式——第三方交易平台。阿里巴巴始终秉承以“客户为中心的理念”，全方位打造了一个功能齐全、安全、方便且能为客户带来业务竞争优势的综合性交易平台，因此，独特的商务模式使阿里巴巴获得了成功。

（二）电子商务是一个事关企业发展战略的问题

许多企业认为开展电子商务就是建立一个网站，或者是在网上销售产品，这是对电子商务的严重误解。建网站可以说是一个技术问题，或者说是偏重技术的问题，网上销售也仅仅是电子商务活动中的一小部分业务，电子商务的应用范围比销售广泛得多，如内部的沟通、售后服务、企业联合开发新产品等。电子商务提供企业竞争力的关键是改变业务活动的信息流程。互联网只是从技术上提供了可能，如果企业的管理体制、决策程序、组织结构、业务流程不进行相应的调整，那么企业即使建立起网站，其业务信息流也不会发生根本性的改变。

21 世纪以来，很多开展电子商务的企业，其经营效果并不理想，主要的问题还是定位失误，将电子商务定位为技术，认为只要建个网站就可以了。有很多企业也建了自己的网站，但绝大多数无法自己管理自己的主页，尤其是中小企业在建立自己的网站后几乎不更新网页，它们对开展企业电子商务应用的商业模式不清楚，电子商务的效果就可想而知了。

“互联网 + 企业转型升级”已成为业界对传统企业发展的共识。技术、市场、企业环境等因素的变化，给企业带来运作各因素间的关系、经营方式、竞争方式的根本改变，此时企业管理面临挑战，老的管理方式失灵，出现变化加速效应，大量新型的企业出现，而某些老企业迅速走向衰败。企业间频繁兼并和重组，主导企业群发生改变，产业发展进入转型期。所有的企业都受此影响，因势利导，抓住互联网应用机会就会发展，缺乏应变，就会衰落。

（三）电子商务是商务活动的改良而非革命

从本质上讲，电子商务并没有创造一种全新的商务模式，它只是传统商务模式的改良而非革命，传统模式中做生意必备的关键因素，在电子商务中一个也不能少，如消费者所需要的商品、具有竞争力的价格、强大的售后服务，以及广告宣传和促销活动等。一个公司的价值，最终也如传统企业一样，要由企业的盈利能力来确定，这要求企业必须用互联网的思维模式来创新企业的商务模式。

第二节　电子商务系统构成

从宏观角度来看，电子商务系统是一个社会经济系统，它是由社会不同行业形成的一个新产业。企业的电子商务经营活动既受上下游合作伙伴的影响，又受整个社会信息化程度、国家政策与行业技术的影响，同时还必须有新的社会化商业基础设施的支持，如安全认证、网上支付、物流配送、数据处理、交易平台等。企业在开展电子商务应用时，如果对这些要素认识不够，则一定会影响到企业商务活动的开展。

案例 1-2

“e 国”和它的 1 小时

“e 国”简介

1999 年，正值我国电子商务发展的高潮期，大批电子商务的弄潮儿都投身电子商务的行业中。据有关资料显示，截至 2000 年年底，以 B2C 模式进行电子商务的网站达到 1 120 家。1999 年 11 月有一家名叫“e 国”的 B2C 电子商务公司成立，在此之后的一年多时间内，它的知名度获得爆炸性的提高。“e 国”创造的奇迹，不仅引起了中国老百姓尤其是北京消费者对电子商务的关注和参与，也引起了各路媒体的广泛关注和评价，有人赞同，有人质疑：“中关村愚公”等各种评价漫天飞。不可否认，“e 国”的电子商务经营模式对当时的中国电子商务产生了很大的影响，在业界引起了人们对 B2C 电子商务在中国应用的深思。

“e 国”的创始人是当时的海归派张永青。1999 年 11 月，“e 国”建立“e 国百姓生活网”(www.eguo.com)，并开始了网上零售业务。2000 年 4 月 15 日，“e 国”网上商城正式推出“e 国 1 小时”限时服务，并最终以其独树一帜的经营方式确立起自己的品牌。其后，又推出了自己的实物商店——“门户店”，曾经在中国拥有上百万电子商务顾客群，但大量的顾客群并没有给“e 国”带来真正的盈利，反而使“e 国”的经营困难重重，甚至导致“e 国”停止网上销售，2006 年张永青将公司业务转至教育项目。下面让我们一起来了解“e 国”和它的电子商务模式。

“1 小时”，提高知名度

2000 年 4 月 15 日，“e 国”宣布推出“e 国 1 小时”限时服务，承诺在网上下单后 1 小时内免费送货到用户指定地点。这个指定地点在北京市指的是四环以内，亚运村和中关村等四环以外的一些特殊地段也包括在内。

有记者上网订购了一瓶洗发水、一罐橙汁，价格与商店的零售价基本相同，选择了货到付款的方式。不到 40 分钟，送货的人就满头大汗地出现了，不但货物安全准时送达，不收送货费，还赠送了几罐可乐。北京有媒体在全天“早、中、晚”三个时段，在不同地段进行了测试，结果“e 国”兑现了“1 小时”承诺。从开通到 6 月，“1 小时”亏掉 100 多万元。平均每个月亏损 30 万元。不过成绩也不错，到 2004 年 6 月，营业额也有 100 多万元了。如果按订单量来说，当时 8848 的订单量顶多是“1 小时”的一半。这不能不说是“e 国 1 小时”限时服务的功劳。但是，每月 100 多万元的销售额并没有让“e 国”赚钱。到 2000 年 7 月，“e 国”员工约 500 人，其中配送人员（红马夹）从最初的 50 人发展到 200 人，再到 400 人，但无论就规模或是效率来说都未达到理想状况。

这“1 小时”很有作用，“e 国”在北京的知名度鹊起。

自营物流，困难重重

开通“e 国 1 小时”限时服务，核心问题就是物流及配送。曾任“e 国”电子商务部经理的唐丁召集各种做物流的企业谈合作，但谈的结果并不理想，不是“对电子商务不在行”，就是“物流成本太高”，于是“e 国”组织了一支自己的物流队伍。

起初“e 国”建立了自己的中央配送中心，在城区设立了约 50 个二级和三级配送点，通过自己 400 人左右的配送队伍，提供全天候送货服务。随后为了配合自营物流的快速响应，公司制定了一个新的宏伟目标：“e 国”要做地面连锁超市。目标是“将现有配送点和超市门面合二为一，并一次至少买进 10 余家连锁超市并计划在年内（2000 年）完成，使其在北京的超市数量年内达到 20 家，4 年内扩张至 100 家”。“网上给网下带来声誉、客流；网下给网上带来收入和稳定的发展基础。”张永青这样总结“e 国”网上商城和“e 国”超市之间的关系。但运行结果是“门户店”实际上不仅没有能给网上商城带来足够的“知名”和“美誉”，就连在它所处社区中也没有形成气候。

供应链管理不到位，电子商务质量与效率大打折扣

“e 国 1 小时”限时服务开展的早期，它的管理信息系统建设没有及时跟进，对配送及成本控制带来一定的影响。做 B2C 电子商务有一个前提条件，就是要开通管理信息系统。“e 国”没有计算机自动统计系统，供应链管理无法建立，都是手工操作的稀里糊涂一笔账。结果数据延后、错误百出。大账知道，小账不知道，信息不流通，也不及时。采购状况、订单完成状况、每天的销售额、库存商品类别，都难以准确把握。

“e 国”供应链上的其他成员要么规模小、素质不高，要么信息化水平低，这也影响着“e 国”物流配送成本与配送质量。电子商务部经理唐丁说：“第三方物流在时效、计费、代收款、处理退货与纠纷、全天候 24/7 等方面不能满足我们的要求，用户对电子商务的物流不满，不会认为是第三方物流的问题，而会认定是网站的问题。”

资料来源：根据张淑琴《电子商务基础与实务》“e 国和它的 1 小时”案例改编。

案例分析

1. 从电子商务系统组成要素来看，有哪些因素在当时影响到“e 国”电子商务的发展？
2. 自营物流对“e 国”电子商务网站的运营起到什么样的作用？
3. 从“e 国”电子商务网站的运营中你能得到哪些启示？

一、电子商务的概念模型

电子商务的概念模型是对现实世界中电子商务活动的一般抽象描述，它由交易主体、电子市场、交易事务和物流、资金流、信息流等基本要素构成，如图 1-6 所示。

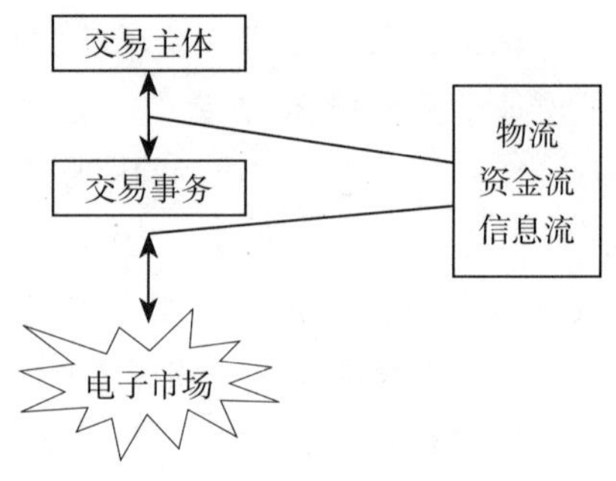

图 1-6　电子商务的概念模型

交易主体是指能够从事电子商务活动的客观对象，它可以是企业、银行、商店、政府机构、科研教育机构和个人等。

电子市场是指电子商务实体从事商品和服务交换的各种商务关系的总和，它是各种各样的商务活动参与者，利用各种通信装置，通过网络连接成的一个统一经济实体。

交易事务是指电子商务实体之间所从事的具体商务活动的内容，如询价、报价、转账支付、广告宣传、商品运输等。

在交易活动中会产生三种流，即物流、资金流和信息流。

二、电子商务的框架模型

从宏观上来讲，电子商务系统是一个具有三层结构和两个支柱的框架模式，如图 1-7 所示。

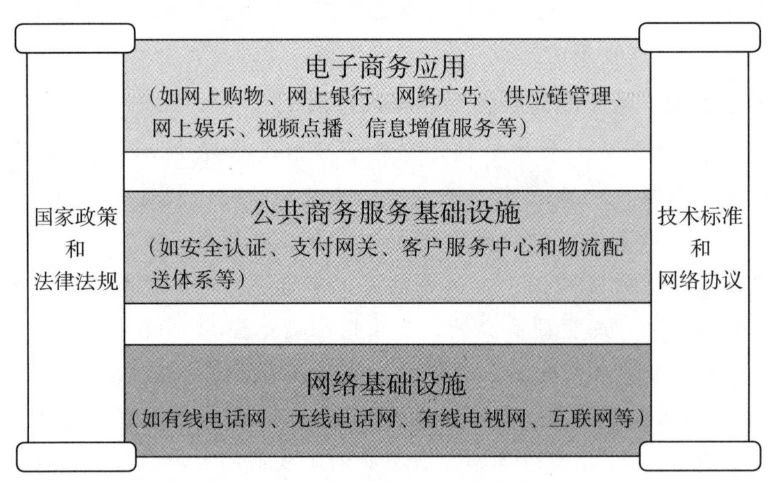

图 1-7　电子商务的框架模型

（一）网络基础设施层

网络基础设施就是我们通常所说的信息高速公路，它由许多不同的高速网络传输系统组成。就我国目前来看，网络基础设施包括以下几个方面。

（1）有线电话网，提供商是远程通信公司，如中国电信、中国联通等。

（2）无线电话网，提供商是卫星通信和移动通信公司，如中国移动通信公司。

（3）有线电视网，提供同轴电缆（光纤）和广播卫星网络的有线电视公司。

（4）互联网（基于计算机、智能手机的通信）。

实际上，网络基础设施是信息传送的载体和用户接入的手段。网络基础设施还需要有各种软硬件工具，以提供不同网络终端设备的接口。

（二）公共商务服务基础设施层

为实现标准的网上商务活动提供的通用服务，公共商务服务基础设施层包括安全认证、支付网关、客户服务中心和物流配送体系等。

（1）安全认证。由于电子商务是通过网络进行的商务活动，通常参与各方是互不见面的，因此身份的确认与安全通信变得非常重要，解决方案就是建立中立的、权威的、公正的电子商务认证中心——CA 中心。它所承担的角色类似于网络上的“公安局”和“工商局”，给个人、企事业单位和政府机构签发数字证书——“网上身份证”，用来确认电子商务活动中各自的身份，并通过加密方法实现网上安全的信息交换与安全交易。

（2）支付网关。它的角色是信息网与金融网连接的中介，它承担着双方支付信息转换的工作，所解决的问题是让传统的、封闭的金融网络能够通过网关面向互联网的广大用户，从而提供安全方便的网上支付功能。

（3）客户服务中心。客户服务中心也称为呼叫中心，它与传统的呼叫中心的区别在于，它不但支持电话接入，也支持 Web、E-mail、电话、即时沟通工具（如 QQ、旺旺）和传真等多种接入方式，使得用户的任何疑问都能很快地获得响应与帮助。客户服务中心不是以往每家企业独立建设和运作的概念，而是由一家企业统一建设再将席位出租。

（4）物流配送体系。它属于电子商务中物流系统的一部分，物流系统是目前企业与消费者电子商务的主要瓶颈，它在很大程度上影响着企业与消费者电子商务的内容、范围及成败。

（三）电子商务应用层

电子商务应用层包括各种各样的行业和部门的电子商务应用系统。如政府机关部门的电子政务，批发商、零售商的电子商务系统，传统的出版社和电子书刊、音像出版部门的电子商务系统，信息公司、咨询服务公司、顾问公司的业务应用系统等。对企业来说，这一系统包括网上交易系统、内部网系统、外部网系统等。

（四）国家政策和法律法规

同传统商务活动一样，电子商务活动也需要有成体系的法律法规和相关政策来为电子商务活动保驾护航。与电子商务相关的公共政策与法规涉及信息的访问权、隐私保护、信息定价及税收问题以及跨国交易的法规问题等。

(五) 技术标准和网络协议

技术标准是电子商务规范化的前提。技术标准定义了用户接口、传输协议、信息发布标准、安全协议等技术细节。为了确保网络的兼容性和通用性，就必须采用同样的标准。电子系统标准与视频信号标准（SONY BETA、VHS）给电子和视频产品带来限制，这个问题就像铁路系统不同的轨道标准给铁路运输带来的麻烦，交通规则方面的左行和右行同样给交通带来不便等一样严重。

三、电子商务应用系统要素及其关系

将电子商务框架模型映射到电子商务活动中，电子商务应用系统的基本组成要素及相互关系如图 1-8 所示，包括网络、电子商务用户、认证中心、物流配送中心、网上银行、商家等。

这里的网络包括互联网、企业内部网和企业外部网。互联网是电子商务的基础，是商务、业务信息传递的载体；企业内部网是企业内部服务活动的场所；企业外部网是企业与用户进行商务活动的纽带。

电子商务用户包括个人用户和企业用户。个人用户通过网络获取相关信息，购买产品。企业用户通过建立企业内部网、外部网和企业管理信息系统，对企业内部资源进行管理，对外向顾客销售产品、提供服务并开展各类营销活动。

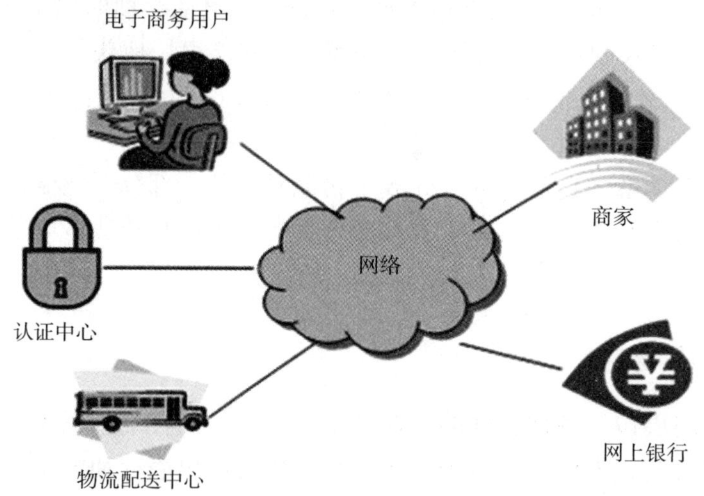

图 1-8　电子商务基本组成要素

认证中心负责发放和管理电子证书，使网上交易各方能互相确认身份。

物流配送中心接受商家的要求，组织运送商品，跟踪商品的流向，并将商品送到消费者手中。

网上银行在网上实现买卖双方结算等传统银行业务，为商品交易的用户和商家提供支付服务。

第三节　电子商务对经济社会的影响

信息经济正在成为全球经济的主导力量。信息技术和互联网飞速发展，互联网延伸到实体经济并与之融合形成信息生产力，驱动全球经济新一轮的大发展、大变革。互联网经济是信息经济的核心，也是面向信息社会的新经济形态。电子商务在中国迅速成为互联网与实体经济的“连接器”，是中国经济发展的新引擎。

案例 1-3

“e 袋洗”：从洗衣店到互联网企业的华丽变身

在大部分人眼中，洗衣店是一个特别传统的行业，不仅几乎不盈利，而且和移动互联网搭不上边。但是 2014 年 7 月，腾讯宣布以 2 000 万元作为天使投资入股一家洗衣类公司，其估值为 2 亿元。4 个月后，这家公司又获得经纬中国和海纳亚洲创投基金共 2 000 万美元的 A 轮投资，估值达到上亿美元。

为什么中国互联网霸主 BAT（百度、阿里巴巴、腾讯）和精明的投资人会如此关注一家洗衣类公司？这家公司又是如何把一家洗衣店变成一个移动互联网“新贵”的？

这家公司就是北京荣昌科技服务有限责任公司（简称荣昌），张荣耀是公司董事长。在他的眼中荣昌已经成为一家移动互联网企业，攥紧了船票，率先登上了 O2O 这条大船。荣昌的转型过程就是一个传统服务类企业向互联网转型的标准教程，这个过程告诉我们，传统企业唯一的上船方式是紧紧抱住“用户的大腿”，让他们带你上去。

第一次转型：从设备驱动到顾客驱动——“一带四 + 联网卡”

传统洗衣连锁行业的最大特征是设备驱动而非顾客驱动，一家洗衣店最重要的资产就是那台价值不菲的洗衣设备。这个行业如何盈利一直是一个大问题，因为如果做直营连锁，必须承受“重资产 + 高成本 + 产能浪费”，而做加盟连锁，总部又缺少对加盟商的控制手段，只能听之任之。

2000 年前后，张荣耀就面临着难题。当时，荣昌的加盟费已经达到上百万元，但其中大部分是卖设备的钱。卖完设备后，荣昌缺少一套配套的标准持续跟进管控加盟商，导致数次加盟商“跑路”事件发生。荣昌品牌名誉受损，却毫无办法。张荣耀事后常常自嘲，那时候的荣昌，更像是一家兼职卖设备的管理咨询公司，而不是一家连锁企业。

高盛集团曾经上门找他谈投资，建议荣昌自建直营店。思虑再三，张荣耀还是谨慎地拒绝了，原因是这个模式投入太多，就算有投资，荣昌也没有这么多钱。他始终觉得，服务行业最终的着眼点应该是顾客，所有的资源都应该围绕顾客展开。仅仅靠直营店，还是设备驱动，治标不治本。

2002 年，张荣耀带着公司经营的困惑到中欧国际工商学院进修，前前后后花了不少时间讨论琢磨，总算找到了一条转型的路径。新的商业模式是店铺 + 收衣点 + 联网卡。收衣点和联网卡由总部来做，设备店由加盟店来做，这样就把症结解决了。再也不是重资产，店铺的现金流集中了，店长也可以是不懂洗衣技术的“40 后、50 后和 60 后”。从 2004 年开始，张荣耀开始带领公司进行第一次转型，建构服务质量和用户满意度评估的标准体系，并通过

“一带四”的开店模式和全国通用的洗衣联网卡来实现。

“一带四”，就是“四店收衣一店洗”，这意味着只需原来1/5的设备和店长，而且收衣店的控制权在荣昌手里。同时，荣昌通过推广、配售洗衣联网卡将全国连锁店信息系统联网。两个措施实施下来，荣昌仍然是一家轻公司，但是对于整个连锁体系的控制力却大大增强了。

完成了第一次转型，张荣耀将荣昌改造成业内最具顾客驱动特征的企业，这与互联网用户至上的精神暗暗契合，意味着荣昌已经做好向互联网转型的准备。

第二次转型：移动互联网平台洗衣服务——“e袋洗”

从2010年开始，移动互联网在中国逐渐开始爆发，移动设备、用户数量、应用软件的数量呈指数级上涨，张荣耀毫不犹豫地伸手抓住了这个机会。

第一步：组建团队——放手交给“80后”

在张荣耀心里，互联网转型意味着把洗衣服变成互联网产品，完全用互联网电商的运作逻辑重塑洗衣服这件事，带给用户更便宜、更便捷、更好玩的服务。

张荣耀的第一个动作就是放弃现有品牌，创造了一个专营洗衣电商业务的全新品牌“e袋洗”，同时还从百度挖来了一个“85后”陆文勇担任CEO，把“e袋洗”具体的运作事务完全放手交给他。他对陆文勇的唯一要求，就是用“e袋洗”把洗衣服这件事情彻底互联网化。

于是，2013年这一款基于互联网逻辑设计的洗衣产品出现在大众视野中。用户通过荣昌“e袋洗”的微信公众号或者App下单，30分钟内会有人上门取件，只要用“e袋洗”提供的洗衣袋，不管里面塞下了多少件衣服，是水洗还是干洗，统一标价每袋99元，这是一套标准的O2O模式。

第二步：产品设计——极致的用户体验

“e袋洗”在进行产品设计时，玩法就是标准的互联网方式。

他们找到了用户最核心的需求是“我的衣服要干净，所以我要把衣服洗干净”，而并非“我要洗衣服，所以要去一家洗衣店”，所有被认为对“把衣服洗干净”这件事有帮助的元素，都会被他们考虑在内，于是有了图1-9所示的用户体验要素。

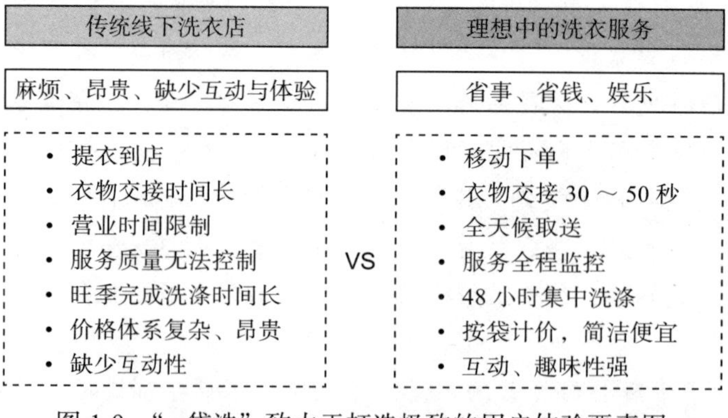

传统线下洗衣店		理想中的洗衣服务
麻烦、昂贵、缺少互动与体验		省事、省钱、娱乐
• 提衣到店 • 衣物交接时间长 • 营业时间限制 • 服务质量无法控制 • 旺季完成洗涤时间长 • 价格体系复杂、昂贵 • 缺少互动性	VS	• 移动下单 • 衣物交接30～50秒 • 全天候取送 • 服务全程监控 • 48小时集中洗涤 • 按袋计价，简洁便宜 • 互动、趣味性强

图1-9　“e袋洗”致力于打造极致的用户体验要素图

为了配合前端极简、极致的用户体验，“e袋洗”设计了强大的后台配套体系（见图1-10）。

用户关心的是洗衣服本身，而不是谁来洗、谁来送，所以“e袋洗”运作之后，张荣耀和陆文勇就把它定位为独立的平台型洗衣服务，只要符合标准，所有的环节都可以众包给所有人。

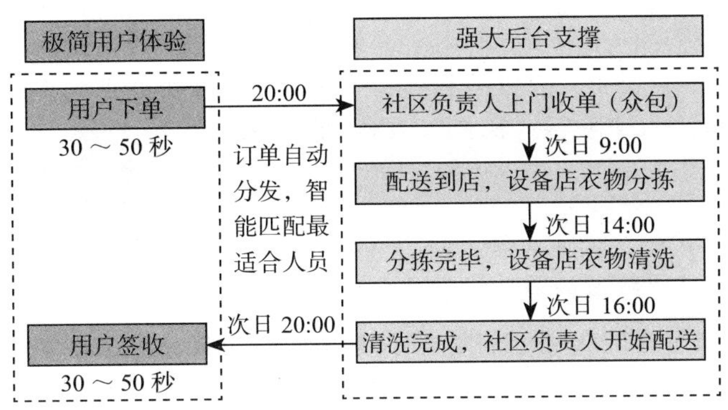

图 1-10 “e 袋洗”的后台配套体系

任何洗衣店都可以加入“e 袋洗”的洗衣外包点；任何个人都可以加入成为取送员，要求仅仅是有智能手机，会用支付宝，交一部分保证金，以及参加操作统一培训，这个项目叫作“自由人计划”。这是最能体现“e 袋洗”互联网精神的表征——只问价值，不问出处。

第三步：营销推广——带着用户一起嗨

团队有了，产品也设计完了，剩下的就是营销推广的任务，这一点最讲究口碑和快迭代。张荣耀向他的团队提出了一个要求——越有趣越好。于是，CEO 陆文勇和他的团队仔细分析“e 袋洗”的特点，确定了天使用户的特征：居住于北京、女性、中高端收入、经常使用微信。

2013 年 11 月 30 日，荣昌“e 袋洗”在一个天使用户集中的场合——中欧国际工商学院北京校园首发。

有了这第一批天使用户，“e 袋洗”在便捷、便宜之外，马上就运营出了娱乐好玩的特点。很多玩法令人印象深刻，其中有一个活动叫“袋王”。e 袋洗的收费标准是一袋一价 99 元，所以大部分用户都会尽量往一个袋子里多加衣物。运营团队顺水推舟，从中评出周袋王、月袋王、年袋王，并在微信公众平台上公布成绩。最新纪录的袋王，其塞下的衣物在平时洗衣，报价为 1 280 元。

为了让这个游戏更好玩，荣昌还举办了很多线下活动，教用户如何在袋中装更多的衣物。张荣耀在接受采访时就说，娱乐性是“e 袋洗”最重要的特点之一，“想象一家人装衣服的场景，是挺有意思的事情”。

除此之外，当时几乎所有热议话题，“e 袋洗”都积极参与，与顾客开展互动。在韩剧《来自星星的你》热播时，每位下单的用户都收到了荣昌“e 袋洗”送的啤酒、炸鸡；电动汽车特斯拉话题火爆，荣昌就组织用户进行试驾活动。

就在这样边玩边运营的过程中，“e 袋洗”一边收获口碑，达到病毒式传播的效果，一边收获来自用户的建议并进行产品迭代，两手都抓，两手都硬。在产品改进和服务流程优化上，“e 袋洗”得到了海量的建议，在为期不长的时间里，“e 袋洗”已经迭代到第 5 版，App 也更新了 6 个重要的版本。

完成了两轮融资的“e 袋洗”已经拥有微信和 App 用户 50 多万，日订单数超过 4 000 单，名副其实的是张荣耀口中的“移动互联网企业”。

在传统企业转型的路上，张荣耀和他的荣昌已经先走了一大步。所有落后的企业，都需要问一问自己的用户，当企业的产品和服务在线上线下联动的时候，够不够便宜、便捷、好玩，他们愿不愿意使用。如果答案是否定的，这样的企业就要小心了，因为用户很快就要走上移动互联网这条船了，而企业将被留在码头上目送他们远去，再无相会之期。

资料来源：根据王晓波“e袋洗：一家洗衣店的互联网革命”改编。

案例分析

1. 北京荣昌科技服务有限责任公司的洗衣业务经过两次转型而成为服务业的移动互联网公司，请对其两次转型的商业模式进行比较。
2. 在“e袋洗”成功的商业模式中，你发现了哪些互联网思想与新经济理论的应用？
3. 试解释平台思维在北京荣昌科技服务有限责任公司转型中的作用。

2013年4月，阿里巴巴研究中心发表了《增长极：从新兴市场国家到互联网经济体——信息经济前景研究报告》，报告首次提出了网络经济体与电子商务经济体的概念，并指出了互联网与中国实体经济结合而影响并促进中国经济转型发展。下面分别介绍网络经济与网络经济体、电子商务经济与电子商务经济体的概念，以及电子商务经济对中国社会经济的影响。

一、网络经济与网络经济体

（一）网络经济

互联网经济是指以互联网为基础的经济，也称网络经济、数字经济或新经济。早期的互联网经济是指互联网产业本身，即互联网产业经济。随着互联网推动生产、工作和生活方式发生深刻变革，互联网经济的含义扩大为基于互联网所产生的经济活动的总和。

（二）网络经济体

经济体，原是基于地域概念所产生的国家或地区经济的集合。然而互联网所具有的泛在性——时间泛在、空间泛在和主体泛在，使得分布式的资源配置、协同型的价值网络和跨空间的经济集合成为可能，从而打破了实体地域经济集合概念。互联网经济体是以技术为边界，将资源、要素、市场与技术整合而形成的一个经济体。

互联网经济体的构成有广义和狭义之分，狭义互联网经济体包括互联网应用、互联网服务、互联网基础设施和互联网设备制造四个部分，而广义互联网经济体除了包括这四个部分外，还包括被“互联网化”的实体经济，如图1-11所示。

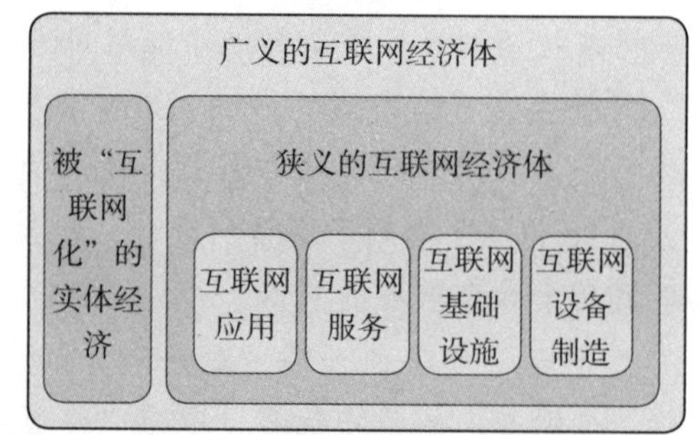

图1-11 互联网经济体构成

资料来源：阿里研究中心，2013年4月。

互联网应用包括电子商务、网络媒体、网络广告、网络娱乐和网络游戏等。

互联网服务包括电子商务服务、软件、咨询和教育培训等。

互联网基础设施包括宽带、IDC 和云计算运营等。

互联网设备制造包括电脑、手机、服务器和路由器制造等。

被“互联网化”的实体经济，是指互联网向周边产业扩展，带动传统工业、农业和服务业等的转型升级，实体产业“互联网化”而被纳入互联网经济体。

随着移动设备和社交网络日益普及，互联网对经济的影响进一步增强。互联网对 GDP 的贡献，尤其是对 GDP 增长的贡献，占比逐年增加，互联网经济体正在成为全球经济增长的新动力。

（三）互联网经济体的形成

工具和渠道是人们对互联网最初的认知与应用，随着互联网本身的发展及其对经济社会的影响、改造和变革，互联网作为基础设施的作用和地位开始凸显。

21 世纪 20 年代伊始，信息经济的演变迎来了新的节点：互联网进一步向实体经济渗透，实体产业通过被“互联网化”而被纳入互联网经济体。党的十九大报告指出，建设现代化经济体系，必须把发展经济的着力点放在实体经济上，要推动互联网、大数据、人工智能和实体经济深度融合。互联网与实体产业融合进一步扩展了互联网经济体，形成广义互联网经济体。

为应对新冠疫情对我国社会经济发展的影响，为顺应百年之大变局建设工业强国的机遇，2020 年 4 月国家发改委提出加快新基建的建设速度，明确了“新基建”包括信息基础设施、融合基础设施、创新基础设施三个方面，具体内容见表 1-2，从中可以看出以新一代信息技术演化生成的信息基础设施的重要性。

表 1-2　新基建的内容

<table>
<tr><td rowspan="8">新基建</td><td rowspan="3">信息基础设施</td><td>通信网络基础设施</td><td>5G 基站；物联网；工业互联网；卫星互联网</td><td rowspan="3">基于新一代信息技术演化生成的基础设施</td></tr>
<tr><td>新技术基础设施</td><td>人工智能；云计算；区块链</td></tr>
<tr><td>算力基础设施</td><td>数据中心；智能计算中心</td></tr>
<tr><td rowspan="2">融合基础设施</td><td>智能交通基础设施</td><td rowspan="2"></td><td rowspan="2">支撑传统基础设施转型升级形成的融合基础设施</td></tr>
<tr><td>智能能源基础设施</td></tr>
<tr><td rowspan="3">创新基础设施</td><td>重大科技基础设施</td><td rowspan="3"></td><td rowspan="3">支撑科学研究、技术开发、产品研制的具有公益属性的基础设施</td></tr>
<tr><td>科教基础设施</td></tr>
<tr><td>产业技术创新基础设施</td></tr>
</table>

以 IT、互联网和电信为核心的信息技术的发展与融合，已经成为驱动互联网与实体产业融合发展的动力引擎。其中的核心技术如云计算、大数据和物联网，将促进信息和数据广泛应用于电子商务、金融、公共服务、传媒和教育等领域，并进一步向制造业和供应链延伸，实现传统行业的转型升级，并催生新能源和新制造业。

二、电子商务经济与电子商务经济体

（一）电子商务经济

电子商务经济的影响已被人们广泛认识并提及，但对电子商务经济的概念（或定义）的描述还很少，这也足以看出电子商务的发展是务实的，其模式是不断演变的，其规律还在探讨中。下面列举几个典型说法，并侧重从电子商务经济体的组成来理解电子商务经济。

国务院发展研究中心李广乾、沈俊杰认为：电子商务经济是以电子商务平台为核心，以电子商务应用需求、电子商务服务业为两翼，以新一代信息技术应用为支撑，包含众多信息消费内容的新型经济生态系统。电子商务经济是我国电子商务发展到一个相对成熟阶段的表现，也是新一代信息技术在我国经济信息化建设中得到深入应用的结果。电子商务经济正日益成为促进国民经济和社会发展信息化建设的主要力量。这是在经济学视角下从供给与需求关系的角度对电子商务经济构成的一种描述。

在陈进、聂林海主编的《电子商务经济发展战略》一书中，编者对电子商务经济是这样描述的：电子商务经济是指与电子商务直接相关的经济结构、组成和效果，包括电子商务服务业、电子商务物流业、跨境电子商务服务业、互联网金融服务业、网络购物、网络教育、数字内容服务以及涉农电子商务服务等行业的经济效应。

（二）电子商务经济体

阿里巴巴研究中心在《增长极：从新兴市场国家到互联网经济体——信息经济前景研究报告》中首次提出“电子商务经济体”的概念，它是这样描述的：

> 电子商务经济体是指具有电子商务属性经济活动的集合，包括电子商务应用、电子商务服务、电子商务相关互联网基础设施和电子商务相关互联网设备制造四个部分（见图1-12）。电子商务经济体有广义与狭义之分。广义电子商务经济体包含上述四个部分，而狭义电子商务经济体仅包含电子商务应用与电子商务服务。一般电子商务经济体指狭义电子商务经济体，电子商务经济体规模即电子商务应用规模与电子商务服务业规模之和。

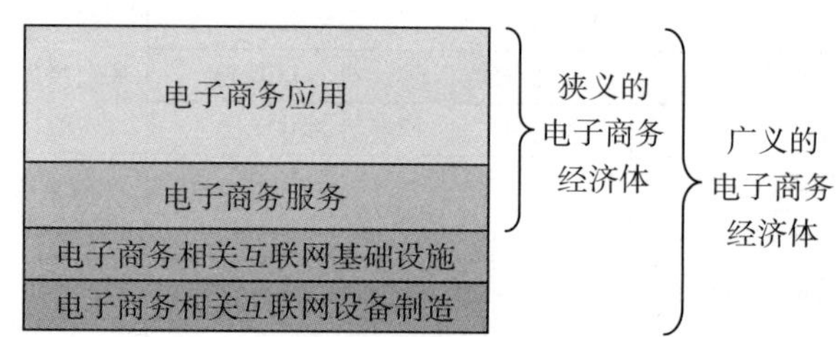

图 1-12　电子商务经济体构成

资料来源：阿里研究中心，2013年4月。

电子商务应用包括企业、消费者和政府电子商务应用等。

电子商务服务包括电子商务交易服务业（如网络零售交易平台）、电子商务支撑服务业（如网上支付）、电子商务衍生服务业（如代运营）等。

电子商务相关互联网基础设施包括宽带、IDC（互联网数据中心）和云计算运营等。

电子商务相关互联网设备制造包括电脑、手机、服务器和路由器制造等。

（三）电子商务经济体的发展

在中国电子商务自1995年萌芽至今，经历了从“工具”（点）、“渠道”（线）到“基础设施”(面)这三个不断扩展和深化的发展过程。2013 年，电子商务在“基础设施”上进一步催生出新的商业生态和商业景观，进一步影响和加速传统产业的“电子商务化”，进一步扩展其经济和社会影响，“电子商务经济体”开始兴起。电子商务经济体在中国的演进过程，如图 1-13 所示。

图 1-13　中国电子商务演进示意图

注：时间为大致范围，无严格界限，1995～表示 1995 年左右。

资料来源：阿里研究中心，2013 年 4 月。

随着网络零售快速的发展，电子商务服务业生态的不断丰富与完善，新一代移动互联网技术的大规模应用及我国网络基础设施与物流渠道向中小城市及农村的普及与延伸，我国电子商务经济体将继续快速成长。电子商务经济体正在成为未来中国经济的重要组成部分。

三、电子商务经济体对中国社会经济的影响

互联网在中国应用突出的表现就是电子商务的大规模发展推动中国新经济的发展和新业态的诞生，进而形成了令世界瞩目的电子商务经济体。

案例 1-4

从“双十一”看中国电子商务经济体的发展

中国互联网诞生 20 余年，发展成为中国崛起的强大催化剂；中国电子商务发展 10 多年，已经成为中国经济转型升级的新动力。在中国电子商务的发展历程中，交易额一次次创造纪录，又一次次打破纪录，谱写着中国电子商务发展的恢宏篇章。仅中国人自创的“双十一”战果就足以让世界为之瞩目。自 2009 年首次举办“双十一”购物狂欢节以来，“双十一”日销售额一次次刷新人们对国内消费需求的认知。以 2017 年“双十一”为例，全网订单量突破 13.8 亿，全网销售额突破 2 539.7 亿元，连续 9 年创出新高，移动端占比为 91.2%。其中天猫平台成交额突破 1 682 亿元，用 13 小时 09 分打破 2016 年“双十一”全天 1 207 亿元的交易纪录，支付宝实现支付总笔数 14.8 亿笔，支付峰值达到 25.6 万笔 / 秒，是 2016 年的 2.1 倍。京东的“双十一”则从 11 月 1 日就开始了，其间累计订单金额为 1 271 亿元。从渠道来看，“双十一”可谓全渠道覆盖，范围更加广泛。天猫平台全球有 100 万个商家、14 万

个品牌、1 500 万种货品、10 万家智慧门店、60 万家零售小店参加了“双十一”活动。京东平台活动覆盖了 200 多个国家和地区，5 000 多家京东专卖店、1 700 多家京东帮服店参与了平台的“双十一”活动。

由此可以看出，在销售额“井喷式”增长的同时，“双十一”的品牌影响力也从天猫扩充至全电商、从线上扩充至线下，从国内扩展至全球，参与活动的商家也从最初的 27 家扩充至百万家以上，即将从全民盛宴走向全球盛宴。电子商务发展日新月异，其影响已经超过了商务活动本身，成为新经济发展的新动力，极大影响着我们的工作和生活方式。

资料来源：根据中商情报网、产业信息网资料整理。

案例分析

“双十一”对我国经济社会的影响有哪些?

电子商务在我国经过了近 20 年的发展，经历了从电子技术、电子商务、电子商务服务业到电子商务经济体的发展道路，超过了从具体的技术应用发展到相关产业的形成并通过创新与协同发展融入国民经济的各个部门的历程，现在正带动着整个经济社会的巨大变革。

发展电子商务意义重大。从微观层面来看，加快发展电子商务，是企业创新业务模式、降低运行成本、提高经济效益和拓展国际市场的有效手段。从宏观层面来看，电子商务对当前我国内需的扩大、经济结构的调整、新型城镇化的建设、产业的升级、区域经济的发展、就业等方面有重大的影响与促进作用。

（一）电子商务促进内需增长

电子商务服务业及相关产业作为战略性新兴产业，在社会经济中发挥着重要作用，是扩大内需、扩大消费、促进就业的重要途径之一。扩大内需主要包括扩大投资需求和消费需求两个方面。从近年来电子商务领域全部投融资来看，投资者对分布在新形态、新机会、消费升级等行业领域的特色电子商务的兴趣远大于传统行业。电子商务的发展不仅为其自身吸引了众多投资融资，还为其他相关行业带来了更多的投资融资机会。近几年来，随着网购规模的快速扩大，极大地带动了我国物流业的发展，迅速出现了一批民营物流公司，如“四通一达”、顺丰等，它们支撑了我国电子商务的蓬勃发展。一些电商平台（如京东、当当网）也开始自建物流以布局企业的长远发展。

电子商务发展提升了人们的消费能力，催生了相关新产品的发展，满足了人们日益增长的产品、服务及精神需求，是供给侧结构性改革的抓手，促进了内需增长，拉动了国家经济的发展。以网络零售为例，它不仅是从线下消费向线上消费的转移或替代，更是对新消费或消费增量的创造。据麦肯锡对中国 266 个城市数据的测算，消费者通过网络零售消费的 100 元中，约 61 元是替代性消费（从线下转移到线上)，另外约 39 元是若没有网络零售则不会产生的新增消费。据此推算，中国网络零售 2015 年创造的消费增量约 1.5 万亿元。相较于一二线城市，在三四线城市，特别是在广大农村网络零售对于扩大消费、拉动内需的作用更加突出。随着互联网，尤其是移动互联网的普及和广泛应用，网络经济对我国 GDP 将有更大的贡献和推动力。

（二）推动发展方式转变和经济结构调整

提升服务业增加值占比，是“转方式、调结构”的关键目标之一。如何大力发展服务业特别是现代服务业和生产性服务业是调整经济的当务之急，也是以此为基础转变发展方式的重要举措。

现代服务业是以现代科学技术特别是信息技术为主要支撑，建立在新的商业模式、服务方式和管理方法基础上的新兴服务产业。电子商务服务业是现代服务业的核心。据 IDC 研究表明，中国电子商务服务业正在成为全球规模最大、最领先的战略性新兴产业，更是中国信息经济的基础。电子商务服务业通过两个方面推动现代服务的发展：一是电子商务经济体加速了传统服务业向现代服务业转变，如传统服务业通过开展电子商务应用实现了向现代服务业转型；二是电子商务经济体可促进制造业“服务化”，推动现代服务业发展。制造行业通过电子商务经济体正在涌现出个性化定制服务的潮流，消费者直接参与企业的营销、设计和生产等环节，推动制造业“服务化”。制造业“服务化”的另一个表现是互联网与传统制造业深度融合而产生的工业互联网，并由此带动“生产性服务业”的快速发展。近年来我国出现了一批有影响力的工业互联网平台，如徐工的汉云、海尔的卡奥斯等，这些平台不仅促进了企业自身的高质量发展，对于转变我国经济发展方式也起到了推动作用。

（三）推进新型城镇化建设

近年来，我国一直在探索和推进新型城镇化建设的路径与模式。大中小城市和小城镇、城市群的科学布局，与区域经济发展和产业布局紧密衔接，与资源环境承载能力相适应，以及把生态文明理念和原则融入城镇化全过程，走集约、智能、绿色、低碳的新型城镇化道路等，都是新型城镇化建设的原则和目标。

信息时代，新型城镇化的关键之一是从以中心城市为核心的集中式城镇化路径与模式转变为以小城镇为中心的分布式城镇化路径和模式。正如中国社会科学院信息化研究中心的分析：传统发展思路是以物质聚集的方式集中配置资源，城市是物质资源的聚集地，通过集中模式，“城市让生活更美好”。电子商务是以信息聚集的思路，去中心化地配置资源，涉及的商品实物不必绕道大城市这个中心，而是通过物流配送，从厂门直达家门。因此，小城镇甚至农村，也可以在去中心化模式下，让生活更美好。电子商务在农村的应用，促进了农民返乡创业和就近就业，带动了当地经济和社会的发展，一些传统乡村显现出小城镇的雏形。

案例 1-5

“沙集模式”：信息化带动“四化”同步发展

中国社科院信息化研究中心调研并发布了《“沙集模式”调研报告》，由此“沙集模式”

得到了业界广泛关注。

沙集镇地处苏北睢宁县。苏南、苏北经济发展差距大。2011 年，睢宁县人均 GDP 位列江苏全省 50 个县市区的 47 位。沙集位于盐碱地范围内，无可依赖的矿产、能源等自然资源，也无家具加工传统。2006 年，东风村的年轻人孙寒从县移动公司辞职，在好友夏凯、陈雷的帮助下开起了第一家网店，从事拼装家具的生产与网络销售，引得乡亲们纷纷仿效。到 2011 年全沙集镇有 600 户网商，2 000 多个网店，它们互帮、互带，使网络销售这种模式在本地快速复制，带动了本地整个家具产业链从无到有。2012 年，家具销售额达 8 亿元，带动区域内形成了家具工业化经济的生态系统。这个以网商为龙头的产业链包括家具网销、生产、物流快递、原材料供应、配件购销以及相关的 IT 服务等。

在“沙集模式”的带动下，睢宁县淘宝镇、电商村范围不断扩大。沙集镇东风村在全国第一批三个淘宝村占得一席之地，到 2015 年睢宁县有 3 个淘宝镇、22 个淘宝村；2016 年，睢宁县有 5 个淘宝镇、40 个淘宝村，数量在江苏省位列第一。

沙集农民离土不离乡，通过开网店，不仅提高了收入，还解决了创业就业难题，曾经外出务工的年轻人都返乡创业，还出现了上千人劳动力的缺口，小村子也呈现出小城镇的特征，推动城镇化的实现。

“沙集模式”不像一些发达地区，网店是在相对发达的产业集群和特色资源的基础上发展起来的，“沙集模式”完全由电子商务直接催生了本地的主要工业。像沙集镇这样的贫困地区，信息化都可以发挥这么大的作用，说明了农村并不一定非要等到工业化完成后才可以信息化，可以采取信息化带动工业化的方式，快速发展农村经济，推动城镇化，进而实现农村“四化”的同步进行。

资料来源：根据徐州网相关报道改编整理。

案例分析

“沙集模式”对我国城镇化的启示有哪些?

电子商务天然适合新型城镇化思路，即先有“市”后有“城”。以市场化的方式帮助农民加入电子商务网络，促使农民生活和生产状态显现城镇化特征。

(四) 促进创业与就业

电子商务在拉动直接就业和带动就业方面作用显著。电子商务就业人员主要包括三种类型：一是创业者，即开办网店的业主；二是直接从业者，即创业者雇用的员工；三是间接就业者，即与网商有紧密联系并由其经营链条带动的其他行业的新增从业人员。随着电子商务的快速发展，电子商务行业的就业人数持续增加。以阿里巴巴为例，2010 年，阿里巴巴 B2B 平台涉及中小企业专业电子商务从业人员已达 1 520 万人，到 2012 年年底，淘宝网创造的直接就业岗位达到 392.1 万个，间接就业岗位达 1 109.6 万个，创造超过 3 000 万人的就业机会。电子商务已经广泛渗透到我国国民经济的各个领域，网络创业也将成为社会化潮流。电子商务因为门槛不高、创业成本低、风险小、整合技术密集与劳动密集型特点，并具有相对高的收入等优势，所以成为广大创业者和就业者的新方向与新选择。

（五）电子商务促进农村经济发展

“三农”问题是影响我国全面建成小康社会的重要因素之一。以电子商务的方式推动农村经济转型，加快区域经济发展，增加农民收入，缩小城乡差距，从根本上解决城乡二元经济的矛盾，为我国经济的快速发展提供动力。涉农电子商务的内容包括两个方面：一是以农产品销售（广义的角度还包括特色经济、乡村旅游、农家乐）为主的农产品电子商务，二是包括农村生产与消费的电子商务。目前，人们较多关注的是农产品电子商务，农产品电子商务发展将解决农产品销售难、采购贵等问题，实现农产品流通的高效率，提高农业的发展水平。农村电子商务（农村消费型电子商务）有助于改善农村商业服务，提高农村人员的生活水平。

近年来，我国各地农村开展电子商务的成效显著、模式多样，涌现出诸多农村电商模式，引起了研究者关注的诸如江浙地区的“沙集模式”“遂昌模式”“桐庐模式”“丽水模式”，西部地区的“武功模式”“成县模式”，东北地区的“通榆模式”等，为政府制定进一步推动农村电子商务发展的政策提供了现实参考。农村电子商务将成为“乡村振兴”战略的重要抓手和“数字乡村”的重要内容之一。

四、电子商务对企业管理的影响

电子商务改变了组织内部部门之间、组织与组织之间、组织与个人之间、管理者与被管理者之间的沟通方式，因而相应的企业管理方式也要随之发生变化。

在电子商务环境下，企业面临着全球范围内的竞争压力，且竞争越来越透明，知识成为企业最重要的生产资料。企业管理以培育和提高知识创新能力为核心，而知识来源于员工、客户、商业伙伴甚至竞争者，因此“以人为本”“以客户为中心”“合作竞争”是电子商务环境下企业管理的主要特点。在此背景下，企业要在组织结构上实行变革，使其有利于激励员工创新，有利于与客户互动，有利于与商业伙伴协同，从而实现企业经营战略的变革。

（一）企业组织结构变革

“金字塔”式的垂直组织结构是传统工业经济时代大多数企业的组织结构状态。这种组织结构对企业管理带来的影响是：管理层次太多，效率低下，对市场反应慢；底层员工的自主性小，创新能力被限制；缺乏灵活性。这些问题在组织规模扩大到一定程度后，就显得更加突出。在电子商务环境下的组织结构应该具有下列某些特征。

1. 扁平化组织

将原来由职能部门的垂直型金字塔组织架构转变为横向的以业务流程为基础的扁平化组织架构，其特点是中间管理层次减少，管理幅度增大，权力下移，监督成分减少，员工自主权增加。

2. 柔性化组织

互联网使得企业可以超越时空、功能和工作场所的限制，形成形式多样、敏捷灵活的柔性组织，企业管理者仅围绕战略业务单元（Strategic Business Unit，SUB）开展经营活动。战略业务单元是指通过设计、生产、销售、配送等某些增值活动以及人力资源管理、财务管理等支持活动的特殊组合，可以是一个企业，也可以是企业的一个部门，只要能够独立规划自己的经营战略即可。

3. 网络型组织

网络型组织基于计算机网络，包括互联网、外联网、企业内部网，将企业各业务单元之间连接成网状结构，各业务单元之间既有明确的分工，又有紧密的协作。

4. 联盟型组织

企业仅保持其具有核心竞争能力的业务，通过建立战略联盟将企业的非核心业务转让给盟员承担，但这个业务是盟员的核心业务。如生产型企业与物流企业的结盟，生产型企业注重产品的设计与生产，物流企业承担物流配送任务；知识型企业与制造型企业的联盟，知识型企业注重产品研究与设计，制造型企业注重产品加工生产。

5. 学习型与创新型组织

学习、创新是电子商务环境下企业保持竞争力的核心。互联网的应用让企业的透明度增加，技术更新速度加快，不断学习、创新，开发新技术、新工艺和新产品，是企业生存与发展的基础。因此企业的组织结构必须有利于知识的收集、整理、共享、保护、利用，同时企业必须把其核心员工当作企业的财产，不断地为他们提供机会学习、深造，以提高知识水平和技能。

在电子商务环境下，企业的组织形态还有诸如绿色型、智能型、集成型、精益型、虚拟型等。

（二）营销管理变革

电子商务为企业提供了一个新的营销渠道。企业可以借助其他综合性门户网站、网络营销服务商网站进行产品的宣传、广告和促销，也可以加入各类 B2B、B2C 电子商务交易服务平台销售自己的产品，还可以建立自己的企业门户网站、公众号、微博等开展营销活动。新的营销技术与模式可以缩短交易周期，改善客户服务（如与客户的互动，提供定制服务），创立或宣传企业品牌，降低交易成本等。例如，牛仔裤领导厂商李维斯通过调查发现，许多客户对现有的牛仔裤合身程度不完全满意，因此该公司便在其网站上提供标准的规格，并提供为客户量身定制、再为其修改的服务。由于迎合了个性化的需求，因此推出后大受市场欢迎，李维斯公司本身也因减少库存占用，采取预收款制，收取较高的定制服务费等，提高了经济收益。

（三）物流管理变革

物流配送涉及两个层面：一是供应层面，二是销售层面。在电子商务环境下，因定制、直销等商业模式的出现，生产企业和零售商都不可能积压大量库存，传统的批量进货也发生了相应的变化，这就要求企业间的响应更加快捷。企业在线直销或零售商在线销售的配送已经与传统经营模式完全不同了，范围广、批量小、品种多、批次多、商品价值不高等使得物流配送网络复杂、成本高。另外，在电子商务环境下，客户对物流配送提出了一些新的要求，如即时配送、状态跟踪。因此，传统的、周期性的、批量运输的物流体系已明显不适合新环境的需求，第三方物流成为电子商务企业物流的主要模式。电子商务环境下的物流具有网络化、信息化、智能化、自动化、柔性化的特点。

（四）生产管理变革

电子商务使批量生产方式转变为按需驱动的准时制生产（Just in Time，JIT），而实现准时制生产就要使生产系统与企业的财务、营销及其他业务系统集成，与合作伙伴和供应商的系统集成，形成 E- 供应链。因此，生产管理的变革不仅仅是一家企业的变革，而是要求生产企业与供应链上的所有企业都要进行变革，以适应信息化时代，这是传统企业开展电子商务面临的重要挑战之一。

（五）业务流程重组

业务流程是指企业从事的一组合乎逻辑的、相关的、序贯的活动和事务，如转账、下订单、发送发货单、配送等都是企业的活动或事务，而这些活动本身可能又由一系列更小的活动或事务组成，如配送就包括商品核对、包装、与运输商谈判、生产运输文档、装车、给运输公司送支票等。业务流程重组（Business Process Reengineering，BPR）是对企业的业务流程进行根本性的思考和彻底重建。其目的是在成本、质量、服务和速度等方面取得显著的改善，使得企业能最大限度地适应顾客、竞争、变化为特征的现代企业经营环境。

一方面，由于电子商务改变了企业的信息流和资金流，因此利用电子商务可以优化企业业务流程。例如，利用电子商务可以剔除某些活动或事务（或中介），改善某些活动或事务的内容（如电子支付）。当然，电子商务也可能会增加某些活动或事务（如网站建设）。另一方面，利用电子商务使组织间、组织内部业务单元间的协同变得更加方便、快捷，原先的职责、分工需要重新设计。例如，将组织的使命集中到具有核心竞争力的项目上，而非核心业务外包给商业伙伴等，也会导致企业流程发生变化。

因此，电子商务既能促进 BPR，同时也会引起企业业务流程的变化。企业在实施电子商务时需要明确使命，重新设计业务流程，使其能够最大限度地发挥电子商务的优势。

电子商务对企业的财务管理、人力资源管理、交易模式都会产生影响。如电子支付改变了企业的财务管理模式，而电子商务在招聘、考核、培训等方面改变着人力资源管理的方式。我国的红领制衣完全颠覆了传统制衣的概念，从设计、生产到销售完全实现了网络化，信息化、数据化，企业成为一个智能化的工厂，实现了大规模个性化定制，这种变革就是对企业传统业务流程再造的一种体现。

五、电子商务环境下的企业管理理念变革

（一）速度第一法则

速度是网络经济时代的一个高频词。过去人们常用摩尔定律，即平均每过 18 个月，芯片的运算速度会增长一倍而成本却减少一半来形容科技的快速变革。1999 年，世界电信展暨世界信息论坛会议前任副主席、加拿大北电网络公司前任总裁约翰・罗斯在论坛上提出了互联网的“新摩尔定律”——光纤定律，即互联网频宽每 9 个月会增加一倍的容量，成本同时降低一半。网络科技的惊人发展构成了对社会最大的冲击，速度成为网络时代的运作特征，“用光的速度行事”成为网络时代企业管理的理念。

（二）持续变化与创新

20 世纪 80 年代，世界经济注重“产品质量”，20 世纪 90 年代，世界经济注重“企业再造”，当今的网络经济注重“创新速度”。“持续变化”和“创新”是网络经济时代企业管理的理念，是企业生存的一种常态。

（三）社会资本与团队精神

网络经济时代，管理者不应把目光停留在提高个人的绩效上，而应该在人与人之间建立紧密的联系，体现“以人为本”的理念，把单纯的管理人变为在人与人之间建立互惠、信赖的人际关系。人际关系是组织成功的关键，高质量的社会资本是塑造企业团体精神的必要前提。网络时代的团队精神，不仅可以体现一个人的品质，而且是高质、高效出成果的前提和保证。

（四）核心能力比规模更重要

在持续变化的时代，企业和企业之间为了某种目的，在研发、投资、供应、生产、销售、运输、设计、策划等方面进行迅速、不同的组合，组合的技术基础是网络。一种组合就形成一种网络。一个企业只是网络上的一个点，任何一个企业都不可能垄断整个网络，只能依存于网络，体验网络带来的机遇和威胁，企业和网络依存的程度取决于企业的核心能力。优势企业不是大而杂，而是精而专，拥有核心能力，核心能力比规模更重要。

（五）大规模定制

大规模定制是网络经济时代的一大特征。定制是提供个性化设计技术，为个人生产

合适的产品，进行个性化服务。在传统经济里，为特定客户“定制”是昂贵的，定制与规模生产很难协调，电子商务解决了这个问题。任何产品都面对全球范围的潜在市场，集结全球市场所需的费用迅速下降。对全球客户而言，全球范围的市场集结使得每个本土化的特殊款式都是批量的、常规的。商品按相应的规模经济效益降低了成本，具备竞争性价格的技术条件。

（六）知识是重要的资源

知识成为创新的核心，知识创新是网络经济发展的主要动力和源泉。网络经济相对于以土地资源为基础的农业经济和以原材料、能源为基础的工业经济而言，突出了知识积累的重要性。在网络经济时代，知识已不是经济增长的“外生变量”，而是经济增长的内在核心因素。

（七）在全球规则的基础上进行竞争

跨国公司、区域合作组织、全球性组织推动全球化的发展，网络经济加速经济全球化进程。全球化推动全球竞争，全球竞争推动全球管理，互联网和经济全球化让企业管理理念要在符合全球通用规则的基础上进行竞争。

第四节　电子商务的发展

一、电子商务的产生

如果从电子商务的技术手段来看，电子商务并非一种全新的事物。早在 1839 年，当电报出现的时候，商人为了提高贸易的效率，就利用电报来传递商贸信息，这可以看作是人类运用电子手段进行商务活动的新纪元。后来，利用电话、传真等传递商贸信息的活动应该是电子商务活动的开端，直到现在电话、传真，仍然是众多企业进行客户咨询、售后服务和技术支持甚至市场调查时经常采取的方式，如客户服务中的呼叫中心，就是集成电话、传真及网络服务的一种业务方式。现代商务一直与电子技术密切地联系在一起。

真正意义上的电子商务是在计算机技术、网络通信技术的互动发展过程中产生并不断完善的，近年来，随着互联网的普及和广泛应用，尤其是移动互联网的爆炸性发展，电子商务的应用模式在创新中快速发展。

二、电子商务的发展阶段

电子商务从时间发展来看，经历了三个阶段。

（1）萌芽阶段（20 世纪 60 ～ 80 年代）。部分大企业的计算机系统开始通过专用增值网连在一起，越来越多的企业之间信息交换是通过 EDI 完成的，企业内部局域网也得到一定范围的应用。

（2）快速发展阶段（20 世纪 90 年代）。20 世纪 90 年代初，特别是 1991 年美国政府宣布互联网向社会公众开放，电子商务进入快速发展阶段。1995 年互联网上的商务业务信息量首次超过了科教业务信息量，电子商务进入快速发展阶段。

（3）理智发展阶段（2000 年至今）。2000 年年初，网络股价暴跌，网络经济的泡沫开始破灭，电子商务的主体转为传统企业。企业不仅在互联网上发布信息，开展交易，而且开始把自己的整个业务模式转移到互联网上，如 CRM、ERP、SCM 等在企业中开始大规模地被应用。

网络经济只有和传统经济相结合，才能创造 21 世纪的辉煌。新世纪是信息化的世纪，推动企业信息化的有效途径就是网络经济与传统经济相结合，即企业广泛开展电子商务应用。

三、电子商务在中国的发展

有关电子商务在中国的发展阶段，不同的研究者（中心或机构）划分的时间起点与阶段不完全相同，其中的分歧主要有两点：一是中国电子商务产生的时间起点从什么开始，二是划分阶段数目的不同。关于时间起点的问题，一部分研究者认为应该从互联网在中国建设开始，而另外一部分的研究者则认为应该从互联网的商业应用开始。关于阶段数目的划分则粗中有细，特征突出。无论怎么划分，“电子商务”的概念是 20 世纪 90 年代中期被正式引入中国的，随后引起政府、商贸企业以及金融界的广泛关注，认识到电子商务可以使得商务交易过程更加快捷、高效、低成本，肯定了电子商务是一种全新的商务模式，在此之后电子商务踏上了广泛应用的道路。其间产生诸多具有创新并引领世界电子商务发展与应用的电子商务模式，并引领中国新经济的发展。中国电子商务研究中心发布的《1997—2009 中国电子商务 12 年调查报告》将我国电子商务发展分为五个阶段（见图 1-14），列出了我国电子商务发展过程中的重大事件，图中的时间是从中国典型的电子商务应用开始的。当然，在 2009 年之后，中国的电子商务发展更具创新性，尤其是移动电子商务的应用快速发展，应用模式与应用领域更加广泛。

中国电子商务发展初期是以政府为主导、企业为主体的方式开展的。其间有政府主导的政府上网工程、企业上网工程、一系列的“金字”工程和示范工程等重大事件来推动电子商务的发展。

（一）萌芽与起步期（1995 ～ 1999 年）

1995 年和 1996 年，电子商务概念被引入我国，在我国政府及信息化主管部门的指引下，电子商务在 1996 年和 1997 年得到了社会各界的广泛认识。1997 年和 1998 年，电子商务在全球范围迅猛发展，引起各界的广泛重视，我国掀起了一个电子商务热潮，1998 年甚至被称为中国的“电子商务”年。发展电子商务需要政府的推动和企业的积极参与，要有完善的信息基础设施，要有安全可靠的保障措施，需要建立必要的法律法规和技术标准，还要克服文化障碍，提高消费者的网上购物意识。1999 年，中国电子商务踏上了应用发展阶段，国家信息化主管部门开始研究制定中国电子商务发展的有关政策。其间有以下重要事件。

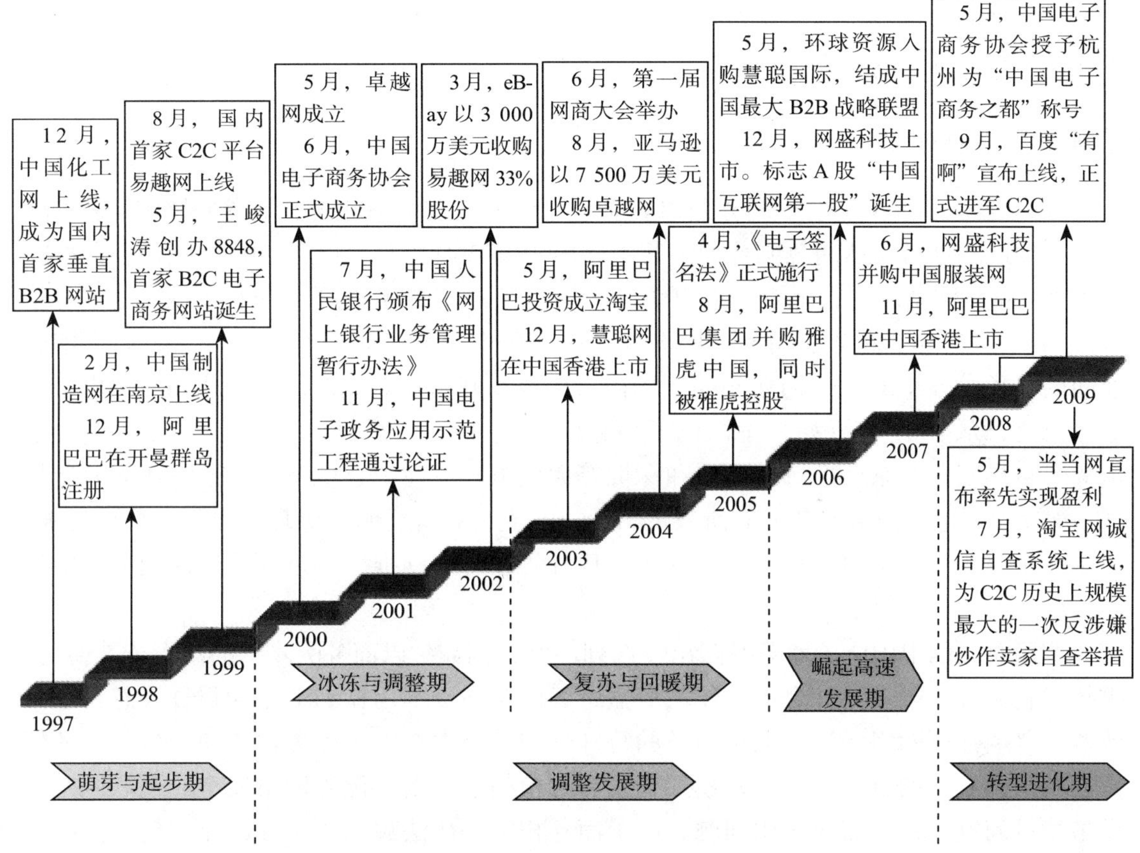

图 1-14 中国电子商务 12 年五阶段与标志性事件

资料来源：图由中国 B2B 研究中心编制，官方网站为 B2B. TOOCLE. COM。

1. 政府上网工程

1999 年年初，政府启动上网工程，为实现政府与企业间的电子商务奠定了基础。

2. 企业上网工程

1999 年 7 月 7 日，由国家经济贸易委员会和国家信息产业部指导，中国电信集团中心和国家经贸委经济信息中心共同发起的企业上网工程正式启动。企业上网工程主站——中国企业在线（www.SinoEOL.com）正式开通，首批 18 家大型企业和 300 家中、小型企业入住“21 世纪网上企业园区”。

3. 金字工程实施

一系列的金字信息工程成效显著，为电子商务发展奠定了基础，包括金卡工程、金关工程、金税工程、金企工程、金卫工程和金桥工程等。

4. 示范工程

选择不同行业、不同所有制性质、不同地区进行电子商务的示范工程，为我国电子商务的广泛应用总结经验和制定相关的政策、法规奠定基础。

在此期间我国电子商务里程碑式的一些电子商务企业也诞生了，如中国化工网、阿里巴巴、易趣网、8848 等。

（二）调整发展期（1999 ～ 2007 年）

1999 年，多家本土电子商务公司成立，网络服务商大举进入电子商务领域，新的电子商务网站和项目猛然间急剧增加。其中，1999 年 3 月，阿里巴巴（中国）在杭州建立；5 月“8848”网站成立，融资 260 万美元，国内第一家 B2B 电子商务网站诞生；8 月中国第一家 C2C 电子商务公司易趣网诞生……不少电子商务企业和工商企业开始酝酿企业间的电子商务（B2B），海尔集团等国内大型企业开始在企业内部和企业间应用电子商务。总之，从 1999 年开始，中国电子商务的发展进入星火燎原的阶段。广度上，电子商务不再局限于北京、上海、广州和深圳等大城市，各地中心城市的电子商务均有所发展；深度上，电子商务服务业有所发展，配送、支付和售后服务等环节取得实质性突破，中国电子商务开始由表及里，从虚到实，从宣传、启蒙到推广都进入了广泛而务实的发展阶段。

这段时期的中国电子商务暴露出一系列问题，例如“以商务为本”的观念依然薄弱，重技术轻商务；电子商务企业炒作之风盛行，以实现资本运作和上市为目标，忽视经济效益，普遍强调网络经济和电子商务的特殊性与神奇力；电子商务模式缺乏创新，还停留在对国外先进的电子商务经营模式模仿和移植的水平上。此外网络安全、互联网基础设施建设问题、社会商业信用问题、电子商务相关法律法规问题、标准化问题、网络支付问题、企业管理层对电子商务的认知程度问题、网络市场规模问题以及 IT 技术和管理信息人才问题等都阻碍着中国电子商务的发展。市场经济不成熟，现货市场、有形市场不完善，企业信用较差，缺乏配套的信息系统、物流系统、支付系统和控制保障，这也影响了企业对电子商务的投入和应用。

在我国电子商务市场的竞争中，部分本土电子商务企业开始崭露头角，阿里巴巴、腾讯等企业的电子商务平台通过并购、合资等方式，逐步确立了自身在中国电子商务领域的领导地位。2003 年 5 月，阿里巴巴集团投资 1 亿元成立淘宝网，进军 C2C；2003 年 6 月，eBay 以 1.5 亿美元收购易趣网剩余 67% 的股份，国内最大的 C2C 企业由此被外资全盘并购。2003 年 12 月，慧聪网上市，成为国内 B2B 电子商务首家上市公司。2004 年 8 月，亚马逊以 7 500 万美元协议收购卓越网，并更名为卓越亚马逊。2005 年 2 月，支付宝推出保障用户利益的“全额赔付”制度，开国内电子商务的先河；同年 7 月又推出“你敢用，我敢赔”的支盟计划，为电子商务支付环节的发展设立了标杆。2005 年 8 月，阿里巴巴收购雅虎中国全部资产，同时得到雅虎 10 亿美元投资，雅虎则拥有阿里巴巴 40% 股份，由此成为阿里巴巴最大控股股东。2005 年 9 月，腾讯依托 QQ 超过 5.9 亿的庞大用户推出拍拍网，C2C 三足鼎立格局逐渐形成。2006 年 5 月，环球资源购入慧聪国际 10% 已发行股本，结成“中国最大 B2B 战略联盟”。2007 年 8 月，今日资本向京东商城投资 1 000 万美元，开启了国内家电 3C 网购新时代。

总体上讲，1999 ～ 2007 年，中国电子商务经历了发展与调整并存的发展阶段，在电子商务大发展的同时，在市场机制下，以淘宝、京东、拍拍网为代表的本土电子商务平台脱颖而出，并对中国电子商务的发展产生了深远的影响。

（三）转型进化期（2008 ～ 2015 年）

2008 年以后，在全球经济危机的背景下，中国电子商务逆势增长，在全球经济危机的作用下，部分电子商务企业，尤其是严重依赖外贸生存的中小电子商务企业出现倒闭现象，其中就包括万国商业网、沱沱网、宁波慧聪网等知名外贸 B2B 电子商务服务企业。但也有不少电子商务企业在此期间发展壮大，转型升级。2009 年 1 月今日资本、雄牛资本等向京东商城联合注资 2 100 万美元，引发国内家电 B2C 领域投资热；2009 年 4 月，生意宝宣布“同时在线人数”与“日商机发布量”这两大 B2B 平台重要指标双双突破百万大关，参照国内同行已位居全球领先水平，生意宝仅用 2 年走完了同行近 10 年的历程，创造了我国 B2B，乃至电子商务历史上的新纪录；2009 年 5 月，当当网宣布率先实现盈利，平均毛利率达 20%，成为目前国内首家实现全面盈利的网上购物企业。总体上讲，在 2008 年全球经济危机爆发后，我国部分与中小外贸企业相关的电子商务企业受到较为严重的影响，更多的电子商务企业仍然处在快速发展阶段。

这一阶段典型特征表现在两个方面，一是电子商务模式不断创新，应用广度不断扩展，在 B2B、B2C、信息团购类领域的渗透日益增多，如大众点评等团购信息类企业纷纷涌现。二是产业链日益深化，电子商务生态系统建设日益完善，支付、物流等电子商务服务业成为电子商务生态系统的关键环节。

（四）引领期（2015 年至今）

2015 年以后，中国电子商务朝着农村市场、国际市场挺进，移动电子商务快速发展。这一时期的电子商务典型特征是以内容电商和社交电商为主导。

农村电子商务、涉农电子商务在这段时期风起云涌，并逐步成为我国电子商务发展的增长点。京东、苏宁分别制定出各自的“渠道下沉”农村电商战略方案，阿里巴巴提出“千县万村”农村电商发展战略。据阿里研究院统计，从 2009 年在全国出现 3 个淘宝村开始，到 2020 年全国淘宝村数量增至 5 425 个，淘宝镇达 1 756 个，它们通过电商平台销售农产品，为农民带来了更大收益。

跨境电子商务也成为各个电子商务巨头竞争的新制高点，2014 年 4 月，天猫国际正式上线，入驻合作商户达到 200 余家；2015 年 4 月，京东“全球购”正式上线，采用“自营 + 平台”模式，由京东自主采购，借助保税区内专业服务企业提供的支持服务，直接引入海外品牌商品，销售的主体则是海外公司。2015 年以来，国务院先后分四批批准设立跨境电子商务综合试验区，至今我国跨境电子商务综合试验区已达 59 个。

电子商务发展呈现出更加多元化的特征，内容电商和社交电商成为该时期电子商务模式的主力军。微信、拼多多、小红书等带来新的电商模式；头条、抖音、快手等内容和视频 App 的兴起影响着电子商务产业格局的发展。

此外，随着智能设备的逐渐普及，移动电子商务逐步成为零售业电子商务的主流。总体来说，这段时期的中国电子商务，在保持快速发展的同时，深度大大加强，领域更加细化，电子商务的发展可以用日新月异来形容。

思考题

1. 结合实例谈谈你对电子商务的理解。
2. 电子商务的概念模型是怎样的？结合电子商务活动的内容加以分析。
3. 结合实际分析影响我国电子商务的因素有哪些？
4. 扁平化组织与垂直型组织相比各有哪些利弊？
5. 电子商务对企业管理理念有哪些影响？
6. 电子商务对传统企业转型升级有什么作用？
7. 如何理解电子商务对中国创业就业的作用与影响？

CHAPTER 2 第二章

电子商务模式

知识目标

- 理解电子商业模式的内涵与构成要素
- 理解不同电子商务模式的内涵
- 了解第三方电子商务平台的利润来源
- 掌握 B2C 电子商务系统组成
- 理解 O2O 电子商务模式及其优势

能力标准

- 能够通过具体分析概括出某电子商务企业的商务模式
- 结合实际能够说明电子商务对企业管理变革的具体表现
- 能够对具体的 B2C 网站进行综合评价
- 能够对开展 O2O 电子商务应用的企业设计闭环业务流程

第一节 电子商务商业模式概述

案例 2-1

互联网工业化定制的红领模式：3D 打印智能化工厂

青岛红领集团有限公司（简称红领集团）自创立以来，一直从事服装生产业务，已有 20 多年。红领集团总部位于青岛以北不远的古城即墨，坐落在以企业命名的红领大街上。

这是一则曾经贴在红领园区门口的招聘信息：“不加班，8 小时工作制，周日休息，月工资高于同行 300 ～ 500 元。”在其官网上的招聘信息则是网络建设与网络安全研究员、大数据系统工程师、云计算工程师，且学历要求都是博士。这些官网上的招聘信息会让人误会这是一家高科技公司。

2016 年 11 月的一天，红领集团副董事长张代言仅带领一名量体师，乘坐红领集团的

"魔幻工厂"大巴去青岛港为30多位工人量体以制作工服。30多位工人的量体在1小时内就完成了，采集到了每位工人19个部位的22个数据，5天后工人就能穿上完全合乎自己体型的工服。

2015年，红领集团以零库存实现业务翻倍增长，利润率增长25%以上。

红领集团进行大规模定制生产，每天都能够设计、生产3 000种完全不同的个性化定制产品。

红领集团的核心竞争力是一套大数据信息管理系统，任何一项数据的变动都能驱动其余9 000多项数据的同步变动。

从以上的情景中，我们或许就可以从侧面窥得一二：红领集团已不是一家传统意义上的服装企业，也脱离了服装行业价格竞争的泥淖，它的高附加值在服装行业里显得卓尔不群。

实现这一切源于红领集团大数据支持下的智能化工厂。

过去：超前10年的定制信息化

红领集团早在2003年就开始了大数据搜集，当然，那个时候它还没有意识到这是未来面对"互联网+"时代的最重要基础。如今，包括海尔、联想等家电科技行业的巨头、国外一些大型制造企业都要去红领集团参观学习，足见它与互联网时代融合的程度。10多年的大数据建设，让红领集团有了足够的底气。

红领集团的大数据建设是董事长张代理力排众议的结果。2003年，服装业还是一个遍地黄金的行业，但在张代理眼中，"低成本+低价格+渠道"金字塔不是制造业的长期出路，只有高附加值才能有可持续发展。有一次，张代理参观一家日本的服装定制企业，看到对方在很多方面实现了自动化，比如激光裁剪、电脑设计和打版等。于是他萌生了以工业自动化的手段来实现定制的想法，而这是欧美国家的服装大企业都没有完成的任务。

可以想象，在一个大路平坦的年代，偏要走一条崎岖的山路，绝非一个受欢迎的选择，哪怕山路之后风光旖旎。张代理的决定在公司内部没有得到一丁点儿的支持，除此之外，更大的困难还在于服装定制技术的实现。

规模化最基本的要求就是标准化，张代理琢磨着如何把定制的各个环节都变成标准化的环节。衣服定制的高附加值，就体现在量体、制版这些依赖人工经验的环节上，因为每个人的体型有细微差别，比如脊柱弯曲幅度、啤酒肚形状等各不相同，差之毫厘可能谬以千里。

所有老师傅和国外专家都告诉张代理这项技能没法速成。无奈之下，他只有自己花时间研究，经过反复尝试改进，终于发明只需5分钟测量19个部位就能准确掌握一个人的体型细节的方法。这套方法叫"量得快"，时至今日还是红领集团量体的标准方法，只不过时间缩短到1分钟内。

技术难关刚克服，推广难题又来了。原来，红领集团开展定制业务时经常出现不同门店同时下单，后台面料不足的情况。张代理想将流程整体打包信息化，最初他尝试从国外引进技术，但发现国外也没有成熟平台，又得从零开始研究，从每个订单的每个细节开始着手，从个性化的数据中寻找共性。

从市场大好的2003年经过2013年的萧条到2014年的12年时间，红领集团投入自有资金3亿多元，用信息化互联网的思维，以红领集团3 000人工厂作为试验室，对中国传统产业升级进行了艰苦的探索与实践，经历了无数失败和推倒重来，现在已经形成了完整的大规模个性化、工业化定制的红领模式，同时完成的还有销售运营、公司管理、组织架构、生产体系的整体信息化转型。实现了大数据互联网思维下信息化与工业化的深度融合，创造了互联网工业的价值观与方法论。与当初领先于红领集团的其他品牌相比，红领集团至少超前了10年。

现在：每件衣服背后都有它的故事

我国成衣行业的痛点：一是库存，二是价位。由于面辅料厂家及成衣生产厂家供应链的缺陷，产品研发体系的同质化，服装企业不能对市场需求做出快速反应而产生大量库存。大量的库存及传统多环节的销售渠道，让产品的成本暴增，价格暴涨。众所周知，从2013年开始，服装行业库存滞销、门店关闭、电商冲击等消息不绝于耳，甚至有人悲观估计所有库存加起来三年都卖不完。

红领集团做服装的理念是“最适合的就是最好的”。“合身”这个词摆在身经百战的服装行业企业家面前，或许不值一提，但它背后所包含的审美意识绝不能轻易忽视。如果你不能满足越来越多元化的着装需求，消费者就会离开，中国的传统服装企业在国外时尚服装品牌和互联网电商品牌的双重冲击下节节败退，库存滞销，这可能是最大的原因。

红领集团走了一条更加极端的定制路线，生产的每件衣服在生成订单前，就已经销售出去了，这在成本上只比批量制造高10%，但收益却能达到2倍以上。红领集团有一套完善的大数据信息系统，目前每天能够完成3 000件完全不同的定制服装生产。任何一位红领集团的顾客，一周内就能拿到所需的衣服，未来目标是5天内，而传统模式下却需要3～6个月。

红领集团的定制生产流程是什么样的

定制的第一步是量体采集数据下订单。量体要采集19个部位的22个数据，然后顾客对面料、花型、刺绣等几十项设计细节进行选择。当顾客量体的数据输入数据库时，红领集团瞬间就可以找到符合他的版型，一分钟内完成打版，并传输到生产部门。

在生产线上，每位工人都有一台电脑识别终端，这是他们工作最依赖的工具，所有的流程信息传递都在这上面进行。接到订单后，他们会核对所有细节，然后录入到一张电子标签上，这张电子标签是这套衣服的“身份证”，将伴随这套衣服生产的整个过程。

随后的所有环节，每位工人的第一项动作就是扫描电子标签进行识别，并根据其中显示的要求进行自动裁剪或细节处理，直到生产完成后通过快递寄送至全球任何角落。整个定制生产流程，称为红领西服个性化定制（RCMTM），包含20多个子系统，全部以数据驱动运营。这套系统是基于红领集团过去大约10年200多万个定制顾客的数据进行深入分析后研发设计的，每项数据的变化都会同时驱动9 666个数据的同步变化，目前它的数据库已拥有100万多条数据。

红领集团是如何将数据与生产工艺相结合的

红领集团最核心的就是其信息中心。红领集团将整条服装流水线拆成300多道工序，按产能每天3 000件订单的量，有9万个工序，近20万个工艺，它们以什么样的方式分配给生产线上的2 000多名工人，再以什么样的方式组合，能够科学高效，其秘密就在信息中心。这里是整个智能工厂管理系统后台的大脑。每道工序都对应一个软件模块，他们研发的这套系统实际上就是一个智能化的车间主任，通过算法自动完成每天的排产。原来的车间主任与工人，在这里变成为“细胞核”与“细胞”。“细胞核”与“细胞”之间已经不存在管理方面的关系，他们完全听从流水线的安排，只有当细胞的个别工人出现制作方面的问题时，“细胞核”才去帮忙解决问题（或顺活），其余时间则在自己的工位上工作。当流水线上出现拥堵时，可通过管理系统后台调整相应参数来解决。

正是基于这套系统，红领集团的员工才能发出这样的感慨：现在人人都是设计师，“每件西服都是一个故事，从他们的衣服上可以猜测这背后大概是什么样的人穿，甚至以什么样的心情来穿”。

红领集团通过3D打印智能化工厂实现了大规模的个性化定制，解决了传统服装业的问题。个性化、大规模、高效率、低成本、高品质、标准化是红领模式的鲜明特点。

未来：从服装生产到服装定制解决方案设计

2009年，张代理将公司总裁的位置交给女儿张蕴蓝。张蕴蓝接手后，充分利用规模化定制的基础，开始大刀阔斧招聘年轻人才，拟定新的发展战略，走多品牌运作的道路。在红领集团之外，她推出更加多样化的定制品牌，包括针对婚庆礼服市场推出的R.PRINCE（瑞璞）品牌、国际化定制品牌CAMEO，以及最新推出的Cotte品牌。在定制形式上，除门店和预约上门两种量体下单方式外，还实现了O2O的模式，可直接通过手机App或者计算机进行在线设计下单。2016年，张蕴蓝在接受中央电视台采访时，她是这样说的：以前时尚是引导型的，未来是消费者主权的时代。红领将充分利用互联网捕捉和抓取消费者内心认可的那种潮流和时尚，将它们引导并融合在红领的设计中。未来会在销售端提供一个智能设计入口，让消费者能参与设计，其中也包括与世界顶级设计师的合作，这样从前端的智能设计，再到智能生产，包括与整个智能物流可以完全配套起来，形成一个开放的个性化智能制造系统。

经历了10多年定制模式探索，红领集团已经彻底完成了从服装企业到数据型制造企业的转型，与其说红领集团是一家服装企业，不如说服装只是红领集团的壳，它的内里其实已经是一家大数据企业。

红领集团成功的转型，已经成为其他企业学习、模仿、试图超越而未能成功的标杆对象，两个有趣的现象足以证明这一点。

第一是接待大量考察团，除了业内龙头外，还包括海尔、联想等制造业巨头。张瑞敏在参观现场就写了这样一段话：参观“红领”时，看到传自纽约的个人订单，在信息化流程中能迅速完成发货，感慨颇深。这正是互联网时代传统企业必须跨过的坎儿，从大规模制造转为大规模定制，以满足用户个性化的最佳体验，“红领”做到了，是其心无旁骛、几年磨一剑的结晶。

第二是红领集团已对数千人进行了量体培训，其中为数不少的已被挖走，但竞争对手仍无法做出足以和红领集团竞争的定制服装，因为量体技术只有与其大数据系统配合才有意义。

对中国的制造企业而言，转型升级迫在眉睫，红领集团已经为它们提供了一条可供参考的道路，红领集团董事长张代理想为更多的行业领域输出其智能工厂的解决方案。2016年，他在回答记者采访时这样说道：“在我们做信息化六七年的时候，就发现了这不是做服装，而是一套完整的方法论。这套方法论，它用标准化加个性化解决了所有的问题。我们在改造升级的过程中发现，传统工业的升级改造是一个巨大的蛋糕，每个企业都需要这套‘方法论’，并且市场很大，它既能帮助别人，成就别人，又可以发展自己。”

2016 年 11 月，红领集团在淄博的又一个智能工厂建成了，这是一家牛仔裤制造企业。在 2016 年的半年时间里，红领集团已经向化工、机械、自行车、化妆品、纺织品等 60 多个企业输出智能工厂的全套模式。

至此，红领集团从一家服装厂转型为一家大数据工厂，未来它将目标锁定在向传统领域输出的标准上，这将是红领集团的又一次转型，即从服务制造商向智能工厂解决方案的提供商转型，期望红领集团能为中国传统领域企业的转型做出更大贡献。

资料来源：根据吴晓波“红领：一家从服装厂转型而来的大数据工厂”改编。

案例分析

1. 什么是红领模式？它的核心竞争力是什么？
2. 红领服饰定制的整体流程是什么样的？
3. 红领集团是如何将数据信息与工业化生产结合在一起的？

一、商业模式的基本概念

商业模式是一个比较新的名词。尽管它第一次出现在 20 世纪 50 年代，但直到 20 世纪 90 年代才开始被广泛使用和传播。商业模式是一个非常宽泛的概念，现在，虽然这一名词出现的频度极高，例如，与商业模式有关的运营模式、盈利模式、B2B 模式、B2C 模式、“鼠标加水泥”模式、广告收益模式等，但关于它的定义仍然没有一个权威的版本。目前相对比较贴切的说法是：商业模式是一种包含了一系列要素及其关系的概念性工具，用以阐明某个特定实体的商业逻辑。它描述了公司所能为客户提供的价值以及公司的内部结构、合作伙伴网络和关系资本（Relationship Capital）等用以实现（创造、推销和交付）这一价值并产生可持续盈利收入的要素。

可以这样理解商业模式的概念：为实现客户价值最大化，把能使企业运行的内外各要素整合起来，形成一个完整的、高效率的、具有独特核心竞争力的运行系统，并通过最优实现形式满足客户需求，实现客户价值，同时使系统达成持续盈利目标的整体解决方案。

对于商业模式我们不必太过关注其概念，而重在对其内涵的理解。通俗地讲，商业模式就是企业通过什么途径或方式来持续赚钱。用专业语言来说，商业模式是一个企业创造价值的核心商业逻辑，价值的内涵不仅仅是创造利润，还包括为客户、员工、合作伙伴、股东提供的价值，在此基础上形成的企业竞争力与持续发展力。商业模式是一种简化的商业逻辑，需要用一些元素来描述这种逻辑。它包括八个基本要素：价值主张（Value Proposition）、收益模型（Revenue Model）、市场机会（Market Opportunity）、竞争环境（Competitive Environment）、竞争优势（Competitive Advantage）、营销战略（Marketing Strategy）、组织结构（Organization Structure）和管理团队（Management Team）。

（1）价值主张。价值主张指企业通过其产品和服务如何满足顾客的需求。价值主张是商业模式的核心，是企业竞争力的来源。从客户角度来说，价值主张是否合适是他们选择企业进行合作的主要依据。成功的电子商务价值主张包括：个性化定制的产品、低廉的搜索成本和低廉的价格发现成本。例如，在亚马逊出现之前，消费者通常需要亲自前往实体书店买书，而且往往还不一定能买得到需要的书。有了亚马逊之后，消费者只要进入亚马逊的网站就知道需要的书有没有，或者过多久才有，这省去了消费者来回路途的烦恼。亚马逊的 Kindle 通过提供电子书的方式，进一步省去了消费者等待实体书配送的时间。可以看出，亚马逊商业模式相对于传统线下实体书店的主要价值主张是数量众多的书籍品类和便捷性。

（2）收益模型。收益模型指企业如何赚钱来满足投资者。企业的本质可以视为获取利润和给予投资者回报。著名管理学家波特认为，除了获得利润外，成功的企业需要给予投资者高于其他投资机会的投资回报。现实中，电子商务的收益模型包括广告模式、订阅模式、中介模式、网络销售模式和分销联盟模式等，如表 2-1 所示。

表 2-1　五种主要的收益模型

收益模型	公司实例	利润来源
广告模式	新浪	广告投放者支付的广告费
订阅模式	Netflix	订阅者为获取内容和服务而支付的订阅费用
中介模式	eBay、天猫	交易中介服务费用
网络销售模式	京东	商品、信息和服务的销售
分销联盟模式	MyPoints	商务推介费

（3）市场机会。市场机会是指企业试图占领的、具有潜在利润的市场空间。根据利润潜力高低等指标，我们可以将现实中的市场机会细分为多个市场，通过分析各个细分市场的利润前景、进入门槛、既存势力等指标综合确定企业是否需要进入某个市场。

（4）竞争环境。竞争环境指在同一行业中的销售类似产品或服务的其他企业，也包括销售替代品的企业和潜在进入者，以及该行业中的下游客户和上游供应商。通常情况下，竞争者的数量、竞争者的规模大小、每个竞争者的市场份额以及定价方式等共同影响着竞争环境。

通常来讲，如果一个细分市场中的竞争者数量过多，那么这个市场可能已经饱和，新进入者恐怕很难再获得可观的利润。然而，即便一个市场中竞争者很少，也并不一定意味着直接进入就有利可图，因为可能是受到其他因素影响，该行业已经走向衰落，无利可图。

（5）竞争优势。竞争优势是指一家企业能够以低廉的价格推出品质过硬的产品，从而获得竞争的主动权。竞争优势是企业能够在激烈的竞争环境中生存和发展的强有力武器，相对于竞争对手而言，企业如何有效地运作和保持竞争优势就是该企业存在的核心竞争力，它体现在企业运营的各个方面，如设计、生产、专利、营销和服务等环节。

（6）营销战略。营销战略指企业如何进军新市场和吸引新客户的一系列行动方案。营销就是向潜在的客户提供产品或服务，即使商业策划非常完美，如果其产品和服务无人购买，那么这样的商业活动也是失败的。

（7）组织结构。组织结构指企业为完成某项目标而将各种资源进行组织配置的结果。

通常情况下，日常目标被分配给生产、装运、客服、营销、财务等各个职能部门，各部门各司其职，协同运作。企业规模越大，目标越多，组织结构越复杂，组织层级就越多。

（8）管理团队。管理团队指企业中负责进行商业计划的决策者。强大的管理团队不仅向外部投资者释放了正面的信号，而且对商业模式的制定与执行产生重要影响。对一家初创企业来说，经验是招聘经理时考虑的第一要素，经验包括管理经验以及诸如营销、生产、财务、运营等具体部门的从业经验等。

二、商业模式的核心原则

商业模式的核心原则是指商业模式的内涵、特性，是对商业模式含义的延伸和丰富，是成功商业模式必须具备的属性。它包括：客户价值最大化原则、持续盈利原则、资源整合原则、创新原则、融资有效性原则、组织管理高效率原则、风险控制原则和合理避税原则等八大原则。

1. 客户价值最大化原则

一个商业模式能否持续盈利，与该模式能否使客户价值最大化有必然关系。一个不能满足客户价值的商业模式，即使盈利也一定是暂时的、偶然的，是不具有持续性的。反之，一个能使客户价值最大化的商业模式，即使暂时不盈利，但终究也会走向盈利。所以我们把对客户价值的实现再实现、满足再满足当作企业应该始终追求的主观目标。

2. 持续盈利原则

企业能否持续盈利是我们判断其商业模式是否成功的唯一的外在标准。因此，在设计商业模式时，盈利和如何盈利也就自然成为重要的原则。当然，这里指的是在阳光下的持续盈利。持续盈利是指既要“盈利”，又要能有发展后劲，具有可持续性，而不是一时的偶然盈利。

3. 资源整合原则

整合就是要优化资源配置，就是要有进有退、有取有舍，就是要获得整体的最优。

在战略思维的层面上，资源整合是系统论的思维方式，是通过组织协调，把企业内部彼此相关但又彼此分离的职能，以及企业外部既参与共同的使命又拥有独立经济利益的合作伙伴整合成一个为客户服务的统一体，取得 1+1>2 的效果。

在战术选择的层面上，资源整合是优化配置的决策，是根据企业的发展战略和市场需求对有关的资源进行重新配置，以凸显企业的核心竞争力，并寻求资源配置与客户需求的最佳结合点，目的是要通过组织制度安排和管理运作协调来增强企业的竞争优势，提高客户服务水平。

4. 创新原则

三星董事长李健熙说：“除了老婆和孩子外，其余什么都要改变！”时代华纳前首席执行官迈克尔·邓恩说：“在经营企业的过程中，商业模式比技术更重要，因为前者是企业能够立足的先决条件。”一个成功的商业模式不一定是在技术上的突破，而是对某一个环节的改造，或是对原有模式的重组、创新，甚至是对整个游戏规则的颠覆。商业模式的创新形式贯穿于企业经营的整个过程之中，贯穿于企业资源开发研发模式、制造方式、营销体系、市场流通等各个环节，也就是说，在企业经营的每个环节上的创新都可能变成一种成功的商业模式。

5. 融资有效性原则

融资模式的打造对企业有着特殊的意义，尤其是对中国广大的中小企业来说更是如此。企业生存需要资金，企业发展需要资金，企业快速成长更是需要资金。资金已经成为所有企业发展中绕不过的障碍和很难突破的瓶颈。谁能解决资金问题，谁就赢得了企业发展的先机，也就掌握了市场的主动权。

从一些已成功的企业发展过程来看，无论其表面上对外阐述的成功理由是什么，但都不能回避和掩盖资金对其成功的重要作用，许多失败的企业就是因为没有建立有效的融资模式而失败了。如巨人集团，仅仅为近千万元的资金缺口而轰然倒下；曾经与国美不相上下的国通电器，拥有过 30 多亿元的销售额，也仅因为几百万元的资金缺口而销声匿迹。所以说，商业模式的设计很重要的一环就是要考虑融资模式。甚至可以说，能够融到资并能把资金用对地方的商业模式就已经是成功一半的商业模式了。

6. 组织管理高效率原则

高效率是每个企业管理者都梦寐以求的境界，也是企业管理模式追求的最高目标。用经济学的眼光衡量，决定一个国家富裕或贫穷的砝码是效率；决定企业是否有盈利能力的也是效率。

按现代管理学理论来看，一个企业要想高效率地运行，要做到以下几点。首先要解决的是企业的愿景、使命和核心价值观，这是企业生存、成长的动力，也是员工干好的理由。其次是要有一套科学、实用的运营和管理系统，它解决的是系统协同、计划、组织和约束问题。最后还要有科学的奖励激励方案，它解决的是如何让员工分享企业成长果实的问题，也就是向心力的问题。只有把这三个主要问题解决好了，企业的管理才能实现高效率。现实生活中的万科、联想、华润、海尔等大企业，在管理模式的建立上都是可圈可点的，也是值得我们学习的。

7. 风险控制原则

设计再好的商业模式，如果抵御风险的能力很差，就会像在沙丘上建立的大厦，经不起任何大风。这个风险既包括系统外的风险，如政策、法律和行业风险，也包括系统内的风险，如产品的变化、人员的变更、资金的不足等。

8. 合理避税原则

合理避税不是逃税。合理避税是在现行的制度、法律框架内，合理地利用有关政策，设计一套便于利用政策的体系。合理避税做得好也能大大增加企业的盈利能力，千万不可小看这一原则。

三、电子商务模式的基本概念

严格来说，电子商务模式是指电子商务的商业模式。它是指在电子商务环境下企业为盈利而设计的一系列计划，即企业在网络环境下的商业逻辑。目前关于电子商务模式的研究还处于初级阶段，国内外学者众说纷纭，总的来说，电子商务模式是在网络环境和大数据环境中基于一定基础的商务运作方式与盈利模式。研究和分析电子商务模式的分类体系，有助于挖掘新的电子商务模式，为电子商务模式的创新提供新途径，也有助于企业制定特定的电子商务策略和实施步骤。表 2-2 给出了互联网环境对商业模式的影响。

表 2-2　互联网环境对商业模式的影响

商业模式要素	相关问题	电子商务商业模式问题
价值主张	企业提供的产品和服务能否给客户带来与竞争者不一样的价值	企业借助互联网可以给客户带来何种不一样的价值
收益模型	收入从哪里来	互联网为企业带来哪些收入来源
市场机会	企业潜在利润来源的情况	互联网是否拓宽了企业的潜在利润来源
竞争环境	企业所面临的竞争者情况如何	互联网的出现，竞争者会产生什么样的变化
竞争优势	企业的优势产品和服务是什么	互联网对企业开发新产品产生何种影响
营销战略	企业如何让顾客购买产品和服务	互联网是否缩短了销售渠道
组织结构	企业在为顾客提供价值时如何配置资源	互联网的应用给企业的资源配置带来了哪些影响
管理团队	企业的管理团队是否能胜任目标	互联网的引入给决策观念带来了哪些影响

电子商务模式可以从多个角度建立不同的分类框架，最简单的分类莫过于 B2B、B2C 和 C2C 这样的分类，还有新型 O2O、C2B、C2F 等，详见第一章第一节。电子商务模式及其创新要突出互联网思维的应用。

第二节　B2B 电子商务模式

案例 2-2

中驰车福整合上下游汽配采购的 B2B 交易平台

2010 年 5 月，中驰车福联合电子商务（北京）有限公司（简称中驰车福）在北京成立，平台“中驰车福”于 2013 年 1 月正式上线。平台基于互联网技术开发了网上交易商城、汽车零部件数据查询、供应链云服务等一体的“一站式”汽配件采购 B2B 电商交易平台。在运营模式上，该公司采用全撮合的方式直接连接汽车配件供应链体系上的上游汽配制造生产商和下游终端维修店并通过自建仓储和第四方物流体系以及布局供应链金融等增值服务，打造了汽车后市场中重度垂直的汽配采购第三方 B2B 交易平台。

截至 2016 年 9 月，中驰车福在上线的短短 3 年时间内先后获得了资本界的两轮资本注入：2015 年 3 月获得同创伟业、华创股权的 A 轮 1.6 亿元投资；2016 年上半年获得玖州建元、深创投、福建华创、中一资本、酉金资本、点亮资本、中军金控联合投资的 B 轮 4.2 亿元投资。目前，中驰车福现已布局全国 26 个省区各级市场区域性配送和服务体系，平台汽配 SKU 量达到了百万级，并与超 500 家上游汽配零部件品牌供应商签约。目前 C 轮 10 亿元的融资正在顺利进行中，据悉资金主要用于仓储物流升级和市场营销。

在中驰车福平台上，上游供货商是汽车零部件正品厂商，服务的下游采购对象为所有的终端汽车维修服务商，供货双方可以通过中驰车福 PC 端和 App 端进行交易。在汽配件采购交易环节，一方面，为了解决千万级的汽配 SKU 量导致的下游采购商精准采购难的问题，中驰车福与上游正品供应厂商联合建立了配件适配性数据库；另一方面，为了保证在平台上流通的汽配件为正品，中驰车福与上游厂商直接签订入驻平台、直供零件合同。在下单支付环节，由于下游汽配件采购商会出现资金周转难等问题，因此中驰车福推出了企业在线支付工具，中驰车福与银行合作之后，通过给维修厂授信贷款并按天计息，然后按照账期还款，从而解决了下游中小维修厂资金障碍的问题。

在汽配件交付环节，由于中驰车福服务的对象是下游中小维修厂（店），中小维修店面对汽修配件流通的最大痛点就是备货不全且多数修车情景是即买即用，所以中驰车福在大物流环节，打造了一个自建仓储（租赁）并协同社会化第三方物流团队构建了第四方物流平台的全国性的仓储体系，整个体系类似于一张“公交式”物流配送网络，由各地的厢式货车车主自动申请加入，中驰车福负责调配路线，解决“最后一公里”问题。

在盈利模式上，中驰车福并不是通过增值服务（比如物流、仓储、供应链金融）进行平台盈利，而是通过平台打造的汽配流通环节全供应链、云服务体系，向上下游汽配供应商、采购商收取合适的费用来进行盈利。

中驰车福的最终目的在于重塑国内汽配流通环节的生态，一方面，使上游制造业规模化发展，利用整合性资源聚焦产品和技术创新，实现产业整合、集约化；另一方面，推动下游汽车维修服务机构连锁化、规范化，实现对终端消费者服务的品质保证。据中驰车福 CEO 介绍，未来平台将从汽车维修厂会员中挑选出一部分优秀企业，构建连锁化的线下诚信规范服务体系，打通与车主的连接，最终搭建出 B2B + O2O 的全产业链汽配流通服务平台。

资料来源：根据华尔街见闻网站报道改编。

案例分析

1. 中驰车福目前开展的电子商务属于什么类型的电子商务模式？
2. 自建 B2B 平台与第三方 B2B 平台各自的优势与劣势是什么？
3. 结合案例分析中驰车福 B2B 电子商务的盈利模式。

一、B2B 电子商务模式概述

（一）B2B 电子商务模式概念与分类

1. B2B 电子商务模式的概念

B2B 是电子商务的一种模式，是英文 Business-to-Business 的缩写，即商业对商业，或者说是企业间的电子商务，也就是企业与企业之间通过互联网进行产品、服务及信息的交换。B2B 是企业通过信息平台和外部网站将面向上游供应商的采购业务与面向下游代理商的销售有机地联系在一起，从而降低彼此之间的交易成本，提高客户满意度的商务模式。B2B 电子商务的涉及面十分广泛，这就使得企业能够与它们的分销商、供应商及其他合作伙伴建立良好的关系。B2B 电子商务模式是最受企业重视的应用形式，企业可以使用互联网对每笔交易寻找最佳的合作伙伴，完成从订购到结算的全部交易行为，包括向供应商订货、签约、接收发票和使用电子资金转移、信用证、银行托收等方式进行付款，以及在商贸过程中发生的其他问题如索赔、商品发送管理和运输跟踪等。

就目前来看，电子商务在供货、库存、运输、信息流通等方面大大提高了企业的效率，电子商务最热心的推动者也是商家。对于一个处于流通领域的商贸企业来说，由于它没有生产环节，因此电子商务活动几乎覆盖了整个企业的经营管理活动。通过电子商务，商贸企业可以更及时、准确地获取消费者信息，从而准确订货，减少库存，并通过网络促进销售，以提高效率，降低成本，从而获取更大的利益。图 2-1 是我国 2011 ～ 2018 年 B2B 电子商务交易市场规模。根据电子商务研究中心数据显示，2018 年中国 B2B 电子商务交易规模为 22.5 万亿元，相比 2017 年的 20.5 万亿元，同比增长 9.8%，2018 年 B2B 电子商务步入快速发展阶段。随着用户、技术基础的不断完善以及国家政策的大力支持，B2B 电子商务通过一系列供应链服务打通产业链上下游，深入挖掘供应链价值，从“交易闭环”向“交付闭环”转变。从 2019 年我国电子商务行业主要细分市场结构来看，B2B 行业的交易规模依然占据着巨大的份额，其次是零售电商行业。2019 年 B2B 行业市场规模占比为 66.74%，零售电商行业市场规模占比为 28.88%。

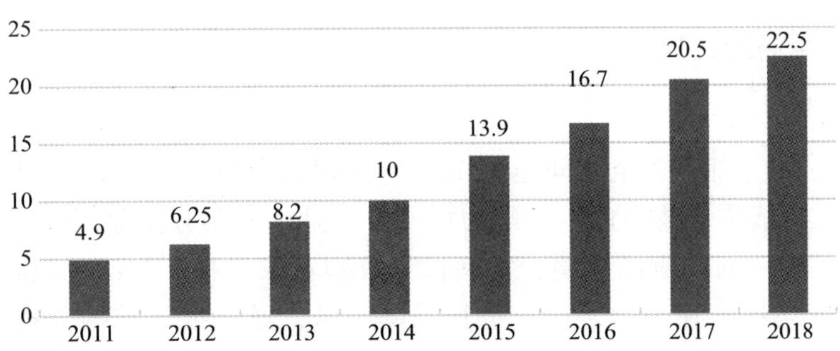

图 2-1　我国 2011 ～ 2018 年 B2B 电子商务市场交易规模（万亿元）

资料来源：电子商务研究中心。

2. B2B 电子商务模式的分类

我们可以从不同角度与标准对 B2B 电子商务模式进行分类。

（1）根据开展 B2B 电子商务模式涉及的行业覆盖范围不同，B2B 电子商务模式可以分为水平型 B2B 电子商务和垂直型 B2B 电子商务。

水平型 B2B 电子商务是指网站可为不同行业领域的交易主体提供服务，而垂直型 B2B 是指为某一专业领域内的交易主体提供服务。

（2）根据电子商务网站的搭建主体不同，B2B 电子商务模式可以分为自建 B2B 电子商务网站模式和第三方平台型 B2B 电子商务网站模式。

自建 B2B 电子商务网站是指行业龙头企业或其他大型企业，基于自身信息化发展建设的需要，以自身产品 / 服务供应链为核心，搭建的自营 B2B 电子商务网站，比如网上采购和网上分销。

第三方 B2B 电子商务网站是一个面向中间交易市场，为各行业企业提供采购和供应的网站平台。第三方 B2B 电子商务网站本身不是经营商家，也不拥有交易产品，平台的主要目的是给买卖双方提供与交易相关的配套服务。第三方平台又可分为水平型 B2B 电子商务和垂直型 B2B 电子商务两种模式。

（3）根据买方和卖方在交易中所处的地位不同，B2B 电子商务模式可划分为以买方为主导的 B2B 电子商务模式、中立的网上交易模式和以卖方为主导的 B2B 电子商务模式。

以买方为主导的 B2B 电子商务模式，是一个买家与多个卖家之间的交易模式，以大型企业为主。例如中石化电子招标投标交易网，就是以买方为主导的 B2B 电子商务模式。

中立的网上交易模式是指由买方、卖方之外的第三方投资建立起来的网上交易平台，也就是我们通常说的第三方平台。这一模式又可分为水平型 B2B 电子商务模式和垂直型 B2B 电子商务模式。

以卖方为主导的 B2B 电子商务模式是 B2B 电子商务中最普通的一种。卖方可以是制造商或分销商，向批发商、零售商和大企业直接销售，即一个卖家对多个潜在买家。

同一电子商务网站从不同角度可分为不同的模式，如阿里巴巴网站是水平型 B2B 电子商务模式，同时也是第三方 B2B 电子商务模式、中立的网上交易模式。中国化工网是垂直型 B2B 电子商务模式，也是第三方 B2B 电子商务模式。

（二）B2B 电子商务的优势

1. 降低采购成本

企业通过与供应商建立企业间电子商务，实现网上自动采购，可以减少双方为进行交易投入的人力成本、物力成本和财力成本。另外，采购方企业可以通过整合企业内部的采购体系，统一向供应商采购，实现批量采购获取折扣。如沃尔玛将美国的 3 000 多家超市通过网络连接在一起，统一进行采购配送，通过批量采购节省了大量的采购费用。

2. 降低库存成本

企业通过与上游的供应商和下游的顾客建立企业间电子商务系统，实现以销定产，以产定供，实现物流的高效运转和统一，最大限度控制库存。如通过允许顾客网上订货，实现企业业务流程的高效运转，大大降低库存成本。

3. 节省周转时间

企业还可以通过与供应商和顾客建立统一的电子商务系统，实现企业的供应商与企业的顾客直接沟通和交易，减少周转环节。如波音公司的零配件是从供应商采购的，而这些零配件很大一部分是满足它的顾客航空公司在维修飞机时使用的。为了减少中间的周转环节，波音公司通过建立电子商务网站实现波音公司的供应商与顾客之间的直接沟通，大大减少了零配件的周转时间。

4. 扩大市场机会

企业通过与潜在的客户建立网上商务关系，可以覆盖原来难以通过传统渠道覆盖的市场，增加企业的市场机会。如网上直销中有 20% 的新客户来自中小企业，通过与这些企业建立企业间电子商务，大大降低了双方的交易费用，增加了中小企业客户网上采购的利益动力。

二、水平 B2B 电子商务

B2B 电子商务可分为独立平台和第三方平台模式，第三方平台有水平 B2B 和垂直 B2B 两种模式。所谓独立平台 B2B 是指企业自建 B2B 网站，用于同企业自己的供应商或分销商来开展业务，如海尔的网站（http://ihaier.com），主要用于海尔的招标采购。第三方平台是指由网上中介服务商建立的网站，专门用于为中小企业交易服务。

(一) 水平 B2B 电子商务模式的概念

水平 B2B 电子商务模式，也称第三方平台 B2B 交易模式，是指由网上中介服务商将不同行业的买方和卖方集中到一个网站上来进行信息交流、广告促销、拍卖竞标、商品交易、仓储配送等商业活动。这种模式之所以被称为水平 B2B 电子商务，是因为在这一网站上行业广泛、企业众多，很多行业的企业都可以在同一个网站上进行商务贸易活动，如阿里巴巴的内贸网站（www.1688.com）和慧聪网（www.hc360.com）等，都属于水平 B2B 电子商务网站。

水平网站的收入来源主要是收取会员服务交易手续费以及广告收入，具体包括以下几项。

（1）交易费用：占交易额一定百分比的费用。

（2）拍卖佣金：网站向成功拍卖的卖方提成。

（3）软件许可费：使用平台提供的软件收入。

（4）广告费：对显示的商品、商家信息收费。

（5）出售“内容”：收集整理后卖出各种商业数据。

（6）其他服务费用：应用软件的服务费、为个人或企业提供云计算的服务费等。

(二) 水平 B2B 电子商务模式的特点

水平 B2B 电子商务交易是通过虚拟网络市场进行的商品交易。在这种交易过程中，网络商品交易中心以互联网为基础，利用先进的通信技术和计算机软件技术，将商品供应商、采购商和银行紧密地联系起来，为客户提供市场信息、商品交易、仓储配送、货款结算等全方位的服务。

企业通过网络商品中介进行交易具有许多突出的优点。

第一，网络商品中介为买卖双方展现了一个巨大的世界市场，这大大增加了企业的商业机会。以中国商品交易中心为例，它控制着从中心到各省中心、各市交易分部及各县交易所的所有计算机系统，构成了覆盖全国范围的“无形市场”。这个计算机网络能够储存中国乃至全世界的几千万个品种的商品信息资料，可联系千万家企业和商贸单位。每个参加者都能够充分地宣传自己的产品，及时地了解交易信息，最大限度地完成产品交易。这样的网络商品中介机构还通过网络彼此连接起来，进而形成全球性的大市场。这个市场是由全球的互联网用户，即国际消费者组成的，而且其数目仍以每年 10% 的速度递增。

第二，网络商品交易中心可以有效地解决传统交易中“拿钱不给货”和“拿货不给钱”的两大难题。在买卖双方签订合同前，网络商品交易中心可以协同买方对商品进行检验，只有符合质量标准的产品才可入网，这就杜绝了商品“假冒伪劣”的问题，使买卖双方不会因质量问题产生纠纷。合同签订后便被输入网络系统，网络商品交易中心的工作人员开始对合同进行监控，关注合同的履行情况。如果出现一方违约现象，系统将自动报警，合同的执行就会被终止，从而使买方或卖方免受经济损失。如果合同履行顺利，货物到达后，网络商品交易中心的交割员就将协助买方共同验收。买方验货合格后，在 24 小时内将货款转到卖方账户方可提货，卖方也不用再担心“货款拖欠”的现象了。

第三，在结算方式上，网络商品交易中心一般采用统一集中的结算模式，即在指定的商业银行开设统一的结算账户，对结算资金实行统一管理，有效地避免了多形式、多层次的资金截留、占用和挪用，提高了资金的风险防范能力。这种指定委托代理清算业务的承办银行大都以招标形式选择，有商业信誉的大型商业银行常常成为中标者。

（三）水平 B2B 电子商务网站的困境

水平网站可以为许多行业的厂家提供服务。因此，网站要不停地更新多种信息，提供许多互不相关的服务。水平网站求“全”，即行业全、服务全，但是，恰恰是一个“全”的要求，使得水平网站要冒每个行业都做不好的风险。又“全”又“好”，当然是最佳选择，但这不是轻易可以做到的。目前很多网站还没有能力做到这一点，以现有的能力为基础，如何在“全”和“好”之间找到一个平衡点，是水平网站目前面临的一个难题。

三、垂直 B2B 电子商务

（一）垂直 B2B 电子商务模式的概念

垂直 B2B 电子商务是将特定产业的上下游厂商聚集在一起从而形成特定产业的网上交易市场。现在几乎各行业都有自己专门的电子交易市场，如中国化工网、中国纺织网等。垂直的 B2B 电子商务可以分为两个方向，即上游 B2B 电子商务和下游 B2B 电子商务。企业既可以与上游的供应商之间形成供货关系，也可以与下游的经销商形成销货关系。

垂直 B2B 电子商务主要利用电子商务系统完善管理和降低成本。由于垂直 B2B 电子商务网站的专业性强，因此面临的客户很多是本行业的，潜在购买力比较强，其广告的效用也会比较大，因此，垂直B2B电子商务网站还可以通过产品列表以及网上商店门面收费。

（二）垂直B2B电子商务成功的关键因素

垂直网站取得成功的最重要因素是专业技能。一个垂直网站面对的是一个特定的行业、特定的专业领域，因此，网站本身应该对这个领域相当熟悉。典型垂直网站的创始人往往对专业技能非常熟悉，他们通常是采购经理、技术部门负责人或者顾问。他们能够洞察全行业的内外需求，能一针见血地指出各家“进场入市”企业的需要，并向它们提供灵活有效的各种解决方案。一旦他们的想法付诸实施，便会吸引很多传统行业里的年轻人加入。

垂直网站成功的另一个因素是对中间环节的整合。传统行业的中间环节越多，环节连接效率越低，该行业的垂直网站就越有机会整合其中间环节，因此也就越容易成功。

垂直网站吸引着更合格、更精准且经过预选的参与者，这种市场一旦形成，就具有极大的竞争优势。所以，垂直网站更有聚集性、定向性，它们较喜欢收留团体会员，易于建立起忠实的用户群体，吸引着固定的回头客。结果，垂直网站形成了一个集约化市场，且它的客户也多是有效客户。因此这类电子市场是有价值的市场，它们拥有真正有效的购买者。

（三）垂直B2B电子商务网站面临的困难

运作垂直网站需要较深的专业技能。专业化程度越高的网站，越需要投入昂贵的人力资本来处理很专门性的业务，才能发挥该虚拟市场的商业潜能。垂直网站市场面临的最大挑战是很难转向多元化经营或向其他领域渗透，这是由其具备鲜明行业特征的专门知识和客户关系所决定的。

垂直门户或者行业门户B2B网站其实可以理解为综合性B2B网站的一个特例，也就是定位于某个行业内企业间电子商务的网站，与综合型的B2B网站相比，其特点是专业性强，并通常拥有该行业资源的背景，更容易集中行业资源，吸引行业生态系统内多数成员的参与，同时也容易引起国际采购商和大宗买主的关注。因此，近一段时期以来，垂直B2B网站成为企业间电子商务中备受推崇的发展模式。但因为其涉及面窄，所以客户数量的扩展受到一定限制。

第三节　B2C电子商务模式

案例2-3

京东的电子商务模式

京东于2004年涉足电商领域，当时开通了京东多媒体网，2007年该网站改版后更名为京东商城，2008年京东商城发展成为中国B2C市场最大的3C网购平台，2010年京东商城从3C网络零售平台成功转型为综合型网络零售平台。2014年5月，京东集团在美国纳斯达克证券交易所正式挂牌上市，是中国第一个成功赴美上市的综合型电商平台。目前，京东成为中国收入规模最大的互联网企业。京东商城是中国电子商务领域最受消费者欢迎和具有影响力的电子商务网站之一，在线销售家电、数码通信产品、电脑、家居百货、服装服饰、母婴用品、图书、食品、在线旅游等13大类数万个品牌，百万种优质商品。

1. 京东集团概况

京东集团是中国最大的自营式电子商务公司，是中国领先的零售基础设施服务提供商，旗下设有京东零售、京东金融、京东物流、京东科技及京东健康等子集团。京东集团定位于“以供应链为基础的技术与服务企业”，目标是成为全球最值得信赖的企业。截至2021年3月，京东员工数达到37万名，活跃用户数近5亿。2020年京东集团全年净收入为7 458亿元，2021年第一季度京东集团净收入为2 032亿元，净利润36亿元。2021年《财富》世界500强中京东排名59位，保持了其在中国互联网公司中排名最高的地位。

2. 京东的电子商务模式

京东商城是京东集团最大的业务板块。截至2019年1月京东商城拥有超过3亿的消费者和超过3.7万名员工，超过20万的商家，直接和间接地创造了超过1 000万人的就业。京东商城是以帮助用户实现“多、快、好、省”为目标的一站式购物平台。

京东商城是自营综合型B2C电子商务网站，致力于打造一站式综合购物平台。“正品行货”，对假货零容忍，为消费者提供愉悦的在线购物体验，是京东商城的特色。网站为消费者提供内容丰富、品质卓越的商品和服务，服务中国亿万家庭。3C事业部、家电事业部、消费品事业部、服饰家居事业部、生鲜事业部和新通路事业部六大部门领航发力，覆盖用户多元需求。京东商场商品价格极具竞争力，支付方式灵活多样，除网上支付外，货到付款极具包容性，为消费者提供了更多的支付选择，依托自营物流体系增强了消费者对网站的黏性。

京东商城依托其在中国电商领域规模最大的自营物流基础设施，目前拥有中小件、大件、冷藏冷冻仓配一体化物流设施。从2007年自建物流开始，京东物流用10年时间在几乎所有区县实现了大件和中小件物流的全覆盖，服务触达的行政村超过55万个，全国92%的区县、84%的乡镇的消费者可享受到“当日达”或“次日达”的高时效体验。京东物流已经开始利用无人机送货，为农村电商配送提速。目前京东能够为消费者提供一系列专业物流服务，如：211限时达、次日达、夜间配和2小时极速达、GIS包裹实时追踪、售后100分、快速退换货以及家电上门安装等服务，保障用户享受到卓越、全面的物流配送和完整的“端对端”购物体验。

3. 京东电子商务业务模式拓展

京东商城在自营平台的同时，2010年10月京东将平台对外开放，为第三方卖家提供在线销售平台和物流等一系列增值服务。

京东一直在拥抱和实践着新零售，“零售即服务”是京东着力推进的新零售战略。2019年3月京东商城升级为京东零售子集团，将从开放式货架向全零售形态转变，从而在不同场景间形成协同效应，增加用户黏性。目前，京东零售已完成电脑数码、手机、家电、消费品、时尚、家居、生鲜、生活服务、工业品等全品类覆盖。京东零售拥有数百万SKU的自营商品，布局了京东家电专卖店、京东电脑数码专卖店、七鲜超市、京东京车会等数以万计的线下门店；京东的供应链还连接着百万级的社区超市、菜店、药店、汽修店、鲜花店等。

资料来源：根据京东公司网站简介改编。

案例分析

1. 京东商城的核心竞争力有哪些？
2. 京东的自营 B2C 电商模式和平台类 B2C 电商模式有何不同？
3. 京东自营物流对京东平台的运营起到了什么作用？

一、B2C 电子商务模式概述

（一）B2C 电子商务的概念

B2C 电子商务是按电子商务交易主体划分的一种电子商务模式，即表示企业对消费者的电子商务，具体是指通过信息网络以及电子数据信息的方式实现企业或商家机构与消费者之间的各种商务活动、交易活动、金融活动和综合服务活动，也是消费者利用互联网直接参与经济活动的一种形式。

这种形式的电子商务一般以直接面向客户开展零售业务为主，主要借助互联网开展在线销售活动，故又称为电子零售（电子销售）或网络销售。企业通过互联网为消费者提供一个新型的购物环境——网上商城（如天猫、亚马逊、京东等），消费者通过网络在线购物、在线进行支付等方式完成购买活动。B2C 电子商务已经成为电子商务应用中最普遍而且发展最快的领域。

根据交易平台的构建主体不同，B2C 电子商务模式可分为自营 B2C 电子商务和第三方平台 B2C 电子商务。自营电子商务模式就是商务活动的经营主体自建 B2C 网站，并开展网络销售活动，从中获取利润。第三方平台 B2C 电子商务模式是指由除买卖双方之外的电商企业为买卖双方搭建一个交易平台并提供相关服务，吸引商家入驻，平台提供者通过收取商家一定费用来获得利益。在这种模式下，平台电商企业类似于线下的大商城，商家就是一个专柜。

（二）B2C 电子商务基本组成

B2C 电子商务有四个最基本的组成部分：为消费者提供在线购物场所的网上商城；能够进行顾客身份验证和货款结算的认证与支付系统；进行商品配送的物流配送系统；能够处理客户退换货或者接受客户反馈的沟通系统。

1. 网上商城

网上商城又称“虚拟商城”“网上商场”或“网上商店”，是建立在互联网上直接面向消费者的商场。它是一个让顾客随时随地可以进行购物，商家可以不需要店面、装潢、货架和服务员就可以销售产品的地方。与传统商城比较起来，网上商城主要有如下的优点。

（1）无时间限制。网上商城无须雇用服务人员，可以永不关门，一天 24 小时、一年365天无休止地提供服务，消费者可以根据自己的生活习惯，选择任何时间进行购买活动。这一特点是网上购物能够吸引工作繁忙的白领一族的重要原因。

（2）无地域限制。传统的购物中心和便利商店都有区域的限制，客户的种类和数量也受到了地域的影响，而互联网是无国界、无区域限制的，因此网上商城也具有这样的特点，在世界任何地方的人都可以通过互联网访问网上商城，不受空间限制。

（3）成本低廉。网上商店主要的成本来自网站的建立和日常维护，这些比起传统店铺的店面租金、装潢费用、水电费、人员费用等要低廉得多。

（4）服务优质。网上商店不但可以完成普通商店可以进行的所有交易，还可以通过多媒体技术为用户提供更加全面的商品信息。同时它还可以将顾客资料和购买信息输入数据库中，对顾客的偏好进行深入分析，以便可以及时准确地将顾客喜爱的产品信息传递给他们，从而提供精准信息推送服务。

2. 认证与支付系统

支付体系是开展B2C电子商务的必备条件，我国各大银行和网站都对个人支付体系的建设做了大量的有效工作，尤其是近几年来，网络银行的快速发展使得现代化网络支付系统建设取得了显著进步，目前我国B2C电子商务网站提供的支付方式主要有以下几种。

（1）在线支付。电子支付主要指的是通过银行卡完成的网上在线支付，银行卡的支付又可以分为两种：第一种是直接支付，在这种情况下，收款商家是与银行签订协议的特约商户，顾客可以通过签约银行发行的银行卡向商家支付货款，网上支付时通常先要开通网银；第二种是间接支付，在这种情况下，一些支付代理机构和众多银行签订协议，构筑一个可以使用多家银行发行的银行卡的支付平台，商家不必与银行直接签订协议，而只需要同某个支付代理商签订协议，就可以直接享有该代理商的支付平台，客户可以通过支付平台付款，比如支付宝、微信、快钱、首信易支付等。

（2）货到付款。货到付款指的是由快递人员代收费，当商品送到顾客手中的时候顾客直接把钱给送货员，也就是我们常说的“一手交钱一手交货”。虽然这种支付方式与电子商务的要求有一定的距离，但对于一些相对谨慎、保守甚至还不会网上支付的人来说，可靠性高、支付简单便捷，他们仍旧对这种支付方式情有独钟。

（3）汇款方式。汇款方式虽然是传统的支付方式，但仍然是电子商务中一个重要的支付手段，大部分的商户都将汇款列示为自己接受的付款方式，并且绝大多数人同时接受邮政汇款和银行汇款方式。

3. 物流配送系统

物流一直是阻碍我国B2C电子商务发展的瓶颈之一。我国物流管理体系还不完善，服务无法控制和保证，对出现的新问题响应太慢，配送成本过高、效率低下，配送范围有限等问题都制约了我国B2C业务的发展。所以，无论是管理机构还是电子商务企业都必须对物流配送问题给予充分的重视，这样才能使得电子商务的优势充分展现出来。我国B2C电子商务企业主要采用的物流模式有以下几种。

（1）企业自营配送模式。企业自营物流配送就是企业通过组建自己的物流中心和配送团队，来承担和完成自身所需要的物流活动。选择自营配送模式有两个基础：其一是规模基础，即企业自身具有一定交易量的规模，完全可以满足配送中心建设发展需要；其二是价值基础，即企业自营配送，是将配送所创造的价值提升到了企业的战略高度并予以确定和发展的。企业自营物流可以充分保证配送的及时性和可靠性，从而保证配送质量，更好地为客户服务。但是，自建高效、快捷的物流体系不是一件简单的事情，企业必须耗费大量的财力、物力和人力。有没有必要、值不值得的问题是电子商务企业必须考虑清楚的问题。京东是典型的 B2C 电子商务企业，也是采用自营物流模式的代表，它的自营物流模式是非常成功的。

（2）第三方物流模式。采用此模式的 B2C 企业一般是将自己非核心优势的物流业务全部交由第三方物流代理公司来承担，而企业则集中优势资源发展其核心的电子商务交易业务。第三方物流是在 1988 年美国物流管理委员会的一项顾客服务调查中首次提到的。目前对于第三方物流解释很多，还没有统一的定义，简单来讲，第三方物流就是指独立于买卖之外的专业化物流公司。目前，我国大多数电子商务企业都采用第三方物流模式，这符合我国中小电子商务企业的实际发展状况。

（3）自营和第三方物流相结合模式。采用此模式的企业自身拥有一定的物流资源，但不能满足商务扩展的需要，由于建立完善的配送体系投资太大，因此当企业的业务量未形成规模效应时，企业需要承担较大的风险。在这种模式下，B2C 企业拥有自己的仓库和区域配送中心，通过信息化平台和网络技术实现与第三方物流代理公司的合作，将其最后环节的配送交由专业的物流公司来完成，共同实现对消费者的物流配送。这要求企业和第三方物流公司能实现双向信息对接，彼此之间能共享数据。

4. 沟通系统

B2C 电子商务企业对于消费者来说是一种虚拟型企业，随着电子商务的深入发展与竞争的激烈化，客户忠诚度变得岌岌可危：客户的选择范围骤然扩大，企业客户流失趋势增加；客户的转换成本降低，更容易改变购买决策；客户消费个性化趋势越来越明显，需求千差万别。因此企业必须利用互联网加强与消费者之间的直接沟通，从消费者处获得他们对产品、服务和网站的反馈信息，并保持与顾客之间的交流，这样才能获得越来越多的忠诚客户。B2C 网站与客户沟通的方式多种多样，比如，留言反馈、E-mail、即时通信工具、论坛、呼叫中心等，电子商务企业需要根据自身的需要和情况选择企业最佳的沟通组合方式，建立与消费者良好的双向互动交流，这是电子商务企业能够获得成功的关键因素之一。

企业与消费者之间的互动有三个层面。

（1）信息层面的互动。信息层面的互动的主要目的是吸引顾客注意力，吸引潜在顾客，汇聚人气，建立网络营销环境。

宝洁公司网站设计了大量与消费者互动的游戏，图 2-2 是该网站一个真伪产品辨别的互动游戏。这些真伪产品的图片非常相似，很多消费者就曾被冒牌产品高仿真度的包装或外表欺骗过。但最高明的冒牌产品也会有其弱点，只要点击选择产品，便有弹出窗口展示真伪产品的包装在各种细节上的不同点，利用这些不同点以及识别小提示，便可以轻松鉴别真假产品。这种互动游戏的形式寓教于乐，让消费者印象深刻。

图 2-2　宝洁真伪产品识别互动游戏

（2）交易层面的互动。交易层面的互动不仅指顾客在网上选货、提交和结算，它还有在网站内为顾客提供咨询服务，通过信息交流帮助顾客做出正确选择的含义。好的电子商务网站，不是简单地将交易过程搬到网上，更要将现实中无法提供的服务、难于实施的场景构制出来，帮助消费者决策，提供优于店面的服务。

（3）服务层面的互动。服务层面的互动涉及面广，它给消费者带来的不仅仅是某些信息，开展某笔交易，而是着力于建立长线关系，围绕对顾客的长期服务，树立网站的品牌形象。

如通用电气公司（http://www.ge.com）在网页上使用了大量的虚拟场景手法，让顾客在网上能身临其境，自由挑选产品和方案。如照明设计中心提供从室外、客厅、书房、卧室、卫生间、厨房到餐厅的常用照明方案。当顾客选择了照明效果后，就可以进一步按不同的参数综合选择灯具的规格型号，依次设计其他房间，最后将全套方案提交给网站即可。

（三）B2C 电子商务的企业类型

1. 经营着离线商店的零售商

这些企业有着实实在在的商店或商场，早期网上的零售只是作为企业开拓市场的一条渠道，它们并不依靠网上的零售生存，如美国的沃尔玛、上海书城、上海联华超市、北京西单商场等，但目前已成为传统商业企业转型的重要战略之一。

2. 没有离线商店的虚拟零售企业

这类企业是互联网商务的产物，网上零售是它们唯一的销售方式，它们靠网上销售生存，如美国的亚马逊，中国的京东、唯品会、当当网等。

3. 商品制造商

商品制造商采取网上直接销售的方式销售其产品，这样做不仅给顾客带来了价格上的好处及商品客户化，而且减少了商品库存的积压。海尔集团是中国家电制造业中的佼佼者，它建立起自己的电子商务网站，网站不仅起到宣传企业形象的作用，同时通过网上销售，加大了产品的市场推销力度。

二、直销模式

直销（Direct Selling），按世界直销联盟的定义，直销指以面对面且非定点的方式，销售商品和服务，直销者绕过传统批发商或零售通路，直接从顾客处接收订单。网上直销也就是生产商自己搭建网络销售平台，直接面向终端客户进行商品销售，由客户自己在网上进行订购下单。消费者通过注册成为网络直销平台会员，获得在其电子商务平台上优惠购买其产品或服务的权利。这种优惠有多种方式，比如优惠券、打折券、购买减免及二次消费优惠等。这种类型的平台一般服务于两种目的的消费者：一种是忠实于该企业产品品牌的消费者，他们希望通过企业网络直销平台得到比传统渠道购买更加优惠的产品或服务；另一种是由于地域性限制无法获得，却又非常需要企业提供的产品或服务，他们希望能够通过企业网络直销平台直接满足自己的需求。

直销模式的优点有以下几点。

第一，顾客通过互联网直接向企业提出建议和购买需求，企业能够完成关于产品、服务和竞争情况的即时反馈，并通过数据库技术和网络控制技术，可以很方便地处理每个顾客的订单和需求；然后根据目标顾客的需求进行生产和营销决策，并从顾客的建议、需求和要求中找出企业的不足，在最大限度满足顾客需求的同时，提高营销决策效率，减少营销费用，降低成本，为企业带来更高的利润。

第二，由于企业是根据订单来进行生产的，所以企业能使资金更好地流动，并能大大降低库存。对于顾客来说，该模式合并了大部分中间环节，并提供更为详细的产品信息，买主能更快、更容易地比较产品的特性及价格，从而在产品选择上居于更加主动的地位，需求和购买行为都将更加趋向理智，购买的前期决策过程大大得到简化。由于企业通过网络直销，取消了分销渠道中各级代理商的渠道成本，总成本及产品价格降低，因此顾客能节约不少开支。

案例 2-4

戴尔的网络直销

戴尔计算机公司（简称戴尔）是世界上最成功的采用网络直销的计算机公司。这个公司于1984年由企业家迈克尔·戴尔创立，他是目前计算机业内任期最长的首席执行官。他的理念非常简单：按照客户要求制造计算机，并向客户直接发货，戴尔能够更有效和明确地了解客户需求，继而迅速地做出回应。正是这种大胆的直接与客户接触的网络营销观念使得戴尔成为20世纪90年代最成功的公司之一。这种革命性的举措和独到的先见之明已经使戴尔成为全球领先的计算机系统直销商，跻身业内主要制造商之列。

戴尔网络直销模式结构如下所述。

第一，面向网络订单直接生产。戴尔根据消费者个性化的需求按订单订购配件，组织生产。对于消费者来说，直销使得戴尔产品更具多样化和个性化；对戴尔而言，直销便无须囤积大量的产品配件，从而有效地减少资金占用，增加企业的流动资金。

第二，直接与客户取得联系。在戴尔的供应链关系中不存在任何的中间商，无论是原料的获取还是产品的销售都是由企业直接联系的，而一旦减少了中间商环节便也减少了产品在流通过程中产生的成本费用并最终降低产品总成本。

第三，从供应链管理角度管理库存。戴尔把库存的视野放到整个供应链系统中，包括具体的零配件供应商、物流系统和消费者。戴尔的库存管理是物料供应、产品订单化生产和物流配送一体化的库存管理模式。这样的库存管理需要与订单化生产、客户的直接联系紧密结合。

资料来源：根据戴尔官网资料改编。

案例分析

1. 戴尔网络直销模式的优势表现在哪些方面？
2. 针对传统制造商的互联网转型，你能提供哪些建议？

三、平台型B2C模式

平台型B2C模式，即由互联网中介商为买卖双方搭建B2C交易平台，网络中介商并不参与采购、库存、物流等交易活动，仅充当一个提供交易服务的中介角色，为买卖双方交易的顺利完成提供相应的服务而获取利益。

平台型B2C主要为买卖双方提供以下服务。

（1）提供高效交易平台，形成集合众多商品的大卖场，充分保证商品的质量和服务品质。

（2）提供完善的商家服务体系，辅助商家运营，通过长期运营积累的粉丝与客户、卖家的品牌客户忠诚度得到提升。

（3）为商家提供多种促销方式，从单一的打折促销提升到多样化的整合营销。

（4）助力网购品牌的成长，帮助在平台上成长起来的自主品牌，真正地成长为知名的电商品牌。

由“淘宝商城”更名而来的“天猫商城”是平台型B2C模式的一个典型代表。天猫商城整合数千家品牌商、生产商，为商家和消费者之间提供一站式解决方案。天猫本身不从事买卖交易业务，只是吸引企业和消费者参与，为两者的交易提供配套服务以支持交易安全快捷地达成。天猫作为第三方交易平台具有技术框架布局和系统平台方面的明显优势，它已经成为那些没有资金和实力建设自己独立网站的中小企业开展电子商务的首选。

在天猫商城中有许多传统的中小型零售企业，它们负责产业链的采购、库存、物流等环节的工作。这些企业自行提供商品，并上传商品图片与信息，在计算机的系统后台中进行日常商品管理；自行存储商品；根据订单自行发货给消费者。此种模式能充分凸显传统零售企业的优势，即先有线下成熟运营的实体商城、仓储系统、供应链体系、物流配送体系，后有网上商城，充分利用实体商城的渠道网点、既有的仓储系统、供应链体系以及物流配送体系为网上商城业务提供服务，增强企业的综合竞争能力。

平台型 B2C 模式优点在于对于平台来说，收入稳定，市场灵活，商城不用花太多心思去管理各种产品的经营；其缺点在于平台方整合后端供应链和物流服务复杂，平台卖家供货速度慢，物流服务质量相对独立平台要低一些，顾客购物体验要差一些。

案例 2-5

“天猫”商城的服务及利润来源

天猫商城以自己强大的市场份额和注册用户为依托，不断地为卖家提供更加符合要求的服务，实施多种收费模式。

（1）技术服务年费和实时划扣技术服务费。天猫商城的收费主要有技术服务年费和实时划扣技术服务费。商家在天猫商城经营必须交纳软件服务年费（简称年费），年费金额参照商家经营的一级类目，分为 3 万元、6 万元两档，涉及跨类目经营的年费交纳，全部参照相对高的类目的标准，即入驻时交纳年费的金额参照商家选择经营的类目中对应年费金额的最高档；若在经营过程中增加年费金额相对高的类目，在合同截止日期之后根据实际结算结果补交差额部分。商户需在入驻时一次性交纳，随着商家的不断入住，收入会随之增加。另外，实时划扣技术服务费也是主营业务收入中重要的部分，标准是支付宝成交额（不含邮费）× 商品对应的技术服务费率。

（2）广告收入和关键词竞价收费。天猫商城目前整合了淘宝网 4 亿多位卖家，首页每天的访问量接近 1 亿人，是一个非常好的广告平台。天猫商城广告主要有商品展示广告、品牌展示广告、旺旺植入广告等。另外，由于内部竞争激烈，因此天猫商城允许商家付费购买关键词，以提高在搜索结果中的排名，提高店铺的流量，这也是天猫商城非常重要的收入来源。

（3）软件和服务收费。天猫商城依托自己的技术团队，借助消费行为数据库，根据商家的需求开发大量的软件和附加服务，如图片空间、会员关系管理、装修模板等。由于这些服务的推出是以天猫商城的数据库系统为依托的，因此在开发过程中迎合了卖家的需求，具有非常好的销量。

资料来源：根据天猫官网资料改编。

案例分析

天猫商城的主要收入来源有哪些？

第四节　C2C 电子商务模式

随着互联网的普及，尤其是移动互联网的广泛应用，互联网不仅改变着人们的生活方式，也在改变着社会经济的发展方式，电子商务尤其是基于第三方平台的 C2C 电子商务模式，在创业、就业方面对我国社会有着非常大的贡献。

案例 2-6

偏远山区农民淘宝网上开店

在 2009 年青年创业中国强晚会上，中国偏远山区农民王小帮（淘宝 ID）在主持人的介绍下，伴随着观众热烈的掌声进入会场。那么这个青年是什么人？他有什么样的创业经历？

他原名叫王志强，当年 33 岁，初中文化程度，家住山西省临县。由于自然条件差，因此有专家称“临县是最不适宜人类居住的地方”，甚至精确算出临县每平方千米土地最多只能养活 8 个人，而事实是临县每平方千米土地养活着几百人。

为了谋生，临县人四处漂泊，主要从事修路、建筑、卖菜、卖饼子、木匠、小工等最辛苦、最底层的工作。就是在这样的背景下，只有初中学历的王小帮靠着自己的勤奋、努力，走上了网络创业的道路，不到半年时间就成为 3 钻卖家，并拥有一大批粉丝，成为当之无愧的“创业先锋”和淘宝红人，多家报纸、电视台对王小帮进行了采访、报道。2014 年，阿里巴巴在美国上市时，他是敲钟团的成员之一。此后，他的“山里旺农家店更加出名，日浏览量达到 4 万余人次，成交量也一下翻了好几倍”。这是赴美国敲钟回来后，王小帮告诉前来采访他的记者的话。

王小帮“山里旺农家店”的经营特色可概括为如下几个方面。

1. 网店定位

网站目标顾客为追求绿色、自然、更健康、更高生活品质的现代大都市人群。于是产品定位从“土里生土里长的农家自产土特产”入手，将“绿色、无公害污染”作为产品的卖点，从而形成了自己的特色。在他的店内全部是“地道的土法生产出来的土产品”，如黄豆钱、干南瓜丝、干西芦丝、干豆角、豆面等。

2. 店铺风格

店铺名称——山里旺农家店，名副其实。围绕网站定位来实现“土到家的乡土生活”店铺视觉形象目标。为此，在店铺装修中首先采用大量图片来充分展示给人们独特的山村乡土气息，同时用朴素的文字向消费者表达出网店的经营观念。以上两方面结合起来整体衬托出一个憨厚朴实的山里人经营着一个乡土小店的风格。

3. 经营理念

“诚信开店，快乐人生”是王小帮经营的指导思想。王小帮网上开店在现在看来并不是一件新鲜事，但他能取得目前的成功则在于他的诚信经营。他的经营环境与大多数在城市或经济条件比较好的地区的卖家相比，可以说是天壤之别。但他以自己的朴实与诚信经营让买家仅仅看重了他的产品和诚信而忽略了他经营条件的先天不足。这点从他店内的诚实留言和回复买家提问可真切地感受到。如创业之初，村里没有快递，小帮的货物只能走平邮。王小帮告诉记者，有的买家四五天收不到货，就申请退款。王小帮毫不犹豫地就给顾客退款了，但货照样发。他还告诉客户，收到货如果想要了，可在网上给他补钱，不想要了，可将货退回。从王小帮当时写的打油诗就可以看到当时农村做网店发货难的情境。“淘宝我最牛，就我发平邮，淘宝我最穷，就我在山村，平邮最最慢，山货我最鲜，到货得自取，邮件最低廉，时间 7 ～ 15 天。”这首打油诗和网店与众不同的发货方式，让消费者感受到了他的诚实与可信，因此受到网友的追捧。

2010 年 7 月，王小帮把他的店铺搬到省城太原，货品销量由过去的每天七八单，慢慢变成了 100 多单，有时还超过 200 单。如今，他的淘宝店铺已经做到五皇冠，货源也扩充到了其他市的农产品。商品种类已从红枣、核桃等扩展到石磨面粉、调料系列、干菜系列等近百种，办公地点也从临县山村搬到省城太原。

现在，随着农家店规模越来越大，王小帮还成立了自己的电子商务公司。9 年间，王小帮的年销售额已经超过了五六百万元。出了名的王小帮成为临县乃至全国农村青年创业学习的榜样，被县里评为“首届诚实守信道德模范”，受到县委、县政府的隆重表彰。王小帮感慨地说：“电子商务让俺们农民找到了一种新的赚钱方式，并把产品卖到全国各地，农民早已不再是‘面朝黄土背朝天’的形象了！电子商务的确‘改变了农民的生活’。”

资料来源：根据张淑琴《电子商务基础与实务》中的案例改编。

案例分析

1. 结合案例说明独特的网店定位对网店经营的重要性。
2. 分析案例中王小帮的经营理念是如何体现在其经营活动中的。
3. 从案例主人公的创业故事中你得到了哪些启示？

一、C2C 电子商务模式概述

C2C 即消费者通过互联网与消费者之间进行的小额交易活动。C2C 实质上是在网上为消费者提供了一个“个人对个人”的一对一交易平台，正是这个平台使得每个人都有参与电子商务的机会，C2C 的特点就是大众化交易。

C2C 这一模式最早在美国诞生，eBay 是其创始者，目前也是美国知名的 C2C 交易网站。在传统互联网时代，国内市场的 C2C 平台有淘宝、eBay 易趣、拍拍和有啊等。无论从平台活跃用户数还是交易额来看，目前国内的 C2C 平台淘宝仍可谓一枝独秀。根据阿里巴巴集团公布的 2020 年财政年度数字，截至 2020 年 3 月底，集团的中国零售市场年度活跃消费者达 7.26 亿。随着移动互联网的普及和广泛应用，一种新型的 C2C 交易模式出现，其代表平台就是拼多多，它一经出现就受到了广大消费者的认可，其发展速度之快令人咋舌，截至 2020 年 3 月底，成立五年来的拼多多年度活跃买家数达 6.28 亿。另外还有咸鱼、猎取、空空狐、转转、旧爱、心上等，这些都是 C2C 的二手交易平台。

从 2019 年我国电子商务行业主要细分市场结构（见图 2-3）来看，C2C 电子商务市场规模为 12.33%。尽管这一市场规模较小，但是作为第三方交易平台的 C2C 以货源丰富、交易简单的优势受到消费者的欢迎，成为消费者购物的首选平台。

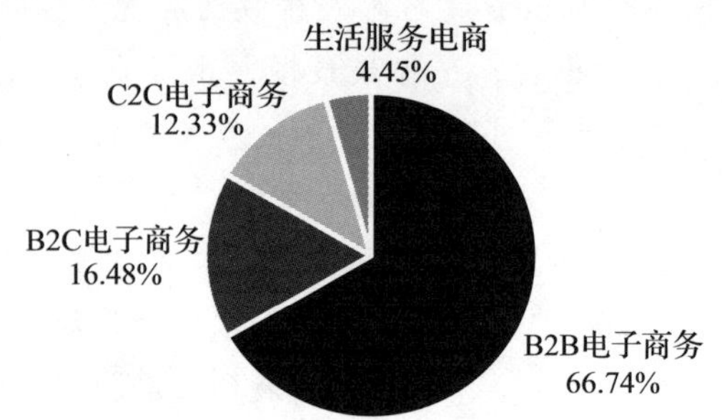

图 2-3 2019 年中国电子商务行业主要细分市场结构

资料来源：前瞻产业研究院。

二、C2C 电子商务模式

C2C 电子商务平台有两种业务模式，其一是拍卖模式，典型代表是 eBay，主要是二手货的议价交易；其二是店铺模式，典型代表是淘宝，即一口价交易。

（一）拍卖模式

拍卖模式即平台利用多媒体手段提供产品信息，供买卖双方参考和议价，并提供议价交易方式，最后根据买卖双方的意见确定是否进行交易。在这个过程中，平台（网站）并不参与交易，只提供交易环境，支持服务和信息咨询，因此省去了采购、销售和物流的业务。

拍卖模式的优势在于价格低廉和即买即得。消费者之间交易的二手商品价格往往低于全新产品，因为通常没有零售商提供的配套和售后服务，所以价格较为低廉；消费者之间的交易往往没有零售企业那种烦琐的交易购买程序，个体网商具有非常灵活的工作时间，从购买到发货，时间通常较短。

这种模式平台会按比例收取交易费用，它将广告推广费用或其他增值服务费用作为一种收益。

主要的拍卖方式有以下几种。

1. 英式拍卖

英式拍卖也称为“出价逐升式拍卖”，是目前最流行的网上拍卖方式。拍卖中竞买人出价由低开始，此后出价一个比一个高，直到没有更高的出价为止，出价最高即最后一个竞买人将以其所出的价格获得该商品。

传统的和网上的英式拍卖在做法上有所不同。对每件拍卖品来说，传统拍卖不需要事先确定拍卖时间，一般数分钟即可结束；网上拍卖则需要事先确定拍卖的起止时间，一般是数日或数周。

英式拍卖对卖方和竞买人来说都有缺点。既然获胜的竞买人的出价只需比前一个最高价高一点，那么每个竞买人都不愿马上按照其预估价出价。当然，竞买人也要冒风险，他可能会被令人兴奋的竞价过程所吸引，出价超出了预估价，这种心理现象被称为赢者诅咒（Winner's Curse）。

2. 荷兰式拍卖

荷兰式拍卖也称为“出价逐降式拍卖”。它是先由拍卖人给出一个潜在的最高价，然后价格不断下降，直到有人接受价格。荷兰式拍卖成交的速度特别快，经常用来拍卖如果蔬、食品之类的不易长期保存的鲜活产品。如果拍卖的是同类多件物品，那么竞买人一般会随着价格的下降而增多，拍卖过程一直进行到拍卖品的供应量与总需求量相等为止。还有的拍卖站点，出价最高者也可以以出价最低获胜的竞买人的价格获得该产品。

该方式的缺点是拍卖速度太快，而且要求所有竞买人在某一时刻竞买。

3. 密封拍卖

密封拍卖是指竞买人通过加密的 E-mail 将出价发送给拍卖人，再由拍卖人统一开标，然后比较各方递价，最后确定中标人。网上密封拍卖多用于工程项目、大宗货物、土地房产等不动产交易以及资源开采权出让等交易。目前，这种拍卖方式已被越来越多国家政府用于在网上销售库存物资以及海关处理的货物。

密封拍卖可分为一级密封拍卖和二级密封拍卖。一级密封拍卖也称为密封递价最高价拍卖，即在密封递价过程中，出价最高的竞买人中标。如果拍卖的是多件相同物品，出价低于前一个的竞买人则购得剩余的拍卖品。二级密封拍卖也称为密封递价次高价拍卖，其递价过程与一级密封拍卖类似，只是出价最高的竞买人是按照出价第二高的竞买人所出的价格交易，竞买人都按其预估价出价，降低了竞买人串通的可能性，获胜者不必按照最高价付款，从而使所有的竞买人都想以比其一级密封拍卖中高一些的价格出价。威廉·维克瑞（William Vickrey）因对此拍卖的研究而荣获 1996 年诺贝尔经济学奖，因此，二级密封拍卖也称为维氏拍卖。

4. 双重拍卖

双重拍卖是买方和卖方同时递交价格与数量来出价。在网上双重拍卖中，买方和卖方出价是通过软件代理竞价系统进行的。拍卖开始前，买方向软件代理竞价系统提交最低出价和出价增量，卖方向软件代理竞价系统提交最高要价和要价减量。网上拍卖信息系统把卖方的要约和买方的要约进行匹配，直到要约提出的所有出售数量都卖给了买方。双重拍卖只对那些事先知道质量的物品有效。例如，有价有标准级别的农副产品，通常这类物品交易的数量很大。网上双重拍卖既可按照公开出价方式进行，也可按照密封递价方式进行。

目前国内外的拍卖网站，其竞价模式实际上只有两种，即正向竞价和逆向竞价；其交易方式则有三种：竞价拍卖、竞价拍买和集体议价。

5. 逆向拍卖

逆向拍卖是由买者列出想要购买的商品，而由卖者对买价进行投标。这是一种可以使个人或者组织者以最低价格获得商品的专门拍卖方式。

6. 集体议价

集体议价是一种创新的网上拍卖方式，通过互联网集合买家的购买力从而使得集合中的每个成员都可以获得折扣。集体议价充分利用了互联网的特性将零散的消费者及其购买力需求聚合起来，形成类似集团采购的庞大订单，从而与供应商讨价还价，争取最大、最优惠的折扣。

（二）店铺模式

店铺模式即由电子商务企业提供第三方交易平台，方便个人在网上开店，以会员制方式收费（或免费），或通过广告或提供其他服务收取费用。这种平台被称为网上商城，我国主流的 C2C 电子商务以店铺模式为主。C2C 模式不仅对于个人，特别是对于我国数量众多、信息化程度低的中小企业来说都是其开展电子商务的一种重要选择。入驻网上商城不仅依托平台提供的基本服务，而且流量也主要来自平台，因此平台的选择至关重要。理想的平台具有以下特点。

（1）良好的品牌形象、简单快捷的申请手续、稳定的后台技术、快速周到的顾客服务、完善的支付体系、必要的配送服务以及售后服务保证措施等。

（2）有尽可能高的访问量，具备完善的网店维护与管理、订单管理等基本功能，并且可以提供一些高级服务，如对网店的推广、网店访问流量分析等。

（3）收费模式和费用水平是重要的影响因素。不同的经营者可能对网上销售有不同的特殊要求，选择适合本商店产品特性的第三方平台需要花费一定的时间和精力，但这种前期的准备是必要的，也是重要的。同时，在资源许可的情况下，不妨在多个平台同时开设网上商店。

三、C2C 平台开店

（一）网上开店前的准备

1. 硬件

网上开店前需要创造一个比较完备的数码环境，包括以下四个方面。

（1）电脑。一台连接互联网的电脑，这是网络销售最基础的硬件。

（2）扫描仪。用于把一些文件扫描上传，如身份证、营业执照或发货凭证等信息，还可用于实物图片的获取，如某些货物已有现成的图片，企业就可以使用扫描仪将这些图片扫入电脑，及时上传。

（3）数码相机。用于拍摄销售商品图片。要想所售商品能吸引消费者的注意力，卖得好，好的图片能起到很重要的作用。

（4）联系电话（或传真机）。跟买家联系的最直接的工具。

以上这些硬件不一定非要全部配置，但是应尽量配齐，以方便经营。

2. 软件

有一个安全稳定的电子邮箱、一个有效的网下通信地址、联系电话以及网上的即时通信工具。不同的平台具有其唯一的即时沟通软件，如淘宝的旺旺。

在软件方面，还需掌握一些基本的计算机操作技能、常用网页设计和图片处理的技能。其中图片处理技能尤为重要，精美的产品图片或宣传图片是网店的重要组成部分，图片的质量直接影响着访客的流量。

（二）网店的策划与定位分析

在确定开设网上店铺前，店主（企业）还需进行网店的目标市场分析，以确保自己所开设的网店在能满足目标消费群体需求的同时获得较好的利润。

1. 明确目标顾客

目标顾客即网上店铺要服务的对象，这是任何经营活动首先必须回答的问题。确定目标顾客是为了了解目标顾客的需求，以便更好地、有针对性地提供产品或服务。以中国网民市场为例，据中国互联网络信息中心（CNNIC）调查资料显示，截至 2020 年 12 月，我国网民规模达 9.89 亿，互联网普及率达 70.4%。其中，手机网民规模达 9.86 亿，网民使用手机上网的比例达 99.7%。农村网民规模为 3.09 亿，农村地区互联网普及率为 55.9%。网络支付用户规模达 8.54 亿，占网民整体的 86.4%。手机网络支付用户规模达 8.53 亿，占手机网民的 86.5%。网民的成熟度提高，50 岁以上年龄段人群占比提升到 26.3%，互联网进一步向中老年群体渗透。网民中学生群体占比最高，比例为 21%；其次为个体户和自由职业者，比例为 16.9%；外出务工人员占比为 12.7%。网店经营者在了解主流网民的基本特征后，就可以根据自己的资源、条件甚至是爱好来确定是为主流网民服务，还是寻找个性化空白市场。

2. 产品 / 服务选择

产品 / 服务选择即寻找能满足目标顾客需求的产品 / 服务。在电子商务的发展过程中，最初由于技术以及人们对电子商务认识的限制，因此人们认为只有具备某些特性的产品才适合网上销售，随着电子商务技术的发展及电子商务模式的创新，网络销售品类几乎覆盖人们全部的消费需求。即便如此，网店经营者还必须关注网购市场的变化，随时调整自己的经营业务。以中国网络市场为例，据 CNNIC 调查资料显示，2017 年上半年，我国个人互联网应用中网上外卖和互联网理财是增长最快的两个应用类型，网络购物仍保持较快增长，手机应用方面，手机外卖、手机在线教育课程用户规模增长最为明显。在网络购物市场中，消费结构出现了明显的变化，即消费升级特征显现。表现在以下几个方面：一是品质消费，网民愿意为更高品质的商品支付更多溢价，如乐于购买有机生鲜、全球优质商品等；二是智能消费，智能冰箱、体感单车等商品的网络消费规模相比去年有大幅度增长；三是新商品消费，扫地机器人、洗碗机等新商品消费增长迅猛。尤其是农村网购消费潜力和网民对全球优质商品的消费需求进一步得到释放，这进一步推动了消费升级。

经营者在选择产品/服务时既要考虑产品是否能够充分满足目标群体的消费需求，又要综合考虑自身的实力、商品属性以及物流条件等因素的影响。

3. 定位店铺优势

店铺可通过以下方式来提高竞争优势。

（1）鲜明的产品特色。同质化的产品很难吸引消费者的兴趣。在网络环境下，消费者会很容易找到所需要的产品。因此，如何在经营与销售同类产品的店铺中形成自己的特点，经营者需要在正式开店前进行相关的市场调查，根据市场调查对店铺所售商品的品种与风格进行策划与分析，以形成独特的产品个性与形象，从而最大限度地满足目标消费者的需求。

（2）具有吸引力的价格。网络消费者的一个显著消费行为就是追求低价格。尤其是在网络购物模式被消费者快速接受的情况下，网络销售市场竞争开始加剧，物美价廉自然能博得消费者的欢心。

（3）高质量的服务水准。网上销售买卖双方不是面对面的，因而网站的服务就显得格外重要。这里的服务不仅仅是指售后服务，它是一个整体服务的过程，从网站的信息提供，到客户的售前、售中及售后服务，包括订单的处理速度、客户邮件的回复、网上支付、发货、投诉意见的处理等多个方面，甚至包括与顾客沟通中文字的表述或说话的语气、方式都会影响到服务的质量。

四、网上店铺的经营与管理

（一）产品渠道选择

在确定店铺要销售的商品时，商家确定商品的进货渠道很重要，这直接关系到这个店铺能否成功开起来。具体来说，进货渠道主要有以下几种。

1. 自身货源

（1）不需要通过外界而是凭自己的手艺、创作甚至创意生产产品。例如，网店装修、商品图片拍摄及处理、手工编制的产品或家庭制作的特色农产品、自行设计制作衣服等。

（2）个人爱好及收藏。

（3）创意货源。例如，卖点子、卖婚庆服务、卖西点制作工具及技巧等。

2. 厂家货源

正规厂家货源充足，服务体系完善，如果有长期的合作经历，那么商家一般都能争取到滞销换款。但是一般而言，厂家的起批量较高，不适合小量批发客户。

3. 批发市场

这是最常见的进货渠道。其优点是品种丰富、服务周到；缺点是价格偏高、信用不明。在批发市场进货，店铺商家需要有强大的议价能力，力争将批发价格压到最低，同时要与批发商建立长期合作关系，在关于调换货的问题上要与批发商事先达成共识。

4. 阿里巴巴网上批发市场

2010 年 3 月 8 日，阿里巴巴公司（1688.com）成功上线，正式整合原阿里巴巴中国站（alibaba.com.cn），战略升级成全新的“1688 平台”，网站定位为全球规模最大的网上采购批发市场。在阿里巴巴进货的优点是货品丰富、途径便捷、可用支付宝、信用有保证，缺点是有量的要求。在阿里巴巴进货的另一大优势还在于大部分的供货商都可以提供商品图片，这也解决了部分创业者不会处理图片的问题。淘宝网也支持大家通过阿里巴巴进货，并且不定期地针对在阿里巴巴进货的淘宝会员开展推广活动。

5. 品牌代理

品牌代理的优点是品牌价值高，店铺专业形象好。在网店销售有一定知名度品牌的商品，网上商店会获取一定的优势。其缺点是获得品牌代理的途径少，获得代理权的门槛高，对品牌代理构成了一定的制约。

6. 外贸产品或 OEM 产品

目前，许多工厂对外贸订单之外的剩余产品或者为一些知名品牌的贴牌生产后剩余的产品会进行处理，价格一般十分低廉，通常为正常价格的 2 ～ 4 折，这是一个不错的进货渠道。

7. 库存积压或清仓处理产品

因为库存商品急于处理，所以这类商品的价格通常是极低的，但需要有足够的砍价能力。

在以上进货渠道中，对于小本经营的卖家而言，后两者更适合一些，但是要找到这样的进货渠道难度大一些，需要卖家多用时间，细心留意。网上开店，进货是一个很重要的环节，不管是通过何种渠道寻找货源，低廉的价格都是关键因素，找到了物美价廉的货源，网上店铺就有了成功的基石。

（二）网店装修

网上店铺的装修主要包括商铺外观的装饰、招牌的设置、产品橱窗的摆放、友情链接的添加等。装修效果直接影响着店铺形象和营销效果，以淘宝为例，店铺的装修分为普通店铺装修和旺铺装修两种。

店铺装修应该有明确的思路：第一，凸显个性和品牌，增进顾客交易信心；第二，从顾客需求出发展示产品；第三，用美观清晰的图片展示产品；第四，从店铺推广的角度来装修店铺。

（三）网店推广

当网上商店建好之后，最重要的问题就是如何让更多的顾客浏览并购买，但这种建立在第三方平台上的网上商店与一般企业网站的推广有很大的不同。这是因为网上商店并不是一个独立的网站，对于整个电子商务平台来说，可能排列着数以千计的专卖店，一个网上专卖店只是其中很小的组成部分，通常被隐藏在二级甚至三级目录之后，用户直接发现的可能性比较小，何况同一个网站上还有很多竞争者的专卖店在争夺有限的潜在顾客资源。

以淘宝网为例，网店的推广有以下几种主要方式。

（1）站内搜索。一般淘宝网的买家都通过关键词搜索来寻找自己想要的商品，所以卖家在设置关键词的时候，要把产品的特性尽可能地在标题里表现出来。另外，还要尽可能多地设置与产品相关的关键词，让产品的名称丰满化，从而起到推广的目的。

（2）论坛和论坛广告。在淘宝论坛发帖、回帖以引起顾客关注，也可以在论坛页面下方刊登图片广告。

（3）促销活动。淘宝网店上有各种促销活动，这些促销活动会在不同的页面进行推广。淘宝首页和各个频道的绝大部分图片广告，都是一些特定主题的促销活动。

（4）友情链接。别人的店铺也是做广告的好地方，淘宝网上一个店铺最多可添加 35 个友情链接。链接时要注意与人气旺的店铺进行链接交换；要与不同类的商品链接，避免引来竞争对手；要找信誉度较高的店家链接。

（5）搜索引擎。很多买家都是通过搜索引擎来搜索商品的，因此将网上店铺登录到搜索引擎是一种重要的推广方式。

（6）人脉。口碑宣传是店铺最好的推广方式，卖家要尽量巩固老顾客，维系客户关系，通过口碑的形式扩大网店的影响。

（7）其他推广方式。卖家可以在其他网站、论坛、博客、朋友圈等地方进行宣传，甚至可以利用线下宣传的形式。

（四）商品的物流配送

网上店铺在物流管理中应该解决以下两个方面的主要问题。

一是如何选择性价比高的第三方物流公司。在选择第三方物流公司时，网上店铺的经营者应该考虑第三方物流的资费标准、网点覆盖面、运输速度及服务质量保证。

二是如何降低物流成本。对于有一定规模销量的店铺来说，网上店铺的经营者可以争取物流公司配送价格的优惠以降低配送成本。同时店铺还可以自己动手进行商品包装，如通过网上购买价格便宜的包装材料，利用生活中的旧包装物等来节省成本。

目前，在淘宝物流平台上提供在线下单功能的物流公司有邮政速递服务公司、申通 E 物流、圆通速递、中通速递、天天快递、宅急送、韵达快递、联邦快递、汇通快递、德邦物流、顺丰速运等。

（五）顾客服务

顾客服务的基本指导思想是以顾客为中心。网店的经营者应该从长远利益出发，坚持诚信经营，为顾客提供良好的服务。

1. 顾客至上，充分尊重顾客

这是顾客服务的基本指导思想，要贯彻于顾客服务的始终。不管顾客在购买的过程中有什么样的需求或表现，卖家都应该充分尊重顾客，耐心地与顾客沟通，并提供满意的服务。

2. 及时回复顾客的征询

面对顾客的问题及要求，要积极努力去解决。回复顾客的问题要快，并在字里行间表现出热情。

这里要求卖家要学会用专业的产品知识，给顾客专业的意见。因为顾客买东西总是希望自己买的东西是最好的，卖家要做到对自己的产品了如指掌，面对问题对答如流。面对不能满足的顾客需求，卖家也要诚恳地给予答复，取得顾客的信任。

3. 周到的售后服务

卖出商品后，卖家要在第一时间和买家取得联系，发货后尽快给买家发一封发货通知信，最好能附上包裹单的照片，让买家能看清楚上面的字迹和具体编号等，这是一种有价值的感情投资。

对于货到付款，卖家应尽量先致电给顾客确定付款细节。有时候因为卖家和买家没有确定好收货地址或时间，会使快递公司白跑一趟而增加配送费用。

4. 认真处理顾客投诉，充分保证企业信誉

顾客投诉一定是有原因的。在处理顾客投诉时，卖家不能一听到顾客投诉就去和顾客争论，首先应认真倾听顾客对问题的描述，在问题查明后及时处理，并在第一时间回复顾客。

在这里卖家一定要注意。一是平常心对待差评。有时因为自己或其他原因，可能会在自己的信用记录里出现差评的现象，卖家要以平常心面对，采取相应的补救措施，或者在网上说明真相。二是平常心对待拍下不买的买家。在网上开店总会遇到拍下不买的买家，这是很正常的，作为卖家要保持一份平和的心态。

除以上事项外，在此还要提醒，网上开店作为一种经营行为，还应该注意以下几点。

第一，网上开店并不是万能的。网店有千千万万，真正实现盈利并取得成功的只是少数，对于网上开店，要摒弃一些不切实际的想法，付出与回报往往成正比。

第二，网上开店要以诚信为本，不要欺骗消费者，谋取不义之财。

第三，遵守国家的法规政策。目前我国法律在逐渐规范网上开店的管理，确实已经出现过网店被处罚的案例，所以网店在遵守平台规定的同时，切记及时交纳相关税费。尤其要注意的是，网店一定不能经营国家法律法规明文禁止的商品。

第五节　O2O 电子商务模式

案例 2-7

从京东到家并购达达众包看 O2O 电商发展趋势

2016 年 4 月 15 日，京东集团对外宣布：旗下 O2O 平台京东到家和达达众包全面整合，打造众包物流平台 + 超市生鲜 O2O 平台新模式。

一、京东到家与达达众包战略合作的背景

京东到家是京东旗下的 O2O 电子商务平台，于 2015 年 4 月正式上线，京东拟将其打造成中国最大的超市生鲜 O2O 上门服务平台。京东到家为消费者提供 2 小时送货上门服务，目前业务已经覆盖 13 个城市，拥有数万家门店，用户数超过 300 万。

达达众包是中国最大的众包物流平台，于 2015 年上线，旗下拥有 130 万注册众包快递员，业务覆盖全国 37 个城市，日均配送单量超过 100 万单。

生鲜的需求是高频次、刚性需求，受价格变动影响较小。传统快递无法实现对生鲜的单件配送，而京东到家把自有快物流配送与 O2O 的云仓节点、社会物流众包达达结合起来，打造中国最大的超市生鲜 O2O 上门服务平台，这正迎合了市场的需要。

京东到家与达达众包从以下四个方面进行战略整合与升级。

- 业务结构调整。合并后的新公司，将包含两大业务版块，分别是众包物流平台与超市生鲜 O2O 平台。
- 物流业务整合。众包物流平台将整合原有达达和京东到家的众包物流体系，并继续使用“达达”品牌，充分发挥共享经济开放、连接和高效的特点，为中国众多的零售、服务和 O2O 企业提供规模化、低成本的“最后三公里”物流基础设施服务。
- O2O 业务整合。O2O 平台将会继续沿用“京东到家”的品牌，而“派乐趣”品牌及业务将并入京东到家平台。京东到家通过与线下商超、零售店和便利店等多种业态的深度合作，在超市生鲜领域持续深耕，打造便捷和高品质的消费者购物体验。
- 全新的战略定位。京东到家和达达众包的两大业务将彼此配合，同时与京东集团的各项业务和资源战略协同，共同打造中国最强大的本地物流和 O2O 电商平台。

二、京东 O2O 战略布局

2014 年京东成功上市后重新进行了战略布局，京东到家依托母体公司的商业沉淀，快速布局 O2O。京东副总裁邓天卓认为未来的商业竞争是四大供应链竞争，即信息供应链、流通供应链、制造供应链、金融供应链竞争；京东的五大战略是渠道下沉、O2O 电商、互联网金融、云和大数据、国际化。其中，京东到家 O2O 是京东的重要战略，其战略布局发展如下。

1. 京东 + 便利店 O2O 模式

2013 年 11 月，京东就启动了 O2O 战略，与上海、北京、广州、温州、东莞、乌鲁木齐、哈尔滨、西安、呼和浩特、石家庄、南宁、太原、大连等城市的上万家便利店进行 O2O 合作。合作的 O2O 模式是京东 + 便利店 O2O 模式，即消费者借助手机基站定位服务，在京东到家平台上寻找便利店旗下最近的店面进行购物，而京东 O2O 便利店负责货品、仓储和配送。这种新型的零售模式，比纯线上零售有本地服务优势，比纯线下零售有更全的品类、更低的价格和更多流量优势。

2. 京东 + 超市 O2O 模式

2015 年 8 月，京东以 42 亿元入股永辉超市，持永辉超市 10% 的股份，双方进行 O2O、仓储物流协作等方面的合作。此时永辉超市是国内生鲜龙头超市，其门店已覆盖全国 17 个省市，将近 400 家。京东和永辉超市的战略合作，使得永辉超市门店成为京东的末端仓储，只要用户线上下单，京东众包快递员就可以直接在附近永辉超市门口取货，并完成送货。

3. 京东 + 末端物流 O2O 模式

2016 年，京东到家凭借母体公司京东集团的商业优势、流量优势、品牌优势、供应链优势、仓配的快物流优势、大数据驱动新商业优势，在运营一周年后，已经打造出了中国最大的超市生鲜 O2O 上门服务平台，但是末端物流是其发展的短板，而达达众包恰好具备末端物流众包的优势，因此通过战略合作，优势互补。

三、O2O 电商发展趋势

1. 用户黏度导向

家庭购物需求、母婴童用品需求、白富美的需求是未来各大电商的竞争焦点。传统的家电、服装、日用百货等商品用户黏度并不高，而作为人们生活饮食中的高频次食品来说，生鲜市场需求庞大，且为刚性需求，用户黏度较高。京东到家真正精准地抓住了未来的用户。

2. 无商业不社交

2015 年开始，传统电商已经开始全面洗盘转型。社交电商全面爆发，未来的社会是无商业不社交，未来微电商与微店商（即社交电商 + 社区电商）是电子商务的发展趋势之一。线上社群经济、线下社区经济是电商行业重要的两大商业主体。在这样的商业趋势下，社交电商 + 扁平化供应链 + 大数据驱动 + O2O 体验 + 社会化众包模式将成为未来 5 年的电商发展模式之一。

3. 快物流模式

未来 O2O 新商业发展需要的物流是快物流配送 + O2O 的云仓节点 + 社会化的众包物流。物流计划是根据预售订单和大数据预测制定的，O2O 的用户需求将直接拉动城市云仓的配送，京东与永辉超市的战略合作，永辉超市的所有商品，都会成为共享的库存，只要京东到家有需求，附近的永辉超市就可以驱动订单出库，由达达负责周边配送，快速满足客户需求。

依托达达快送的全国即时配送网络平台，沃尔玛、永辉超市、华润万家等超过 10 万家线下门店已入驻京东到家平台，该平台包含超市、便利店等多个零售业态，提供涵盖生鲜果蔬、医药健康、3C 家电、鲜花绿植、蛋糕美食、服饰运动、家居建材、个护美妆等海量商品配送到家的服务体验。2020 年 7 月，根据艾瑞咨询的报告，京东到家在中国本地零售商超 O2O 平台行业市场份额中位居第一。

资料来源：根据搜狐网站资料改编。

案例分析

1. 试分析京东到家和达达众包战略合作的意义。
2. 对案例中京东的三种 O2O 模式进行对比分析，说明各自的特点。
3. 京东在布局 O2O 战略中有哪些优势？

一、O2O 电子商务的概念

O2O（Online to Offline）电子商务是指将线下服务通过网站或移动终端推送给用户，用户完成在线支付后，再到线下接受服务的一种电子商务模式。广义的 O2O 不仅指 Online to Offline（线上到线下），也指 Offline to Online（线下到线上）模式，是线上渠道与线下渠道相结合的一种电子商务模式。具体而言是指线上购物与支付、线下消费，将线下活动与互联网结合在一起，让互联网成为线下交易的前台。

O2O 电子商务的核心理念是把线上用户引导到现实的实体商铺中，通过在线支付，实体店提供优质服务，并实时统计消费数据提供给商家，再把商家的商品信息，准确地推送给消费者。这种模式对于服务型尤其是体验型的产品来说是最佳的营销方式，它与传统电子商务的概念有较大差别。传统电子商务依靠网络完成产品购买，缺少了商户的参与和用户体验。O2O 依靠线上推广交易引擎带动线下交易，提高了商户的参与度和用户的体验感。

二、O2O 电子商务模式的优势

1. 改变了企业间的竞争关系

O2O 电子商务模式的运作原理就是整合线上线下的企业，形成利益共同体，借助线上的宣传优势来提高实体店的销售，拓展市场空间，从而使得线上与实体店分享增值收益，其优越性在于充分利用了互联网跨地域、无边界、海量信息、海量用户的优势，同时充分挖掘线下资源，进而促成线上用户与线下商品与服务的交易。这种模式使企业之间由原来的竞争关系变为了合作关系。

2. 服务品质更优

O2O 电子商务模式可以对商家的营销效果进行直观的统计和追踪评估，规避了传统营销模式推广效果的不可预测性。O2O 将线上订单和线下消费相结合，所有的消费行为均可以准确统计，进而吸引更多的商家，为消费者提供更多优质的产品和服务。

3. 体验营销迎合大众消费心理

O2O 电子商务可以通过线下实体店让消费者亲身体验产品或服务，消费者体验之后再到网络上支付、购买，因此线下消费者避免了因信息不对称而遭受的“价格蒙蔽”，同时实现了线上消费者的“售前体验”。

三、O2O 电子商务的闭环

(一) O2O 电子商务的交易流程

在 O2O 电子商务模式中，整个交易流程由线上和线下两部分构成。线上平台为消费者提供消费指南、优惠信息、便利服务（如预订、在线支付、地图等）和分享平台，线下商铺专为消费者提供服务。在这种模式中，交易流程可以分解为五个阶段。

第一阶段：引流。线上平台作为线下消费的入口，通过优惠、打折等促销活动，激发消费者对线下实体商铺的商品或服务的消费需求。

第二阶段：转化。线上平台向消费者提供线下商铺的消费信息，消费者进行搜索和比较，并选定要去消费的线下商铺，在线支付，完成消费决策。

第三阶段：消费。消费者到线下商铺进行消费，享受服务。

第四阶段：反馈。消费者将自己的线下消费体验反馈到线上平台，有助于其他消费者做出消费决策。线上平台通过梳理和分析消费者的反馈，形成更加完整的本地商铺信息库，可以吸引更多的消费者使用在线平台。

第五阶段：存留。线上平台为消费者和本地商户建立沟通渠道，可以帮助本地商户维护消费者关系，使消费者重复消费，成为商家的回头客。

（二）O2O 电子商务的闭环

O2O 电子商务的核心是要实现两个“O”之间的对接和循环，即形成闭环，具体流程如图 2-4 所示。

闭环的目的是收集用户数据，将客户留在环内，培养忠实用户。闭环以后，每一单的交易情况都会被平台掌握，这些记录长期积累起来，就可以形成大数据基础。这样一来，电子商务平台不仅可以为商家提供更精确的营销推广，还可以为用户提供个性化的服务，进而保证用户的忠诚度和黏度。

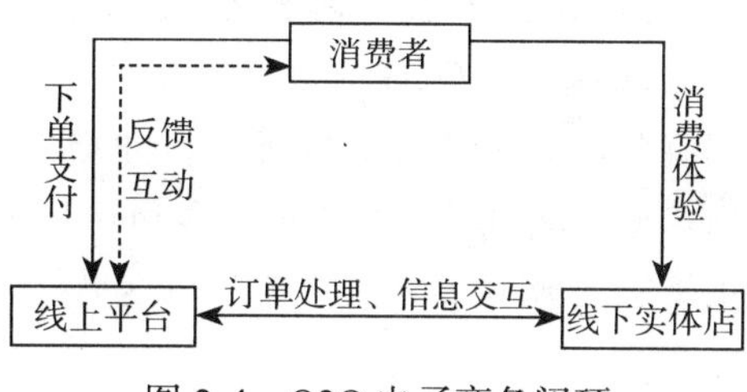

图 2-4　O2O 电子商务闭环

四、O2O 电子商务的盈利模式

一般来说，O2O 电子商务平台主要是通过以下几个方面来盈利的。

（1）产品或服务的差价。一是对于有形产品来说，企业通过 O2O 平台，减少了中间交易环节，省去了物流费用，大大降低了管理成本等多方面成本，提升了整体利润。二是对于服务产品来说，O2O 平台主要向消费者提供线下服务，提高了客户体验。产品或服务的差价是 O2O 收益的主要来源。

（2）网络广告营收入。知名 O2O 运营商利用自己网站知名度和影响力，可以在网站的首页及其他页面投放其他企业的广告，从广告中获取收益。

（3）按商家销售付费。对于不同品类的商品，O2O 电子商务平台制定不同的付费比例。只有产生实际订单，带来销售收入，商家才支出佣金，因此，对商家而言风险相对小。

（4）收取会员费。面向中间交易市场的 O2O，商户参与电子商务交易，必须注册为 O2O 网站的会员，并且每年需交纳一定会员费从而享受网站提供的各种服务。

（5）其他收入来源。可通过价值链的其他环节实现盈利，比如为业内厂商提供咨询服务并收取服务费；向消费者提供增值服务，并收取一定的订阅费。

案例 2-8

苏宁 O2O 电子商务

线下门店推“码上购”服务

为了使消费者充分体验 O2O 购物的方便与乐趣，2014 年，苏宁在楼宇液晶电视、影院、交通移动电视等广告中植入声波二维码，消费者既可以使用苏宁易购移动客户端的“附近苏宁”的声波签到功能签到，又可以通过声波二维码与影音广告互动来领取红包和抢购爆款商品。这极大地增加了 O2O 购物的娱乐互动性，是单纯的线上购物无法做到的。

线上线下支付全面打通

支付环节是消费者 O2O 购物体验最重要的环节之一。消费者在苏宁易购网站选购商品后，既可使用传统的货到付款、分期付款、易付宝支付、快捷支付、网上银行支付等方式支付，还可以到苏宁门店直接支付。消费者也可以在门店扫描商品价签上的二维码，随时查询该商品的线上价格，并使用易付宝在线完成付款，充分发挥移动在线支付的优势。

提供门店自提“急速达”服务

2014 年，O2O 购物节苏宁将门店设置为离客户最近的门店仓和快递点，其通过大数据挖掘技术预测消费者的需求，并进行备货，提前把消费者需要的商品放在离消费者最近的门店仓；通过用户收货地址和门店地址的智能匹配，苏宁利用门店仓完成“最后一公里”的配送，实现真正意义上的“急速达”。消费者从下单到收货，最快只要 30 多分钟就可以收到货。

资料来源：节选自《全国商情》杂志。

案例分析

1. 苏宁 O2O 电子商务如何给消费者提供良好的消费体验？
2. 苏宁 O2O 电子商务如何提供“最后一公里”配送？

第六节　其他电子商务模式

案例 2-9

团车网汽车电子商务模式

团车网是中国的汽车团购门户网站之一，创办于 2009 年，致力于免费为团友提供购车及汽车周边服务。团车网以北京为中心，在全国 30 多个城市建立了分站，秉承“诚信、务实、透明”的服务理念为广大车友及 4S 店提供立足区域市场的本地化服务支持。团车网既可以帮消费者低价购车，还可以帮 4S 店吸引顾客、解决货存。原先 4S 店需要在报纸、交通广播，或者几大汽车门户网站上进行广告投放，但转化率不高，而且推广费很高。另外，4S 店汽车是从厂商手里买进来的，库存压力和财务压力很大。团车网收集到了有真实购车需求的消费者，掌握着最精准的订单，虽然团购让客单价低了些，但销量大幅上升了，实现了双赢。

“团长”带团低价购车

团车网拥有全国首屈一指、超过600人的“团长”队伍，他们熟悉各大汽车品牌及车型，也深谙4S店的各种规则。在每个周末，团车网的“团长”都会带领报了名的团友，到团车网优选的本地正规4S店团购新车。现在，全国范围内与团车网合作的4S店已经达到2 000家，每个周末由团车网组织的团购活动场次超过500场。每个月或者每个季度，团车网还会在重点城市举办一个大型的团购车展“团车会”来促成消费者和卖家之间的交易。消费者可以一次见到超过50个品牌的300多种车型，现场比较，现场参团。

团车网从创立之初就锁定交易环节，通过“聚合真实购车需求，统一和4S店砍到低价”的团购模式，挑战了传统的4S店销售模式。对一部分4S店来说，团车网是它们非常重要的伙伴，通过团购网实现的销量可以占到4S店整体销量的30%～50%。而且团车网获取客户的成本相当于传统4S店的1/10左右，这也是4S店乃至汽车主机厂愿意与之合作的原因。对于消费者而言，通过团车网购车价格比自行谈的价格能低2～4个点，明显的价格优势为团车网带来了订单的大量增长。截至2017年11月，已有1 100多万人参与团车，累计节省超过21亿元。

完善用户体验，布局二手车、养车领域

2014年，团车网开始介入二手车领域。团车网不收购二手车，而是为车主提供一个透明高效的二手车拍卖的比价平台，车主选择出价最高者卖车，现场成交，当天打款。用这种方式，团车网二手车目前能为不同车型的车主多拍出3 000～20 000元钱，加上新车团购可以额外节省的2～4个点，平均可以帮消费者赚到上万元。在二手车拍卖前，消费者可以把车开至团车网二手车的店面进行评估，工作人员在完成评估环节后将车辆信息发布在竞价平台上，由需要购车的商家或零售商户进行竞价购买。目前，团车网在北京设立了6家二手车店面，建立了一套二手车评估标准，并于2014年获得了中国汽车流通协会“行业”认证的“国家级”检测资质。团车网给出的资料显示，其二手车检测内容共有189项，大部分由机器进行检测，平均30分钟检测一辆。目前，北京每月已有近1 000台二手车在团车网平台上成交，其中有80%来自其团购用户。

2015年，团车网开始介入养车领域。团车网已经和北京的40余个品牌的4S店进行了养车方面的签约合作，并进行了大力度补贴。团车网同样以团购的方式和4S店洽谈，把4S店保养的价格砍得更便宜，这样消费者的需求就被激发出来了。目前与团车网合作的4S店基本上只收本钱，而车主可以半价享受4S店保养服务。原价400多元的保养，通过谈判和补贴把价格降到199元。新用户注册，团车网将补贴50元的红包，也就是说只要149元就能完成一次4S店的正规保养。目前，团车网养车领域所有的合作伙伴都是4S店，给消费者提供标准化、正规化的保养服务。

资料来源：根据中国电子商务研究中心网站案例改编。

案例分析

1. 试分析团车网的商业模式。
2. 团车网是如何提高客户体验和服务水平的？

一、团购模式

团购（Group Purchase）就是团体购物，指认识或不认识的消费者联合起来，加大与商家的谈判能力，以求得最优价格的一种购物方式。根据薄利多销的原理，商家可以给出低于零售价格的团购折扣和单独购买得不到的优质服务。团购作为一种新兴的电子商务模式，它通过消费者自行组团、专业团购网站、商家组织团购等形式，提升用户与商家的议价能力，并最大限度地获得商品让利，引起消费者及业内厂商甚至是资本市场的关注。

从网络角度分析，团购属于电子商务运作模式；从商业交易行为角度分析，团购属于大宗采购。所以团购网以“采购”（团购）的名义与商家洽谈，直接在团购网站上放置商家商品信息让消费者进行团购。商家一方面降价让利给消费者，另一方面给团购网站一部分回佣，在这个过程中团购网就是一个代销平台，消费者通过团购平台购买物美价廉的商品。

在团购模式中（见图 2-5），消费者由传统的积极角色变成了消极角色，商品、服务的种类、价格、消费地点、消费期间等都已经由团购网站事先和商家议定，消费者只需选择自己心仪的商品或服务，并支付价款后到指定的商家消费即可。消费者支付的价款中，一定比例作为中介费用被团购网站收取，其余部分作为商家提供商品或服务的成本而收取。团购电子商务的盈利模式有：商品代售、交易佣金、会员制度、商品服务费、广告费、加盟授权费等。

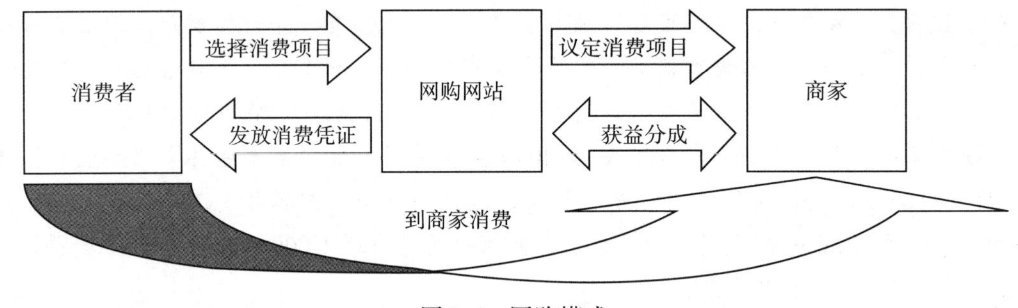

图 2-5 团购模式

二、C2B 电子商务模式

1. C2B 电子商务的概念

C2B（Customer to Business）电子商务是指消费者对商家的电子商务，是互联网经济时代一种新的商业模式。它与 B2C 电子商务模式最大的区别就是让消费者真正拥有主动权。在 C2B 模式中，消费者发起需求，商家响应需求，消费者可以参与到产品的研发、设计、生产等环节中，为自己真正所需的商品买单，不再被动接受商家已经生产出来的产品和已经确定好的价格。近几年，国内出现的诸如蘑菇街自由团的反向团购模式、“预付 + 定制”模式的小米手机、定制家具的尚品宅配等消费者参与度高、以需定产的商业模式都是典型的 C2B 模式。

C2B 电子商务模式是通过互联网和云计算平台使具有同样偏好的小众需求消费者形

成一个强大的采购集团，直接面对厂家进行议价，具有以批发价购买单品的价格优势，同时厂家也在精准预测需求的基础上进行个性化营销、柔性化生产。C2B 是一种基于互联网的社会化流通方式变革、供应链重构的精益化生产的商业模式。与 B2C 相比，C2B 更加强调重视消费者的参与感，让消费者参与到产品的研发与设计中，同时 C2B 对企业组织和供应链整合能力提出了更高的要求。

C2B 模式运行的起点是消费者需求，通过互联网将大量有共同需求的消费者聚集起来，形成消费诉求，通过互联网平台反映到商家，商家得到需求信息后整合供应链进行生产，其中也伴随着消费者在产品研发和设计过程中的参与、方案的修改以及确定，整个过程同时需要资金流和物流的支持。C2B 模式更加考验商家对于整个供应链的整合能力，同时也促进产业演化成生态系统。C2B 模式在生产标准消费品的基础上，能够将小众变成长尾，针对利基小众市场开展业务。因为互联网，那些工业时代几乎从未被满足过的小众需求得以聚集成规模，实现生产。同时商家在这种明确知道消费者需求的情况下，进行柔性化生产，可以大大降低库存成本，甚至实现传统业务模式中零库存的理想状态。

2. C2B 模式与 B2C 模式的区别

从营销模式来看，传统的 B2C 模式是先生产商品，再通过各种营销手段将其投入市场，吸引消费者购买，为典型的推动式（Push）营销。B2C 模式下的企业并不能够准确预测消费需求。新兴的 C2B 模式则反其道而行之，它以消费者的具体需求为落脚点，拟定采购规模、生产计划，柔性化定制，取消中间商，甚至不需要营销投入，大大降低了商品的成本，为拉动式（Pull）营销。

从信息流来看，传统商业模式的信息流是从厂家流向消费者的，存在严重的信息不对称问题，B2C 电子商务的出现虽然缓解了这种信息不对称，但是仍然没有完全解决这个问题。在 C2B 模式下，信息流是从消费者到商家的逆向流动过程，在这种模式下，消费信息则会更加透明。

从营销成本来看，B2C 模式虽然在整体上减少了流通环节，降低了企业成本，但在营销方面，B2C 模式通过竞价排名、推广、促销等环节增加了企业的成本。C2B 模式由于需求的发起人是消费者本身，这样企业对于营销的投入也就相应减少了，此时最好的营销就是建立起良好的企业形象，生产用户满意的产品。

常见的 C2B 电子商务有以下几种表现形式。

一是预定制形式。通过预定制，网站将数量庞大的个体顾客需求进行聚合，促成对产品的大批量购买，从而使得个体顾客能够以大批发商的价格买到单件商品。

二是要约形式（也称为逆向拍卖）。在网站上首先由个体顾客发布自己需要的具体商品、要求的价格，然后由商家来决定是否接受客户的要约。假如商家接受客户的要约，那么交易成功；若不接受，交易则失败。

三是服务认领形式。由企业通过互联网发布所需要的服务，包括具体服务的任务内容、任务成功完成的要求，企业对每个任务支付费用，然后由个人来认领服务。如猪八戒网，企业在上面发布标识设计、装修设计等任务，网民可以接受服务，提供方案，获得服务费。

四是商家认购形式。个人在C2B电子商务平台上发布其原创的数码作品，如摄影作品、图像、图标、动画、视频等，并发布作品标价，企业可根据其标价来购买这些内容。

五是植入形式。企业将所需要的品牌宣传、促销推广、服务内容诠释等植入在个人发布的博客、微博、App里，并为此营销行为付费。如专家为新产品所写的博客评论，微博大号为企业所植入的营销微博，企业在个人开发的游戏App里植入的品牌等。

案例 2-10

海尔的C2B预售及定制活动

海尔集团董事局主席张瑞敏一直很推崇德鲁克的一句管理箴言："对（企业）经营目的只有一个站得住脚的定义，即创造顾客。"在互联网时代，如何创造顾客，海尔进行了一系列的探索，逐步实现了与用户零距离和一对一的交互。2008年，海尔电商就开始试水淘宝平台，但当时只是将一些产品放上去，几乎没有运营，处于一种"等单"状态，交互也就无从谈起。后来随着海尔商城、海尔天猫官方旗舰店的开设，海尔在线上的口碑效应逐渐显露。2012年"双十一"，海尔天猫官方旗舰店单日销售额近亿元，成为名副其实的"双十一"家电行业冠军，而其大家电"按约送达、送装一体"的服务，更是受到网购买家的好评。

2013年2月27日至3月8日，海尔商城与天猫联手，在业内首次推出主题为"2013，海尔我的家，定了！"家电预售活动。活动期间海尔天猫旗舰店展现了包括冰箱、洗衣机、空调、热水器、厨电、电视、小家电和平板电脑在内的8大类17种商品，消费者可以按照需要进行选择、预订，海尔汇集消费者需求订单后返给供应链生产，省去流通仓储等各种成本，确保消费者"省到家，定得值"。据悉，本次活动从预售到最终发货，仅仅用了10多天时间。

海尔商城具备了开展C2B预售和定制活动的所有条件：依托海尔集团的品牌实力和良好的企业形象；拥有完整的产品线且产品质量卓越；拥有强大的物流配送能力，实现全国范围内全区域覆盖，提供快速送达、送装一体服务；拥有在消费者中享有盛誉的高质量服务能力；具有通过互联网和电商平台在供应链的最前端收集消费者需求的能力和由消费者自主进行模块化定制的能力；后端则具有根据需求通过柔性化生产进行设计制造的能力，并且柔性化生产已经形成一定的产能。最重要的是，海尔商城和统帅电器（海尔集团旗下品牌）之前已经在天猫进行了初步的定制化尝试，为C2B预售及定制活动的成功开展积累了经验。

本次预售及定制活动由于C2B能够事先聚合消费者的分散需求，因此给海尔聚集了采购大单。海尔拿到订单后，按订单生产，消除库存，有效地管理了上下游供应链。与以往"蒙眼式设计、赌博式生产、压货于渠道"的低效率产销互动模式相比，预售定制模式使价格更具竞争力，因此消费者能获得比线下类似产品更高的性价比和附加值。

资料来源：根据站长之家网站资料改编。

案例分析

1. 分析开展海尔预售及定制活动的成功条件有哪些。
2. 海尔预售及定制活动给消费者将带来哪些利益？

三、其他形式的电子商务

其他形式的电子商务还有如 B2G、C2G、G2G、F2C 等，随着电子商务的发展，会有更多形式的电子商务出现。

1. B2G 电子商务

B2G（Business to Government）电子商务即企业与政府间的电子商务。通过网站，政府既可以为企业提供高效服务，又可以在网上公开招标采购，增加其透明度。B2G 电子商务的内容有以下两个方面。

第一种是政府通过网上服务，为企业创造良好的电子商务空间。服务内容包括：政府通过网站来审批企业上报的各种手续或单证，例如网上报关、报验、网上产地证申请；通过电子的方式发放进出口许可证、配额，开展统计工作；通过税务网络系统网上征税；在线审批和办理各种企业电子证照；网上发布与企业相关的管理条例、经济信息，提供咨询服务等，可以为企业提供决策依据和商机。

第二种是政府通过网上采购，为企业提供大量的商机。政府采用最新的信息技术，通过互联网完成采购的过程，并实现采购管理和决策的信息化、自动化和数字化。与传统采购方式相比，政府网上采购可以消除空间和时间障碍，提高采购时效，降低采购成本；给更多的供应商带来投标机会，增强了竞争，政府采购有更大的选择空间；规范了政府采购行为，最大限度地避免了人为因素的干扰；提高了透明度，节省了人力，减轻了工作量。典型的商务网站如中国政府采购网，它是财政部唯一指定政府采购信息网络发布媒体和国家级政府采购专业网站。

案例 2-11

浙江省政府网上采购

2014 年 3 月 10 日，浙江省政府采购中心在阿里巴巴（1688.com）的网站上发布了一批省级行政事业单位办公耗材采购需求清单，包括 U 盘、版纸、硒鼓、硬盘、录音笔等 12 个品目，涉及金额近 2 000 万元。一周后，进行网上竞价报名的生产以上品目的企业数量都在几十家左右。其中，总价值 1 000 万元的硒鼓报名竞标企业有 45 家，总价值 54 万元的 U 盘报名竞标企业有 63 家，竞争十分激烈，非常有利于政府采购成本的降低。

据了解，浙江省级政府采购有三种采购模式。一是网上超市（卖场）采购模式，即通过公开招标等方式引进若干专业性卖场或电商企业。采购金额较小、年度合同金额在 10 万元以下的日常办公用品，政府采购单位可以直接按优惠价在网上超市（卖场）选购。该模式让政府采购单位的采购操作规范、透明、可控，并且充分自主、高效灵活。二是网上竞价采购模式，即通过与阿里巴巴等大型电商网站的合作，采购单位在采购单次合同金额相对较大但未达到公开招标限额标准的标准定制产品时，可自行发起网上询价，并按规定的政府采购成交规则自主确定成交供应商。该模式既保留了采购单位在市场低价范围内的有限的采购自主权，又保证了政府采购的规范性和市场定价的有效性，同时可以提高效率。三是招标投标政府采购模式，主要适用于公开招标限额标准以上的项目或大型工程、服务项目，一般要求委托专业的采购代理机构组织实施，但政府给其提供网上招投标和电子评标等技术。政府采购依法规范，采购更加公开透明、公平公正。这三种政府采购模式相互补充，共同促进政府采购科学合理、规范高效和竞争有效地进行。

资料来源：根据《中国政府采购报》中的文章改编。

案例分析

1. 描述浙江省政府网上采购的优势。
2. 分析政府网上采购超市与竞价采购的不同之处。

2. C2G 电子商务

C2G（Consumer to Government）电子商务即消费者与政府间的电子商务。政府通过网站进行居民登记、统计和户籍管理、征收个人所得税、发放养老金、失业救济金及其他福利等，这不仅为公众提供了省时的高质量电子服务，还提高了政府办事效率和节省成本。

3. G2G 电子政务

G2G 是指政府机构与政府机构之间的电子商务活动。各级政府机构之间利用互联网实现政府应用系统的互联，从而使政府各职能部门之间紧密联系，并形成相互协作、相互制约的关系。政府部门之间在网上办公，建立网上政府，这不仅可以提高政府部门各项事务的透明度，还可以克服部门之间的相互推诿，减少中间环节，提高工作效率，从而更好地为人民服务。

4. F2C 电子商务

F2C（Factory to Consumer）也称为 M2C（Manufacturer to Consumer），即工厂到消费者的电子商务，是一种全新的现代商业模式。F2C 电子商务模式是品牌公司把设计好的产品交由工厂代工后通过终端送达消费者，确保产品合理，同时质量服务都有保证，它为消费者提供了性价比较高的产品。

思考题

1. 什么是商业模式？结合实例说明互联网对商业模式的影响。
2. 商业模式的核心原则有哪些？
3. 水平 B2B 网站的利润来源有哪几种？
4. 简述 B2C 电子商务网站的基本组成。
5. 简述网络直销的优势。
6. 网上开店选择第三方平台应考虑的因素有哪些？
7. 简要回答店铺定位的重要性。

8. 简述 B2C 电子商务和 C2B 电子商务的区别有哪些。
9. 简述 O2O 的交易流程，并说明 O2O 模式中闭环的重要性。
10. 在经营店铺中如何维护与顾客的关系？

实践应用题

1. 在你喜欢的一家 C2C 平台上注册成为会员，通过在线购物，对不同的网站进行比较。

2. 通过市场调查，确定一个网上开店项目，在开店前进行详细策划，制订出实施方案，并在第三方平台（如淘宝网）上创建网上店铺。

第三章 CHAPTER 3

电子商务安全

知识目标

- 掌握电子商务安全的概念和类型
- 理解电子商务安全要求
- 理解数据加密技术基本原理
- 了解数字证书的作用

能力标准

- 能够根据企业自身业务应用制定相应的安全策略
- 能够利用电子商务安全知识进行网络风险防范

第一节 电子商务安全概述

案例 3-1

2020 年网络安全事件频发

2020 年网络安全事件频发，各种 APT 攻击（指某组织对特定对象展开的持续有效的攻击活动）事件、数据泄露事件、漏洞攻击事件频发，提高网络安全意识、加强网络安全建设迫在眉睫。

新冠疫情（后简称疫情）期间多个境外组织对我国政府及相关重要领域发起网络攻击。越南“海莲花”黑客组织利用疫情话题连续数月攻击我国医疗机构，欲获取抗疫情报。印度“白象”黑客组织使用一个伪装成我国卫生主管部门的域名，伪造疫情相关文件，对我国医疗工作领域发动 APT 攻击。“绿斑”黑客团伙利用虚假“疫情统计表格”和“药方”窃取情报。类似的还有“蔓灵花”APT 组织利用病毒邮件，以“海事政策分析和对南亚的港口安全影响”“2020 年自主研发项目立项论证报告”等主题，对我国政府部门、科研机构相关人员发起定向邮件攻击。黑客组织“APT32”向中国官员发出网络钓鱼电子邮件。此邮件将引导用户进入工作设备网页，如果用户点击了这个邮件，黑客就会在用户的电脑上植入恶意软件，复制储存在政府网络系统中的疫情数据。

企业网站受中间人攻击无法正常访问。京东、GitHub 等多家网站由于受中间人攻击而无法正常访问。中间人攻击是指攻击者与通信的两端分别创建独立的联系，并交换其所收到的数据，使通信的两端认为他们正在通过一个私密的连接与对方直接对话，但事实上整个会话都被攻击者完全控制，而通信的双方却毫不知情。此次攻击涉及全国多个省市区，而且持续 4 个多小时。当时这些网站的证书被攻击者使用的自签名证书代替，导致浏览器无法信任从而阻止用户访问。所幸当时绝大多数网站都已经开启加密技术来对抗网络劫持，因此用户访问才会被阻止而不会被引导到钓鱼网站上去。如果网站没有采用加密安全链接的话可能会跳转到攻击者制作的钓鱼网站，若输入账号密码则可能会被直接盗取。

个人数据遭大规模泄露。2020 年，微博用户数据疑似被泄露，5.38 亿个账号信息被出售，其中包括用户身份证号、手机号、密码、生日等私密信息。同年 6 月，2 000 万名台湾人民的敏感个人数据也被出售，这些数据包含个人的全名、邮政地址、电话号码、身份 ID、性别和出生日期等。郑州某学院近 2 万名学生的个人信息也被泄露，这些信息以表格的形式在微信、QQ 等社交平台上流传，信息内容具体到名字、身份证号、年龄、专业及宿舍门牌号等。

外贸企业遭遇“冒充电子邮件”诈骗。2020 年 5 月，厦门市出现多起针对外贸公司的“冒充电子邮件”诈骗案件。骗子盗取公司以及客户资料，伪造名字相近的电子邮箱、对公账户等客户信息，以催缴货款等理由实施诈骗。此次诈骗团伙仿冒英国公司电子邮件，将真邮箱地址中间“m”偷偷换成了“n”，对厦门某外贸公司实施诈骗，诈骗金额近百万元。

系统漏洞造成网站瘫痪。宝塔面板被曝出存在严重安全漏洞，黑客可以通过特定地址绕过身份验证访问服务器数据库，可以直接删除数据库从而破坏所有数据，造成网站瘫痪。当时有多个网站的数据库被删除。此次宝塔面板出现的 BUG 很严重，主要出现在宝塔 Linux 面板 7.4.2 版本以及宝塔 Windows 面板 6.8 版本，存在数据库被黑客篡改和删除等安全隐患，需要紧急升级更新，从而修复 phpMyAdmin 未鉴权问题（鉴权是指验证用户是否拥有访问系统的权利）。

福建福昕公司服务器遭到黑客入侵。福昕公司称未经授权的黑客访问了 MyAccount 区域。黑客可能访问的用户数据包括用户名、电邮地址、企业名称、电话号码、用户账号密码和 IP 地址。2020 年 7 月 19 日上午，在甘肃某机关组织的聘用制书记员线上笔试的职业素能测评阶段，前期系统正常，但在考试进行过程中，考试系统被黑客冲击，造成网络卡顿，使部分考生出现掉线、无法登录的现象。

观察以上事件可以发现，网络安全事件涉及我国政府、企业、个人等各个层面，造成的危害包括政府部门信息情报被窃取、企业网站无法访问、个人数据泄露等。因此，各行各业各个层面，应提高网络安全意识，建立网络安全体系，加强网络安全防护措施。

资料来源：根据互联网资料改编。

案例分析

1. 对案例中的网络安全问题进行归类分析。
2. 举例说明如何防范案例中的安全问题。

一、电子商务系统安全概念与类型

电子商务的安全是一个系统安全的概念。可以从不同角度来看电子商务系统安全，由此形成系统安全的概念与类型。

（一）从社会经济系统角度来看电子商务的安全

电子商务系统虽是一个计算机系统，但它不仅与计算机系统结构有关，还与电子商务应用环境、人员素质和社会因素有关。它包括电子商务系统的硬件安全、软件安全、运行安全、电子商务安全立法。

（1）电子商务系统硬件安全。硬件安全是指保护计算机系统硬件（包括外部设备）的安全，保证其自身的可靠性和为系统提供基本安全机制。

（2）电子商务系统软件安全。软件安全是指保护软件（系统软件、应用软件）和数据不被篡改、破坏和非法复制。系统软件安全的目的是使计算机系统逻辑上安全，主要是使系统中信息存取、处理和传输满足系统安全策略的要求。

（3）电子商务系统运行安全。运行安全是指保护系统能连续和正常运行。

（4）电子商务安全立法。电子商务安全立法是对电子商务犯罪的约束，它是利用国家机器，通过安全立法，体现与犯罪行为做斗争的国家意志。

由此可见，电子商务安全是一个复杂的系统问题。电子商务立法与电子商务应用的环境、人员素质、社会因素有关，基本上不属于技术上的系统设计问题，而硬件安全是目前硬件技术水平能够解决的问题。鉴于现代计算机系统软件的庞大和复杂性，软件安全成为电子商务系统安全的关键问题。

（二）从网络传递信息系统构成来看电子商务的安全

从计算机网络传递信息的系统构成来看，电子商务系统安全主要包括客户机安全、通信信道安全和万维网服务器的安全。客户机和服务器在网络环境下需要保护以免受病毒及非法入侵的威胁。通信信道在传送信息时要保证信息的完整性、保密性以及即时性的要求。

（三）从电子商务的安全内容来划分

从安全内容来划分，电子商务安全系统可分为物理安全和逻辑安全。物理安全指系统设备及相关设施受到物理保护，免于被破坏、丢失等。逻辑安全包括信息完整性、保密性、可用性等。

习近平总书记指出：没有网络安全就没有国家安全。在 2015 年第二届世界互联网大会上，习近平主席就全球互联网治理创造性地提出了构建网络空间命运共同体的“四项原则”和“五点主张”。在 2020 年第 4 届世界互联网大会上，组委会发布《携手构建网络空间命运共同体行动倡议》，倡议世界各国政府和人民要秉承“发展共同推进、安全共同维护、治理共同参与、成果共同分享”的互联网发展理念。电子商务安全是网络安全的重要内容之一，网络安全既有技术层面的要求，还要有社会层面的要求。

二、电子商务安全要求

（一）信息的保密性

信息的保密性是指信息在传输过程或存储中不被他人窃取，因此，信息需要加密以及在必要的节点上设置防火墙。例如信用卡号在网上传输，非持卡人在网上拦截并知道该号码，就可用此卡在网上购物。因此要保密的信息必须进行加密，然后在网上传输。

（二）信息的完整性

信息的完整性是从信息传输和存储两方面来看的。存储时信息要防止非法篡改、删除和破坏网站上的信息。传输时接收方接收到的信息与发送的信息要完全一样，这才说明信息在传输过程中没有遭到破坏。加密能保证信息不被第三方看到，但不能保证信息不被修改。

（三）信息的不可否认性

信息的不可否认性是指发送方不能否认已发送的信息，接收方不能否认已收到的信息。商情虽是千变万化的，但交易一旦达成便不能被否认，否则必然会损害一方的利益。例如订购黄金，订货时金价较低，但收到订单后，金价上涨了，如收单方否认收到订单的实际时间，甚至否认收到订单的事实，则订货方就会蒙受损失。因此电子交易过程的各个环节都必须是不可否认的。

（四）交易者身份的真实性

交易者身份的真实性是指交易双方确实是存在的，不是假冒的。网上交易的双方很可能素昧平生，相隔千里。要使交易成功，先要能确认对方的身份，对商家来说要考虑客户端是不是骗子，而客户也要确认网上的商店是不是一家欺诈消费者的黑店。因此能方便且可靠地确认对方身份是交易的前提。

三、电子商务主要安全技术

（一）数字加密技术

为防止数据在储存或传输过程中遭到侵犯者的窃取、解读或利用，人们通常会使用数字加密技术。数字加密技术可用于信息传输和信息存储中。数字加密技术就是利用技术手段把重要的计算机数据变成一堆无规律的、杂乱无章的编码（加密）传送（或保存），到达目的地后再用相同或不同的手段还原（解密）。攻击者即使得到经过加密的信息即密文也无法辨认原文。因此，加密可以有效地对抗截获、非法访问数据库窃取信息等威胁。数字加密技术被公认为是保护数据传输安全唯一实用的方法和保护存储数据安全的有效方法，它是数据保护在技术上的最后防线。（详细内容见本章第二节。）

（二）数字证书

电子商务是在网络环境下进行的商务活动，交易双方不见面，首先要确定对方的真实身份，是非常重要的一步。在电子商务交易中，数字证书、对称和非对称加密体制等加密技术可以建立起一套严密的身份认证系统，从而保证信息除发送方和接收方外不被其他人窃取，信息在传输过程中不被篡改，发送方能够通过数字证书来确认接收方的身份，发送方对于自己的信息不能抵赖等安全要求。（详细内容见本章第三节。）

（三）防火墙技术

防火墙技术用来保护网络的安全，主要保护内部网络的安全。防火墙的主要作用是在网络入口处检测网络通信，根据一定的安全策略，在对内部网络实现安全保护的前提下，与外网实现通信。防火墙可以极大地提高网络安全和最大程度地减少子网中主机的风险。（详细内容见本章第四节。）

（四）病毒防治技术

在网络环境下，病毒有很强的威胁性和破坏力，因此病毒的防范是网络安全建设中的重要一环。病毒防治技术主要是从防毒、查毒和杀毒三个方面来避免电子商务活动中的服务器和客户机受计算机病毒的感染与传播。市场上有不同的杀病毒软件可供选择，不同公司的杀病毒软件的特点各不相同，企业可根据自己的实际情况选择适合自己需求的一种或多种软件。

第二节　数字加密技术

案例 3-2

网民个人信息泄露，经济损失巨大

近年来，网络用户信息泄露事件层出不穷，严重扰乱了网络秩序，危害了公民的隐私和财产安全，甚至骚扰到居民的生活。

2014 年 10 月，一名苏州男子的支付宝账户里的钱不断被人转走，10 多天里账户中的 32 万元就不翼而飞了。警方在调查中发现，这些钱前后被分为 230 笔转到 69 个支付宝账户中。最终警方将犯罪嫌疑人锁定在湖南一个吸毒人员何某身上。据何某交代，他因为吸毒需要大量钱财，因此就在网络上购买了上百个有效支付宝账号和密码，然后在网吧及宾馆里，使用其亲友的身份证号、银行卡号，注册了支付宝账户，将有效支付宝账户里的钱款进行转移。

2016 年 6 月，浙江平湖市公安局网警大队在办理诈骗案件中发现一个犯罪团伙利用阿里漏洞进行账号窃取行为。警方进一步侦查发现，该团伙于 2015 年 10 月 14 ～ 16 日通过租用的阿里云平台向淘宝网发起攻击，获取淘宝账户约 9 900 万个，其中 2 059 万个账户确实存在并且密码吻合。

2016 年 9 月，魅族公司收到部分用户反馈，手机被他人远程恶意锁定导致无法正常使用手机。针对此事件，魅族公司的监控数据显示，在这段时间内，在某固定 IP 地址下，有人使用已经匹配好的用户名和密码组合频繁在 Flyme 系统中尝试登录。经技术人员确认，这是一次恶意的“撞库”行为，即违法分子通过收集互联网中已泄露的用户和密码信息，尝试登录系统以达到盗号目的。

以上案例共同的关键词就是“撞库”。因为很多用户在不同网站使用的是相同的账号和密码，黑客就通过互联网收集已泄露的用户和密码信息，生成对应的字典表，尝试批量登录其他网站后，得到一系列可以登录的用户，从而窃取他人的钱财或者对他人人身进行威胁。

一桩又一桩的“撞库”事件在提醒网络用户：不要在安全级别较低的普通网站使用与个人邮箱、金融支付等相同的账号密码体系，不同网站的账号应该使用不同的密码加密，这样就避免了“撞库”。

资料来源：根据腾讯网资料改编。

案例分析

1. 解释“撞库”事件是如何发生的？
2. 如何避免“撞库”事件的发生？

一、与数字加密技术相关的概念

数字加密技术是一种主动的信息安全防范技术，其原理是利用一定的加密算法，将信息和数据变换成一种复杂错乱、不可理解的密文，在网络中传送或在数据库中存储，由合法用户再将密文还原成原文，从而保障数据的安全性。与数字加密技术有关的概念有以下四种。

（1）明文和密文。为了将信息安全地通过网络发送给接收方，发送时需要对信息进行某种变换，使得即使攻击者得到了变换后的信息，也不知道发送的消息内容。要发送的消息称为明文，经过某种变换后得到的消息称为密文。

（2）加密和解密。将明文变换成密文的过程称为加密。接收方接收到密文后，为了读懂信息，需要将密文变换成明文，这个过程称为解密。

（3）算法和密钥。加密和解密过程依靠两个元素，缺一不可，这就是算法和密钥。算法是加密或解密时所采用的一组规则。密钥是加密和解密过程中使用的一串数字。

（4）密钥长度。密钥长度是指密钥的位数。那么如何使加密系统牢固，让黑客难以攻破呢？这时我们就要使用长密钥。在实际加密过程中，一般来说，加密算法是不变的，且存在的加密算法也是屈指可数的，但密钥是可以变化的。也就是说，加密技术的关键是密钥。

按照加密密钥和解密密钥是否相同，可把现有的加密技术分为两类，即对称密钥加密技术和非对称密钥加密技术。

二、数字加密技术体系

（一）对称密钥加密技术

对称密钥加密技术是指信息的发送方和接收方采用相同的密钥进行加密与解密，这个密钥称为通用密钥或专用密钥。对称密钥加密过程，如图 3-1 所示。

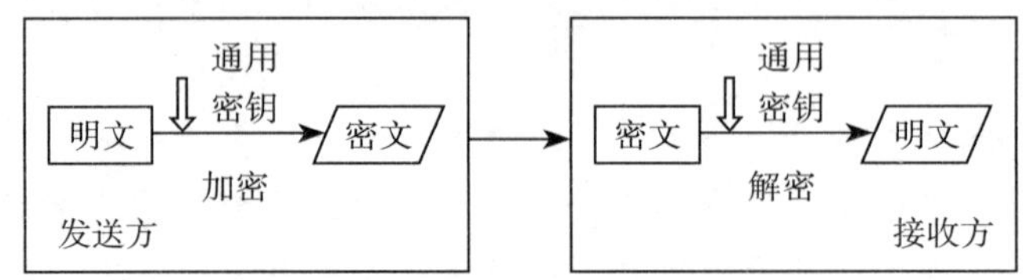

图 3-1　对称密钥加密过程示意图

对称密钥加密技术的优点是加密、解密速度快，适合于对大量数据进行加密，能够保证数据的机密性。缺点是密钥使用一段时间后就要更换，而且在密钥传递过程中要保证不能泄密。另外，由于交易对象较多，因此使用相同的密钥就没有安全意义，而使用不同的密钥则密钥量太大，难于管理。为了弥补对称密钥加密技术的不足，非对称密钥加密技术出现了。

（二）非对称密钥加密技术

非对称密钥加密技术是指信息的发送方和接收方采用不同的密钥进行加密与解密。非对称密钥加密过程如图 3-2 所示。在这种加密体制中，每个网络上的用户都有一对唯一对应的密钥，即公开密钥和私有密钥，简称公钥和私钥。公钥是公开的，可以公布在网络上，也可以公开传送给需要的人；私钥只有本人知道，是保密的。在加密应用时，某个用户让给他发密件的人用这个公钥加密原文后发给他，一旦加密后，该用户只有用自己的私钥才能解密。因此，这种加密技术也称为公钥加密技术。

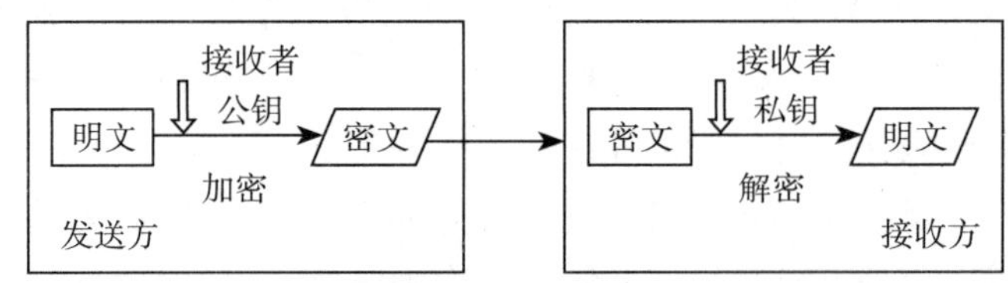

图 3-2　非对称密钥加密过程示意图

非对称密钥加密技术有以下的优点。

（1）密钥分配简单。用户可以把用于加密的公钥，公开地分发给任何需要的其他用户。

（2）密钥保存量少。公钥加密系统允许用户事先把公钥发表或刊登出来，从而解决了密钥的发布和管理问题。

（3）利用公钥加密技术可以实现数字签名，并确认对方身份。

非对称密钥加密技术的缺点有以下几个方面。

（1）加密和解密花费时间长、速度慢，大约只有对称密钥加密技术的 1/1 000 ～

1/100，它不适合对文件加密而只适用于对少量数据进行加密。

（2）对选择明文攻击很脆弱。因为公开密钥已知，如果明文有 n 种可能性，那么攻击者可以加密所有 n 种可能的明文，看哪一个结果与密文相同，从而就可以知道明文。

（三）数字信封

数字信封是一种综合利用了对称密钥加密技术和非对称密钥加密技术两者优点进行信息传输的技术。它既有对称密钥加密技术速度快、安全性好的优点，又有非对称密钥加密技术密钥管理方便的优点。

信息的发送方使用通用密钥对信息进行加密，生成密文，再用接收方的公钥来加密通用密钥，生成数字信封（加密后的通用密钥），然后将密文和数字信封一起通过互联网发送给接收方。接收方用私钥对数字信封解密后得到通用密钥，再用通用密钥解密密文得到明文。数字信封过程，如图 3-3 所示。

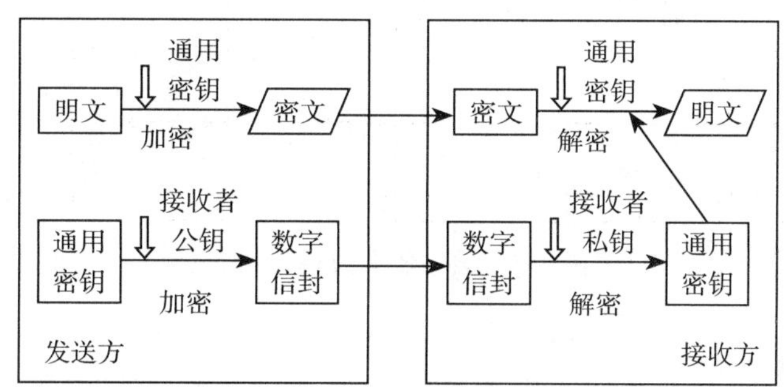

图 3-3　数字信封示意图

三、数字摘要

数字摘要（Message Digest）也称安全 Hash（散列）编码法或 MDS。该编码法采用单向（所谓单向是指不能被解密）散列函数将需要加密的明文“摘要”成一串 128bit 的密文，这一串密文也称数字指纹，它有固定的长度，且用不同的明文摘要成密文，其结果是不同的，而同样的明文其摘要必定一致。这样，这串摘要便可成为验证明文是不是“真身”的“指纹”了。发送方将消息和摘要一同发送，接收方收到后，同样用单向散列函数对收到的消息产生一个摘要，并与收到的摘要对比以判断信息的完整性，其过程如图 3-4 所示。数字摘要的应用使交易信息的完整性（不可修改性）得以保证。

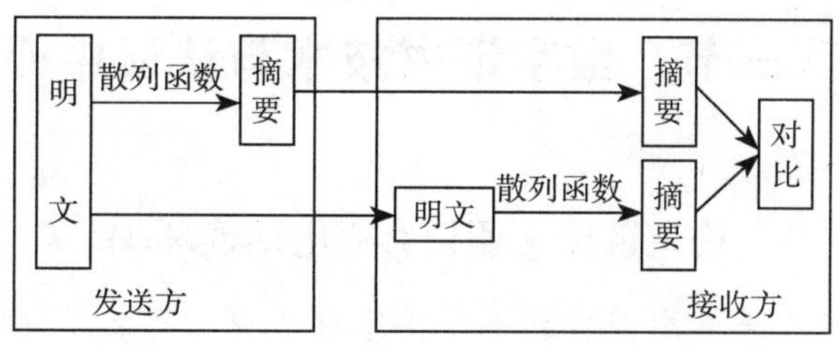

图 3-4　数字摘要过程示意图

四、数字签名

在书面文件上签名有两个作用：一是证明文件是由签名者发送并认可的，不可抵赖，负有法律责任；二是保证文件的真实性，不是伪造的，非经签名者许可不许修改。在电子商务活动中数字签名可以实现以上功能。

数字签名是非对称加密和数字摘要技术的综合应用。发送方运用单向散列函数对明文进行加密得到数字摘要，并用自己的私有密钥对数字摘要进行加密，形成数字签名，然后，将这个数字签名和明文一起发送给接收方。接收方首先用发送方的公开密钥对收到的数字签名进行解密，得到数字摘要，再用单向散列函数对收到的明文产生一个数字摘要，与解密得到的数字摘要进行对比，如果两个摘要相同，则收到的信息是完整的，同时发送方不能否认自己已发送了信息，其过程如图 3-5 所示。

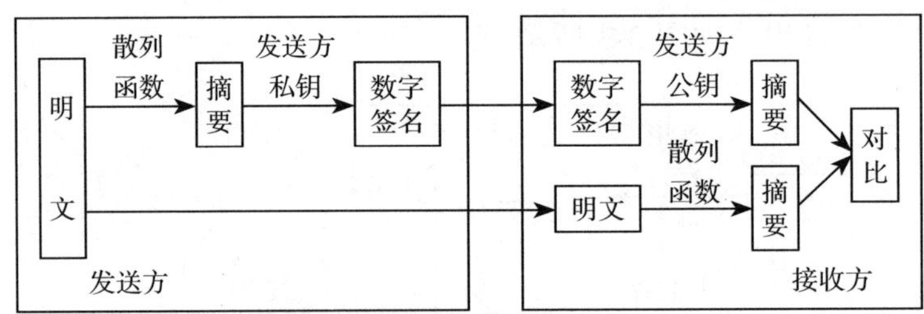

图 3-5　数字签名过程示意图

五、数字时间戳

在电子交易中，交易文件的日期和时间信息需要采取安全措施，而数字时间戳服务（Digital Time-stamp，DTS）专用于提供电子文件发表时间的安全保护。DTS 由专门机构提供，所谓的时间戳是一个经加密后形成的凭证文档，共包括三个部分：需要加时间戳的文件摘要、DTS 收到文件的日期和时间以及 DTS 的数字签名。

六、数字证书

数字证书（Digital Certificate）又称为数字凭证，是用电子手段来证实一个用户的身份和对网络资源访问的权限。在网上的电子交易中，双方需要出示各自的数字凭证，并用它来进行交易操作（详细内容见下节）。

第三节　数字证书技术与认证中心

案例 3-3

钓鱼链接＋假冒客服电话连环骗

2013 年 3 月，小陈用搜索引擎找到一个卖家充话费。卖家因为要改价格，就在 QQ 上给小陈发了一个链接网址，要求小陈支付。小陈打开链接网址，在输入自己的支付宝账户名、登录密码、支付密码后，看到一个“系统升级，无法支付”的对话框弹出来。这时小陈的手机收到一则短信，是支付宝的确认信息，内容是“您申请取消数字证书，校验码：123456”。小陈正在疑惑时，他的电话响了。小陈接起电话，听到对方自称是“客服小二”，说账户存在安全问题，需要小陈报出刚刚接收到的手机校验码。小陈信以为真，就把校验码报给了对方。随后，小陈再充值时就发现自己账户里的余额已全没了。

在工作人员的帮助下，小陈才知道自己上当受骗了。原来，卖家发给小陈的链接网址其实就是事先准备好的钓鱼网站。小陈在钓鱼网站输入支付信息后，他的支付账号、密码就被盗了。但由于小陈申请并使用了支付宝安全产品——数字证书，所以骗子暂时无法盗走支付宝账户里的资金。为了骗取小陈的校验码，对方继而谎称小陈的账户存在安全问题，要小陈报出他刚才接收到的手机校验码。校验码正是安全产品数字证书在保护账户时发送到用户手机上的6位数字，它如同密码一样用来保护账户的安全。小陈将校验码泄露给对方，对方就可以转走小陈账户里的资金，所以小陈才遭受了损失。

资料来源：根据搜狐网资料改编。

案例分析

1. 结合小陈上当受骗的经历谈谈如何防止类似的骗术。
2. 结合案例说明数字证书是如何保护支付宝账户安全的。

一、数字证书技术

（一）数字证书的概念

数字证书（Digital Certificate）又称为数字标识，是一个经证书授权中心（Certificate Authority，CA）数字签名包含公开密钥拥有者信息以及公开密钥的文件。它提供了一种在互联网上身份验证的方式，是用来标志和证明网络通信双方身份的数字信息文件，与司机驾照或日常生活中的身份证相似。通俗地讲，数字证书就是个人或单位在互联网上的身份证。在网上进行电子商务活动时，交易双方需要使用数字证书来表明自己的身份，并使用数字证书来进行有关交易操作。

数字证书能够保证信息除发送方和接受方外不被其他人窃取，信息在传输过程中不被篡改，接收方能够通过数字证书来确认发送方的身份，发送方对于自己发送的信息不能抵赖。

目前数字证书已开始广泛地被应用到各个商务领域之中，不仅网上招标投标、网上签约、网上订购、安全网上公文传送、网上缴费、网上交税、网上炒股、网上购物和网上报关需要数字证书，而且数字证书可以用来给电子邮件及其办公文档签名，达到商务文件无法被别人篡改的目的。

（二）数字证书的原理

数字证书采用公钥体制，即利用一对互相匹配的密钥进行加密、解密。每个用户自己设定一把特定的仅为本人所知的私有密钥（私钥），用它进行解密和签名；同时设定一把公共密钥（公钥）并由本人公开，为一组用户所共享，用于加密和验证签名。当发送一份保密文件时，发送方使用接收方的公钥对数据加密，而接收方则使用自己的私钥解密，这样信息就可以安全无误地到达目的地了。通过数字手段保证加密过程是一个不可逆过程，即只有用私有密钥才能解密。

（三）数字证书的类型

1. 按照使用对象划分

按照使用对象划分，数字证书可以分为个人数字证书、企业（服务器）数字证书和软件（开发者）数字证书。

（1）个人数字证书，一般安装在客户浏览器上，以帮助个人在网上进行安全交易操作。

（2）企业（服务器）数字证书，为网上的某个 Web 服务器提供凭证。

（3）软件（开发者）数字证书，为软件提供数字凭证，证明该软件的合法性。

2. 按照技术划分

按照技术划分，数字证书可以分为安全套接层（Secure Socket Layer，SSL）证书和安全电子交易（Secure Electronic Transaction，SET）证书。

（1）SSL 证书。SSL 证书服务于银行对企业或企业对企业的电子商务活动。

（2）SET 证书。SET 证书服务于持卡消费、网上购物。

虽然 SSL 证书和 SET 证书都是用于识别身份与数字签名的证书，但它们的信任体系完全不同，而且所符合的标准也不一样。简单地说，SSL 证书的作用是通过公开密钥证明持证人的身份，而 SET 证书的作用则是通过公开密钥证明持证人在指定银行确实拥有该信用卡账号，同时也证明了持证人的身份。

3. 按照用途划分

按照用途划分，数字证书可分为签名证书和加密证书。

（1）签名证书，主要用于对用户信息进行签名，以保证信息的不可否认性。

（2）加密证书，主要用于对用户传送的信息进行加密以保证信息的真实性和完整性。

二、认证中心

（一）认证中心的定义

认证中心即证书授权（Certificate Authority）中心，又称 CA 中心或称 CA 机构。作为电子商务交易中受信任的第三方，承担公钥体系中公钥的合法性检验的责任。CA 中心为每个使用公开密钥的用户发放一个数字证书，数字证书的作用是证明证书中列出的用户合法拥有证书中列出的公开密钥。CA 机构的数字签名使得攻击者不能伪造和篡改证书。在 SET 交易中，CA 机构不仅对持卡人、商户发放证书，还要对获款的银行、网关发放证书。它负责产生、分配并管理所有参与网上交易的个体所需的数字证书，因此是安全电子交易的核心环节。

由此可见，成立证书授权中心，是开拓和规范电子商务市场必不可少的一步。为保证用户之间在网上传递信息的安全性、真实性、可靠性、完整性和不可抵赖性，电子商务市场不仅需要对用户身份的真实性进行验证，也需要有一个具有权威性、公正性、唯一性的机构，负责向电子商务的各个主体颁发并管理符合国内、国际安全电子交易协议标准的电子商务安全证书。

（二）认证中心的职能

1. 证书的颁发

认证中心接收、验证用户数字证书的申请，将申请的内容进行备案，并根据申请的内容确定是否受理该数字证书申请。如果中心接受该证书申请，则进一步再确定给用户颁发何种类型的数字证书。新证书用认证中心的私钥签名以后，发送到目录服务器供用户下载和查询。

2. 证书的更新

认证中心定期更新所有用户的证书，或者根据用户请求来更新用户的证书，以保证中心保留最新的、有效的证书信息。

3. 证书的查询

数字证书的查询可以分为两类：其一是证书申请的查询，认证中心根据用户的查询请求返回当前用户证书申请的处理过程；其二是用户证书的查询，这类查询由目录服务器来完成，目录服务器根据用户的请求返回适当的证书。

4. 证书的作废

当用户的私钥由于泄密等原因造成用户证书需要申请作废时，用户需要向认证中心提出证书作废的请求，认证中心根据用户的情况确定是否将该证书作废。如果证书过期了，认证中心就自动作废该证书。

5. 证书的归档

证书具有一定的有效期，证书过期了认证中心就要将其作废，但是不能将其简单地扔掉，因为用户可能需要验证以前的某个交易过程中产生的数字签名，这个时候用户就需要查询作废的数字证书。基于此考虑，认证中心还应具备管理作废证书和作废私钥的功能。

（三）认证机构体系结构

认证机构有着严格的层次结构，按照 SET 协议的要求，认证机构的体系结构如图 3-6 所示。

根 CA 是离线的，并且是被严格保护的，仅在发布新的品牌 CA 的时候才被访问；品牌 CA 发布地域政策 CA、商户 CA、持卡人 CA 和支付网关 CA 的证书，并负责维护及分发其签字的证书和电子商务文字建议书；地域政策 CA 是考虑到地域或者政策因素而设置的，因而是可选的；持卡人 CA 负责生成并向持卡人分发证书；商户 CA 负责发放商户证书；支付网关 CA 为支付网关发放证书。

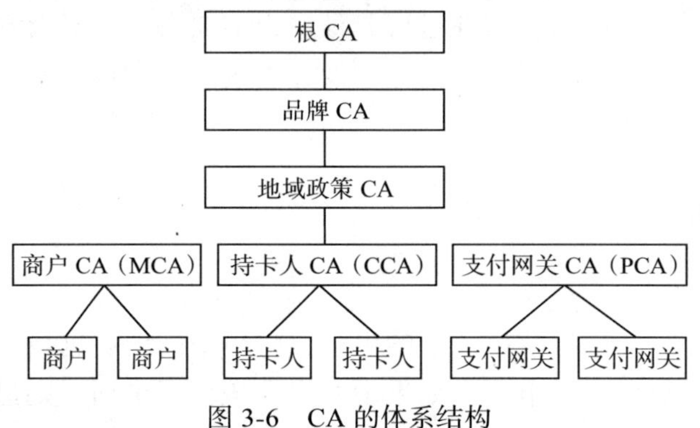

图 3-6　CA 的体系结构

如果甲和乙要通信，那么甲首先必须从 CA 中心的数据库中取得乙的证书，然后对它进行验证，如果甲和乙使用相同的 CA，甲只需要验证乙证书上 CA 的签名；如果他们使用的不是相同的 CA，甲必须从 CA 的树形结构底部开始，从底层 CA 往上层 CA 查询，一直追踪到同一个 CA 为止，找出共同信任的 CA。

第四节　网络安全技术

案例 3-4

勒索病毒的防范

勒索病毒是一种新型电脑病毒，主要以邮件、程序木马、网页挂马的形式进行传播。勒索病毒是全球最严峻的网络安全威胁之一。该病毒性质恶劣、危害极大，一旦感染将给用户带来无法估量的损失。这种病毒利用各种加密算法对文件进行加密，被感染者一般无法解密，必须拿到解密的私钥才有可能破解。勒索病毒自产生以来攻击次数逐年呈现上升趋势，给企业和个人都带来了严重的安全威胁。

2019 年 7 月，南非约翰内斯堡的 CityPower 电力公司遭受勒索病毒攻击，该公司的应用程序、数据库、WebApps 以及官方网站都被黑客进行了恶意加密，导致对外服务基本陷入瘫痪，预付费用户无法买电、充值、办理发票或访问 CityPower 的官方网站，更有一部分用户要忍受断电近 12 个小时，生活十分不便。

2019 年 11 月黑客攻击了美国 110 家养老院的计算机，使用了 Ryuk 勒索（Ryuk 是一种特洛伊病毒，它通过加密计算机网络上的文件要求支付比特币赎金才会解密这些文件）软件将虚拟医疗服务提供商公司（该公司在美国 45 个州维护着大约 80 000 台计算机和服务器，为医疗设施提供支持）客户的所有数据进行加密，并要求支付价值 1 400 万美元的比特币才会解锁系统。本次攻击影响了该公司几乎所有的核心产品，包括互联网接入、账单、电话、电子邮件和客户记录，导致医疗人员无法更新药品和下订单，无法及时补给药品。

2020年勒索病毒从针对个人转变为专门针对企业，这意味着更高昂的赎金，以及更大的名誉损失。2020年平均每个月都会发生一起严重的勒索病毒攻击事件，其造成的经济损失与2019年相比上升50%左右，全球总损失高达400亿美元。病毒软件呈现多平台攻击的趋势，不光Windows平台勒索病毒呈现井喷趋势，Linux平台的勒索病毒的数量也逐步呈现指数级增长。病毒攻击方式产生了很大的变化，新增的勒索样本大多数采用无文件攻击技术。据不完全统计，2020年成功入侵的攻击事件中，80%都是通过无文件攻击完成，传统的防病毒工具对此攻击收效甚微。勒索病毒对地域与行业的影响范围越来越广，包括服务业、制造业、餐饮和零售业、教育行业、金融和贸易行业、医疗、互联网、政府、能源行业、建筑业等领域。

随着全球数字化的不断加速，越来越多企业将业务迁移到云端。由于企业用户数据价值较高，但很多企业对于云上网络安全态势并没有足够的准备。在未来一段时间，企业用户将是勒索病毒的重要目标之一。面对层出不穷的勒索病毒，无论是企业还是个人用户，都应该重视网络安全问题，做好事前防范，避免勒索病毒给工作生产和生活造成严重影响或重大损失。

资料来源：根据搜狐网、新浪网、集贤网、软件资讯网等资料改编。

案例分析

1. 试分析勒索病毒频繁发生的原因是什么。
2. 结合案例说明企业该如何防范勒索病毒。

一、防火墙技术

（一）防火墙的概念

防火墙是一个由软件和硬件设备组合而成、在内部网和互联网之间的界面上构筑的一道保护屏障，是用于加强内部网络和公共网络之间安全防范的系统。防火墙结构如图3-7所示，它具有限制外界用户对内部网络访问及管理内部用户访问外界网络的权限。防火墙可以确定哪些内部服务允许外部访问，哪些外部服务可由内部人员访问，即它能控制网络内外的信息交流，提供接入控制和审查跟踪，是一种访问控制机制。

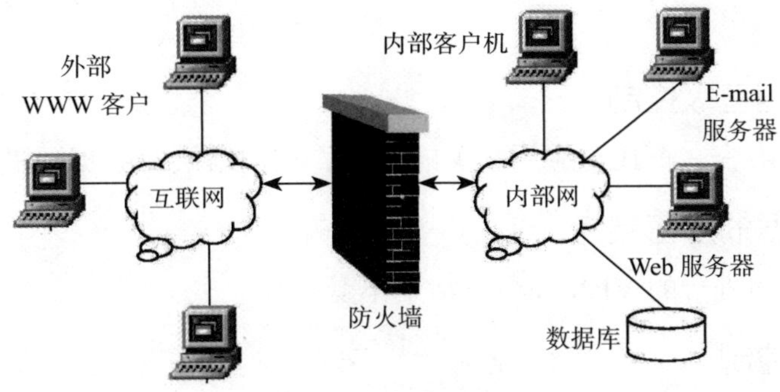

图3-7　防火墙结构

（二）防火墙的安全控制策略

防火墙是目前保证网络安全的必备安全手段，它在网络之间执行访问控制策略。防火墙可以被认为是这样一对机制：一种机制是拦阻传输流通过，另一种机制是允许传输流通过。实际应用时选择两者之一。

防火墙的安全控制策略如下。

（1）凡是没有被列为允许访问的服务都是被禁止的。这意味着需要确定所有可以被提供的服务以及它们的安全特性，开放这些服务，并将所有其他未列入的服务排斥在外，禁止访问。

（2）凡是没有被列为禁止访问的服务都是被允许的。这意味着需要确定那些被禁止的、不安全的服务，以禁止它们被访问，而其他服务则被认为是安全的，允许被访问。

（三）防火墙的功能

1. 过滤不安全服务

防火墙只允许特定的服务通过，其余信息流一概不许通过，从而保护网络免受除特定服务攻击之外的任何攻击，确保电子商务系统平台不受到入侵。

2. 过滤非法用户和访问特殊站点

防火墙先允许所有的用户和站点对内部网络的访问，然后网络管理员按照 IP 地址对未授权的用户或不信任的站点进行逐项屏蔽，确保所有电子商务应用都是授权访问，保护关键部门不受到来自内部或外部的攻击。

3. 设置安全和审计检查

防火墙可以发挥一种有效的“电话监听”（Phone Tap）和跟踪工具的作用；提供一种重要的记录和审计功能；可以向管理员提供一些情况概要，如有关通过防火墙的传输流的类型和数量以及有多少次试图闯入防火墙的企图等信息，从而对所有商业事务处理进行审计，以便安全管理和责任追究。

4. 数据源控制

使用过滤模块来检查数据包的来源和目的地址，根据管理员的规定来决定接收还是拒绝该数据包。

5. 应用与数据包级控制

扫描数据包的内容，查找与应用相关的数据，在网络层对数据包进行模式检查。

6. 对私有数据的加密支持

保证通过互联网进行的 VPN 和商务活动不受损坏。

7. 使用授权控制

客户端认证只允许指定的用户访问内部网络或选择服务。

8. 反欺骗

欺骗是从外部获取网络访问权的常用手段，它使数据包好似来自网络内部，电子商务系统的防火墙应监视这样的数据包并扔掉它们。

防火墙系统的实现技术主要分为分组过滤（Packet Filter）和代理服务（Proxy Service）两种。防火墙的类型多种多样，应用较多的有包过滤型防火墙、双宿网关防火墙、屏蔽主机防火墙、屏蔽子网防火墙等。

（四）防火墙的局限性

防火墙的主要功能是控制对内部网络的非法访问，通过监视、限制、更改通过网络的数据流，一方面尽可能屏蔽内部网的拓扑结构，另一方面对内屏蔽外部危险站点，以防范外对内的非法访问。然而，网络防火墙存在以下明显的局限性。

（1）不能防止绕过防火墙的攻击。防火墙是一种被动的防御手段，只能守株待兔式地对通过它的数据包进行检查，如果该数据由于某种原因没有通过防火墙，则防火墙就不会采取任何的措施。

（2）不能阻止来自内部的袭击。来自内部的攻击者是从网络内部发起攻击的，它们的攻击行为不通过防火墙，且防火墙只是隔离内部网与互联网上的主机，监控内部网和互联网之间的通信，而对内部网上的情况不做检查，因此对于内部的攻击是无能为力的。

（3）不能防止病毒的入侵。防火墙本身并不具备查杀病毒的功能，即使集成了第三方的防病毒软件，也没有一种软件可以查杀所有的病毒。

因此，在互联网入口处部署网络防火墙系统是不能确保完全安全的。单纯的网络防火墙策略已经无法满足对安全高度敏感部门的需要，网络的防卫必须采用一种纵深的、多样化的手段。

二、VPN 技术

（一）VPN 技术的定义

随着网络的迅速普及，网络安全问题日益增加。当员工的办公场所分布在不同的地域时，公司迫切需要建立企业的“专用网络”来传递内部信息。因此，构建安全的连接通道显得非常重要。

VPN（Virtual Private Network）是指虚拟专用网络，被定义为通过一个公用网络（通常是互联网）建立一个临时的、安全的连接，是一条穿过公用网络的安全、稳定的隧道。虚拟专用网络是对企业内部网的扩展，它可以帮助异地用户、企业分支机构、商业伙伴及供应商同企业的内部网建立可信的安全连接，并保证数据的安全传输，如图 3-8 所示。

国际互联网工程任务组（Internet Engineering Task Force，IETF）对基于 IP 的 VPN

解释为：通过专门的隧道加密技术在公共数据网络上仿真一条点到点的专线技术。所谓虚拟，是指用户不再需要拥有实际的长途数据线路，而是使用互联网公众数据网络的长途数据线路。所谓专用网络，是指用户可以为自己制定一个最符合自己需求的网络。现在的 VPN 是在互联网上临时建立的安全专用虚拟网络，用户节省了租用专线的费用，同时除了购买 VPN 设备或 VPN 软件产品外，企业所需付出的仅仅是向企业所在地的网络服务提供商支付一定的上网费用，如此对于联系不同地区的客户也节省了长途电话费，这就是 VPN 价格低廉的原因。说得通俗一点，VPN 就如机场在众多的主干航路上辟出的一条临时专用班机航线来供贵宾直达目的地。

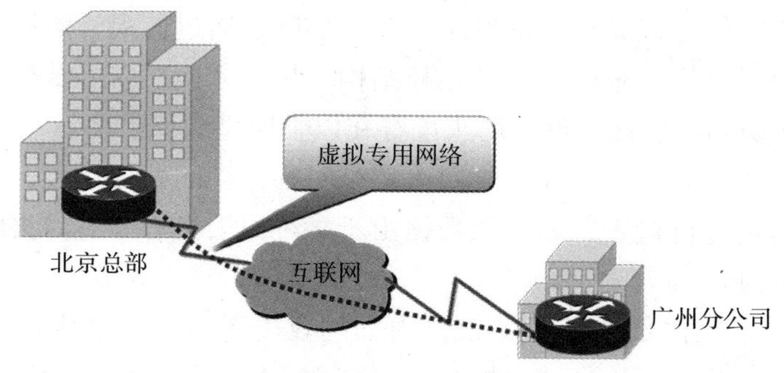

图 3-8　虚拟专用网络

适合采用 VPN 进行网络连接的用户主要有三类：第一类是网络接入位置多，如公司总部和分部之间相互通信、远程教育用户访问内部资源；第二类是用户 / 站点分布范围广，彼此之间的距离远，需要长途电信，甚至国际长途手段联系的用户，如一些跨国公司；第三类是对线路保密性和可用性有一定要求的用户，如大企业用户和政府网。

（二）VPN 技术的特点

1. 安全保障

在安全性方面，由于 VPN 直接构建在公用网上，因此实现起来简单、方便、灵活，但同时其安全问题也更为突出。企业必须确保其 VPN 上传送的数据不被攻击者窥视和篡改，并且要防止非法用户对网络资源或私有信息的访问。企业扩展虚拟网将企业网扩展到合作伙伴和客户，对安全性提出了更高的要求。

2. 服务质量保证

VPN 网应当为企业数据提供不同等级的服务质量保证。不同的用户和业务对服务质量保证的要求差别较大。如移动办公用户，提供广泛的连接和覆盖性是保证 VPN 服务的一个主要因素；对于拥有众多分支机构的专线 VPN 网络，交互式的内部企业网应用则要求网络能提供良好的稳定性；其他应用（如视频等）则对网络提出了更明确的要求，如网络时延及误码率等。所有以上网络应用均要求网络根据需要提供不同等级的服务质量。

3. 可扩充性和灵活性

VPN 必须能够支持通过内部网络和外部网络的任何类型的数据流，方便增加新的节点，支持多种类型的传输媒介，可以满足同时传输语音、图像和数据等新应用对高质量传输以及带宽增加的需求。

4. 可管理性

从用户角度和运营商角度来看，VPN 应该方便使用者进行管理、维护。在管理方面，VPN 要求企业将其网络管理功能从局域网无缝地延伸到公用网，甚至是客户和合作伙伴。虽然一些次要的网络管理任务可以交给服务提供商去完成，但企业自己仍需要完成许多网络管理任务。所以，一个完善的 VPN 管理系统是必不可少的。VPN 管理的目标为：减小网络风险，具有高扩展性、经济性、高可靠性。事实上，VPN 管理主要包括安全管理、设备管理、配置管理、访问控制列表管理、服务质量保证管理等内容。

（三）VPN 技术的分类

按照业务构成不同，VPN 技术可分为三类：远程访问虚拟网（Access VPN）、企业内部虚拟网（Intranet VPN）和企业扩展虚拟网（Extranet VPN）。这三种类型的 VPN 分别与传统的远程访问网络、企业内部网以及企业网和相关合作伙伴的网络所构成的外部扩展（Extranet）相对应，它们之间的关系如图 3-9 所示。

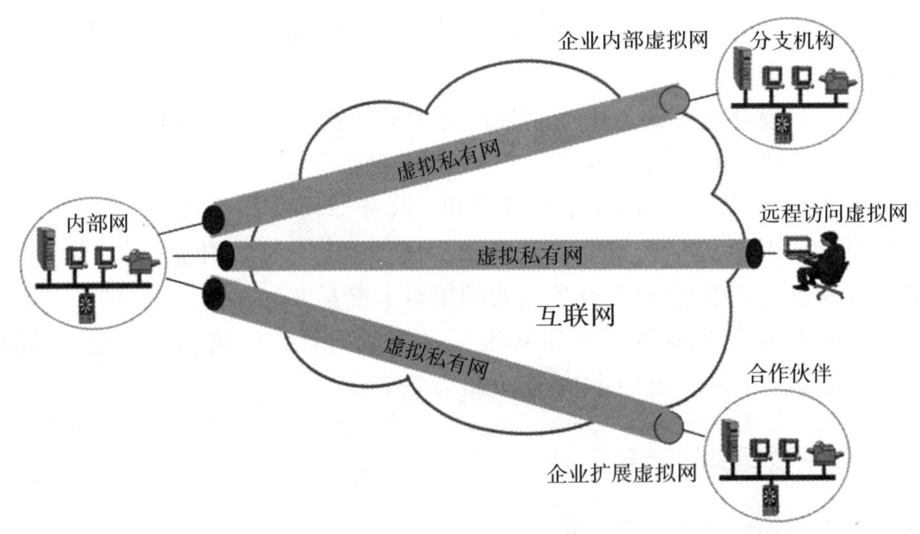

图 3-9　VPN 技术分类

远程访问虚拟网（Access VPN）通过一个拥有与专用网络相同策略的共享基础设施，提供对企业内部网或外部网的远程访问，能使用户随时、随地以其所需的方式访问企业资源，适用于公司流动人员移动或远程办公的情况。

企业内部虚拟网（Intranet VPN）通过一个使用专用连接的共享基础设施，连接企业总部、远程办事处和分支机构，适用于企业在全国乃至世界范围内的各办事机构、分公司、研究所等之间的信息沟通。

企业扩展虚拟网（Extranet VPN）通过一个使用专用连接的共享基础设施，将客户、供应商、合作伙伴或兴趣群体连接到企业内部网，向客户、合作伙伴提供有效的信息服务。

第五节 电子商务安全支付协议

网络安全是实现电子商务的基础，而一个通用性强、安全可靠的网络协议则是实现电子商务安全交易的关键技术之一，它会对电子商务的整体性能产生很大的影响。目前国际上通用的电子商务安全支付协议主要有两个，即SSL协议和SET协议。

一、SSL协议

（一）SSL协议概述

安全套接层（Secure Socket Layer，SSL）协议是由网景公司推出的一种安全通信协议，它能够对信用卡和个人信息提供较强的保护。SSL协议是对计算机之间整个会话进行加密的协议。SSL协议采用了公开密钥和私有密钥两种加密方法。

SSL协议已成为事实上的工业标准，独立于应用层，可加载任何高层应用协议，适合为各类C/S模式产品提供安全传输服务。它提供一种加密的握手会话，使客户端和服务器端实现身份验证、协商加密算法和压缩算法、交换密钥信息。这种握手会话通过数字签名与数字证书来实现客户和服务器双方的身份验证，采用DES、MD5等加密技术实现数据的保密性和完整性。在用数字证书对双方的身份验证后，双方就可以用密钥进行安全会话了。

SSL协议是目前在电子商务中应用最广泛的安全协议之一。SSL协议之所以能够被广泛应用，主要有两个方面的原因。

（1）凡是构建在TCP/IP协议上的客户机/服务器模式需要进行安全通信时，都可以使用SSL协议。其他的一些安全协议，如S-HTTP协议仅适用于安全的超文本传输协议，SET协议则仅适宜B2C电子商务模式的银行卡交易。

（2）SSL被大部分Web浏览器和Web服务器所内置，比较容易应用。目前人们使用的是SSL协议的3.0版，该版本是在1996年发布的。

（二）SSL协议主要提供的服务

1. 用户和服务器的合法性认证

认证用户和服务器的合法性，确保数据将被发送到正确的客户机和服务器上。客户机和服务器都有各自的识别号，这些识别号由公开密钥进行编号，为了验证用户是否合法，SSL协议要求握手交换数据进行数字认证，以此来确保用户的合法性。

2. 加密数据以隐藏被传送的数据

SSL协议采用的加密技术既有对称密钥加密技术，也有公开密钥加密技术。在客户机与服务器进行数据交换之前，SSL协议交换初始握手信息，SSL协议握手信息采用了各种加密技术对其加密，以保证其机密性和数据的完整性，并且用数字证书进行鉴别，这样就可以防止非法用户进行破译。

3. 保护数据的完整性

SSL 协议采用散列函数和机密共享的方法来提供信息的完整性服务，建立客户机与服务器之间的安全通道，使所有经过安全套接层协议处理的业务在传输过程中能全部完整、准确无误地到达目的地。

二、SET 协议

（一）SET 协议概述

1996 年 2 月 1 日，万事达（MasterCard）与维萨（Visa）两大国际信用卡组织同一些计算机供应商共同开发了安全电子交易（Secure Electronic Transaction，SET）协议，简称 SET 协议，并于 1997 年 5 月 31 日正式推出 1.0 版。SET 协议主要是为了解决用户、商家和银行之间通过信用卡支付的交易而设计的，以保证支付信息的机密、支付过程的完整、商户及持卡人的合法身份以及可操作性。SET 协议中的核心技术主要有公开密钥加密、电子数字签名、电子信封、电子安全证书等。

（二）SET 协议支付系统的组成

SET 协议的参与者主要包括持卡人、商家、发卡行、收单行、支付网关、品牌和认证中心。

（1）持卡人。在电子商务环境中，持卡人通过计算机和网络访问电子商务网站，购买商品。持卡人通常要安装一套基于 SET 标准的软件（通常嵌入在浏览器中）并使用由发卡行发行的支付卡，而且需要从认证中心获取自己的数字签名证书。

（2）商家。在电子商务环境中，商家通过自己的网站向客户提供商品和服务。同时，商家必须与相关的收单行达成协议，保证可以接受信用卡的支付，而且商家也需要从认证中心获取相应的数字证书。

（3）发卡行。发卡行为持卡人建立一个账户，发放支付卡。发卡行必须保证对授权的交易进行付款。

（4）收单行。收单行为商家建立一个账户，且处理付款授权和付款结算。

（5）支付网关。支付网关是指收单行或指定的第三方运行的一套设备，它负责处理支付卡的授权和支付。

（6）品牌。通常金融机构需要建立不同的支付卡品牌，每种支付卡品牌都有不同的规则，支付卡品牌将确定发卡行、收单行和商家之间的关系。

（7）认证中心。认证中心负责颁发和撤销持卡人、商家和支付网关的数字证书。在实际的系统中，发卡行、收单行和支付网关可以由同一家银行担当，这些需要根据具体情况而定。

SET 协议交易流程（见图 3-10）可分为三个阶段，即购买请求阶段、支付授权阶段和取得支付阶段。在这三个阶段之前，持卡人、商家和支付网关必须完成在 CA 中心的注册与证书申领工作。

（1）购买请求阶段。持卡人到商户的网站上完成了浏览、选定商品后，持卡人发送支付信息和订单信息给商家进行支付。

（2）支付授权阶段。商家将客户支付信息由支付网关交给收单行，向银行请求交易授权和授权回复；收单行解密相关支付信息，并向发卡行进行验证，确定无误后向商家返回成功信息；商家向持卡人提供商品或服务。

（3）取得支付阶段。收单行和发卡行之间完成资金清算，整个交易结束。

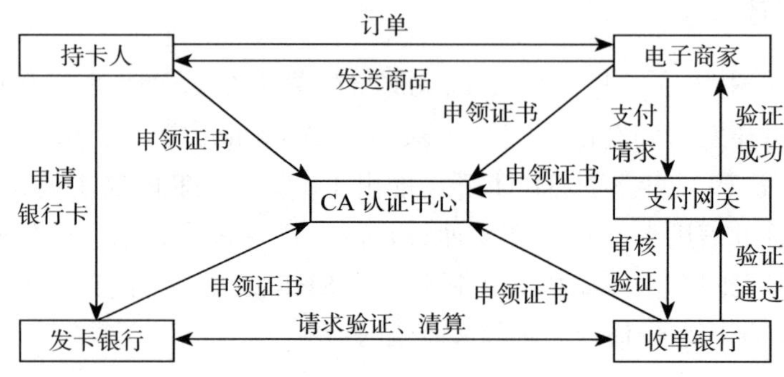

图 3-10 SET 协议交易流程

（三）SET 安全协议提供的服务

1. 保证客户交易信息的保密性和完整性

SET 协议采用了双重签名技术对 SET 交易过程中消费者的支付信息和订单信息分别签名，使得商家看不到支付信息，只能接收用户的订单信息；金融机构看不到交易内容，只能接收到用户支付信息和账户信息，从而充分保证了消费者账户和定购信息的安全性。

2. 确保商家和客户交易行为的不可否认性

SET 协议的重点就是确保商家和客户的身份认证与交易行为的不可否认性，采用的核心技术包括 X.509 电子证书标准、数字签名、报文摘要、双重签名等技术。

3. 确保商家和客户的合法性

SET 协议使用数字证书对交易各方的合法性进行验证。数字证书的验证可以确保交易中的商家和客户都是合法的、可信赖的。

思考题

1. 如何看待电子商务安全？
2. 电子商务安全的要求有哪些？
3. 对称加密技术的优缺点有哪些？
4. 非对称加密技术的优缺点有哪些？
5. 什么是数字证书？数字证书的作用是什么？

6. 电子商务安全协议有哪些？
7. SET 协议实现了电子商务安全的哪些要求？

案例分析题

男子手机录入他人指纹，钱款被盗

2017 年 4 月，温州警方破获了一起与“指纹支付”有关的手机钱包被盗案件。男青年小张通过社交软件结识了一名女网友小夏。平常小夏都会用小张的手机玩游戏，当小夏以经常玩游戏需要解锁手机的名义提出将自己的指纹录入小张的手机中时，小张同意了。同时，小张担心小夏乱按手机，就把支付宝里指纹支付功能给关掉了。

一天，小夏提出自己的手机话费不足，要求小张给她充 10 元的话费。在征得同意后，小夏用小张的手机打开了支付宝，输入了自己的电话号码，到了支付环节时，界面要求输入支付密码。小张当时并没有把密码报给小夏，而是自己输入的密码。输完密码后，小夏接过手机继续玩了一会儿游戏，随后两人各自回家。小张在回家的路上，发现自己银行卡内的 6 000 元不翼而飞了，随后报警。

经过侦查，6 000 元被转入小夏的账户。原来小张虽然关闭了指纹支付功能，但在支付宝内每次输入密码完成支付后，都会弹出小窗口询问，是否再次开通指纹支付。小夏从小张手中接过手机时恰好看到了这个对话框，就点了开通，然后就装作玩游戏，并趁小张不注意时，重新打开了他的支付宝，以转账的方式将 6 000 元转入自己的支付宝账号，然后把支付宝里的转账记录删除。

资料来源：根据新浪网资料改编。

案例分析

1. 什么原因导致小张支付宝账户中的钱被盗？
2. 利用手机支付时，用户如何操作才能确保账户安全？

实践应用题

1. 登录支付宝和微信，了解微信支付和支付宝支付的区别。
2. 上网搜集 CA 中心相关数据，包括其域名和颁发证书类型，请任选一个 CA 机构，申请和获得免费数字证书，并写出步骤。
3. 任选一个防火墙软件，安装并学会防火墙的基本设置。

第四章 CHAPTER 4

网上支付

知识目标

- 理解网上支付的概念
- 了解各种网上支付工具及特点
- 理解第三方支付的概念及其特点
- 掌握移动支付的概念与特点

能力标准

- 熟悉开通网络银行的流程
- 能够利用网络银行进行网上支付
- 熟练应用第三方支付工具进行网上支付

第一节 网上支付概述

案例 4-1

第三方支付引发传统金融业加速变革

第三方支付作为目前主要的网络交易手段和信用中介，最重要的作用是在网上商家和银行之间建立起连接，实现第三方监管和技术保障。基于安全性考虑，许多网络消费者进入支付页面后，面对快捷支付、银行在线支付以及支付宝、财付通等第三方支付，更倾向于选择第三方支付。

第三方支付的快速发展源于多方面因素：一是传统企业电子商务进程加速，大型电商平台大规模促销成为常态；二是保险、基金、跨境支付等新兴支付应用市场不断被开拓；三是支付企业开始多种业务的布局；四是银行金融机构开始对移动支付市场进行开发和培育；五是微信支付、二维码支付等移动支付方式已经成为消费者线下支付的首要支付方式。

支付便捷、信息透明、交易成本低，这些因素促使2016年第三方支付交易额年增速达86%。第三方支付的迅猛发展，让传统金融机构感受到了前所未有的竞争压力。过去，第三方机构扮演的网上支付中介角色与银行的利益冲突并不大。如今，第三方支付企业通过各类产品与业务的创新，替代了大量银行的支付结算中间业务。比如，由第三方支付企业提供的收付款、转账汇款、机票与火车票代购、电费与保险代缴、手机话费交纳等结算和支付服务，已对商业银行形成了明显的替代效应，商业银行的支付中介功能正在加速弱化。与此同时，随着民间金融的活跃和规范发展，第三方支付企业开始介入小额信贷以及理财产品等银行传统领域，例如阿里小微信贷和余额宝。随着第三方支付行业的不断渗透，商业银行将越来越难以获取客户的支付信息和信用信息，在一些业务领域里可能会出现客户流失和业务萎缩的情况。

面对竞争与挑战，近年来国内各家商业银行抢抓历史机遇，依靠先进的计算机网络技术积极开展金融创新，纷纷推出了覆盖网上银行、电话银行、手机银行、自助终端以及ATM、POS等多渠道的电子银行综合服务体系。手机银行是商业银行重点打造的综合金融服务平台。商业银行正聚焦手机银行等移动端，借力金融科技，引领银行业移动服务模式升级，积极谋求数字化转型和线上化经营。通过应用人工智能、生物识别技术、大数据、GPS、物联网等技术，商业银行正在积极提供手机银行差异化、个性化、精准化和数字化服务，提升运营效率和客户体验，丰富移动金融场景，创新金融服务产品。这些都表明传统银行业正在向互联网银行迈进，由第三方支付引发的金融业变革正在加速。

资料来源：根据中国财经网要闻改编。

案例分析

1. 第三方支付给传统金融业带来哪些影响？
2. 传统金融业如何应对这些挑战？

一、电子货币

（一）电子货币的概念

货币是一种固定充当一般等价物的特殊商品。随着人类发展和科学技术进步的需要，货币的表现形式经历了实物货币、金属货币、纸制货币、信用货币和电子货币五次重大的变革。电子货币是电子支付的主要媒介，电子商务离不开网上支付，网上支付又离不开电子货币。

电子货币是指以金融电子化网络为基础，以商用电子化机器和各种交易卡为媒介，以电子计算机技术和通信技术为手段，以电子数据（二进制）形式存储在银行计算机系统，并以电子信息传递形式实现流通和支付功能的货币。

（二）电子货币的使用流程

1. 无中介机构介入的使用流程

电子货币的发行和运行流程分为三个步骤：发行、流通和回收。电子货币的发行如图4-1所示。

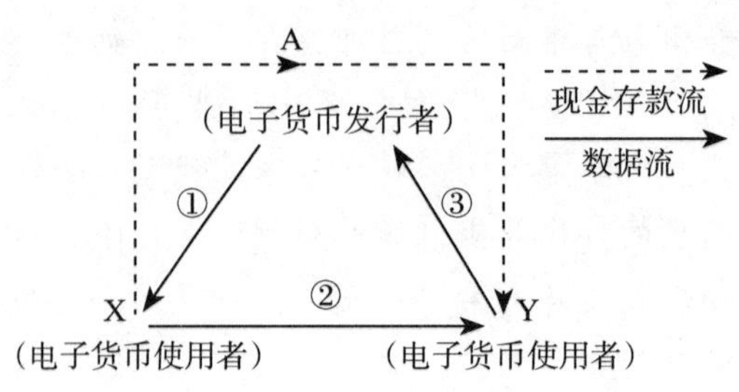

图 4-1　电子货币的发行

（1）发行。电子货币的使用者 X 向电子货币的发行者 A（银行、信用卡公司等）提供一定金额的现金或存款并请求发行电子货币，A 接受来自 X 的有关信息之后，将相当一定金额的电子货币数据对 X 授信。

（2）流通。电子货币的使用者 X 接受了来自 A 的电子货币，为了清偿对电子货币的另一使用者 Y 的债务，将电子货币的数据对 Y 授信。

（3）回收。A 根据 Y 的支付请求，将电子货币兑换成现金支付给 Y，或者存入 Y 的存款账户。

电子货币发行、流通、回收的过程是用电子化的方法进行的。在进行过程中，为了防止对电子货币的伪造、复制、非正当使用等，发行者运用通信、密码等技术构成高度的安全保密对策。

2. 中介机构介入的使用流程

在发行者与使用者之间有中介机构介入的体系是常见的体系。例如在图 4-2 中除了三个当事者之外，A 和 X 之间还介入了银行 B1，A 和 Y 之间还介入了银行 B2，具体步骤如图 4-2 所示。

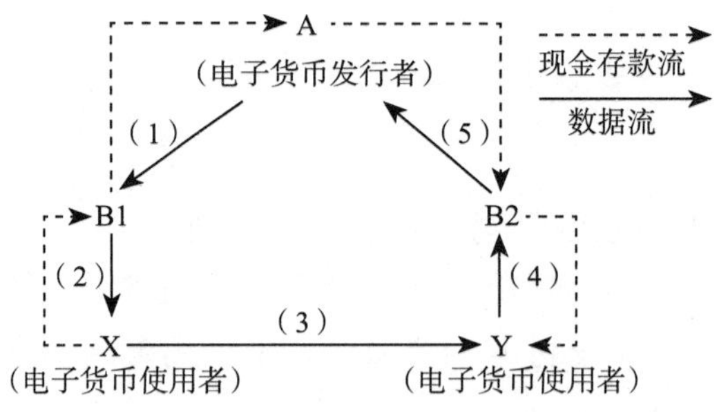

图 4-2　有中介机构介入的电子货币发行

该电子货币体系的运行分五个步骤，涉及五个当事者。

（1）A 根据银行 B1 的请求，用现金或存款交换来发行电子货币。

（2）X 对银行 B1 提供现金或存款，请求得到电子货币，银行 B1 将电子货币向 X 授信。

（3）X 将从银行 B1 处得到的电子货币用于清偿债务，授信给 Y。

（4）Y 的开户银行 B2 根据 Y 的请求，将电子货币兑换成现金支付给 Y 或存入 Y 的存款账户。

（5）A 根据从 Y 处接受了电子货币的银行 B2 的请求，将电子货币兑换成现金支付给银行 B2 或存入银行 B2 的存款账户。

二、网上支付的概念与特征

网上支付（Online Payment）也称网络支付，是指以金融电子化网络为基础，以各种电子货币为媒介，通过计算机网络特别是互联网以电子信息传递的形式来实现货币流通和支付功能。

（一）网上支付的发展阶段

从早期的电子结算到现在的网上支付，网上支付的发展经历了五个不同的阶段。

第一阶段：银行之间电子结算。银行利用计算机和内部网处理银行之间的业务，办理结算。

第二阶段：银行与其他机构的计算机之间资金的结算，即银行与大企业（或组织）用户通过计算机处理资金问题，如代发工资。

第三阶段：银行利用网络终端（ATM、自助银行）向客户提供各项服务，如自助银行为客户提供方便的存取款业务及查询业务。

第四阶段：银行利用销售点终端 POS（Point of Sales）向客户提供自动的扣款服务，这是现阶段电子支付的主要方式。

第五阶段：网络支付阶段，是最新发展阶段，即随时随地通过互联网进行直接转账结算。目前国际通行的网络支付工具主要有电子信用卡、电子借记卡、电子支票和电子现金等。

（二）网上支付的特征

与传统的支付方式相比较，网上支付具有如下特征。

第一，网上支付采用先进的技术，通过数字流转来完成信息传输的，其各种支付方式都是通过数字化的方式进行款项支付的；传统的支付方式则通过现金的流转、票据的流转及银行的汇兑等物理实体来完成款项支付。

第二，网上支付的工作环境是基于一个开放的系统平台（即互联网）；传统支付则是在较为封闭的系统中运作。

第三，网上支付使用的是先进的通信手段，如互联网，而传统支付使用的则是传统的通信媒介；网上支付对软件、硬件设施的要求相对较高，一般要求有联网的计算机、相关的软件及其他一些配套设施，而传统支付没有这么高的要求。

第四，网上支付具有方便、快捷、高效等优势。用户只要拥有一台能上网的终端设备，就可足不出户，并在很短的时间内完成整个支付过程。支付费用仅相当于传统支付的几十分之一，甚至几百分之一。

三、网上支付工具

网上支付的形式就是网络支付的工具。随着信息与通信技术的不断发展，网上支付形式越来越多，归纳起来，大致有以下三大类。

第一类是电子货币类，主要有电子现金、电子钱包等。

第二类是电子银行卡类，主要有电子借记卡、电子信用卡等。

第三类是电子票据类，主要有电子支票、电子汇款等。

(一) 电子现金

电子现金（Electronic Cash）又称数字现金，是纸币现金的电子化，是一种以数据形式流通的货币。它通过一个实时支付系统，把现金数值转换成一系列的加密序列数，通过这些序列数来表示现实中各种金额的币值。用户只要在开展电子现金业务的银行开设账户并在账户内存钱，就可以在接受电子现金的商店购物。当然，商务活动中的各方从不同角度对电子现金有不同的要求。客户要求电子现金方便灵活，但同时又要求其具有匿名性；商家要求电子现金具有高度的可靠性，所接受的电子货币必须能兑换成真实的货币；金融机构要求电子现金只能使用一次，不能被非法使用，不能被伪造。电子现金可以存储在金融 IC 卡或存储器中。

电子现金是基于金融 IC 卡实现的小额支付功能。为了适应脱机环境或快速支付场合的使用要求，电子现金的交易规则参照日常使用的现金，具备不记名、不挂失、不计息的特性，但持卡人完全可以根据自身风险承受能力和偏好，根据实际需要在限额内将资金存放在电子现金支付工具中。

电子现金有以下特点。

（1）在交易时双方能够直接交换，并隐蔽支付人的身份，具有很强的匿名性。

（2）能够将电子货币拆分，支付给不同的卖方。

（3）支付是不可追踪的。

（4）具有现金的特点，可以存取、转让，适用于小额交易。

我国众多银行已经发行具有电子现金功能的金融 IC 卡。具有 UPCash 标识、电子现金功能已申请开通的金融 IC 卡即可在已经完成受理改造的终端上插卡使用。若卡片同时具有“ Quick Pass 闪付”标识，则表明卡片支持非接触式交易，可在具有“ Quick Pass 闪付”标识的终端上或已经完成金融 IC 卡受理改造的公交、地铁等终端设备上快速完成支付。

虽然我国各大银行都开通了电子现金支付业务，但是在使用过程中仍有一定的局限性。为抓住百年未有之大变局的发展机遇，央行加快了数字化转型速度。数字人民币是数字化的人民币现金。从使用场景上看，央行数字人民币不计付利息，可用于小额、零售、高频的业务场景，与使用纸币差别不大。它不依托于银行账户和支付账户，只要用户装有数字人民币钱包即可使用。数字人民币使用最新的双离线技术，即使在没有手机信号的情况下，用户依然可以使用。未来央行数字人民币会替代一部分的现金，但不会全部取代纸币。与微信和支付宝支付比较，数字人民币是法定货币，而微信和支付宝支付是一种支付方式。

现今，各国央行均在全力研究央行数字货币，央行数字货币也是未来国家核心实力竞争的一个非常重要的赛道。

（二）电子钱包

电子钱包（E-wallet）是电子商务活动中网上购物顾客常用的一种支付工具，是在小额购物或购买小商品时常用的新式钱包。电子钱包实际上是一个可以由持卡人用来进行安全电子交易和储存交易记录的软件，就像生活中随身携带的钱包一样。目前世界上有VISA cash和Mondex两大电子钱包服务系统，其他电子钱包服务系统还有惠普公司的电子支付应用软件（VWALLET）、微软公司的电子钱包MS Wallet、IBM公司的Commerce POINT Wallet软件、Mastercard cash和比利时的Proton等。电子钱包中可以装入电子现金、电子零钱、电子信用卡等电子货币，是集多种功能于一体的电子货币支付方式。

使用电子钱包的顾客通常在银行里都开设了账户。在使用电子钱包时，顾客利用电子钱包服务系统就可以把自己的各种电子货币或电子金融卡上的信息输入。在收付款时，如果顾客要用电子信用卡付款，那么顾客只要单击一下相应项目（或相应图标）即可完成。电子钱包可以装入电子现金、电子零钱、电子信用卡、数字货币等。

在电子钱包服务系统中设有电子货币和电子钱包的功能管理模块，顾客可以用它来改变保密口令或保密方式，用它来查看自己银行账号上的收付往来的电子货币账目、清单和数据。电子钱包服务系统中还有电子交易记录器，顾客通过查询记录器，可以了解自己都买了什么物品，购买了多少，也可以把查询结果打印出来。

案例 4-2

央行解读数字人民币钱包

自2019年年底以来，数字人民币相继在深圳、苏州、雄安新区、成都等地启动试点测试，截至2021年6月，我国数字人民币试点已经实现了“多地开花”。作为数字人民币的载体，数字人民币钱包也随之走进更多普通人的生活。

数字人民币钱包可以分为四大类型。第一，按照客户身份识别强度划分为不同等级的钱包。运营机构根据实名强弱程度赋予钱包不同的交易限额和余额限额。最低权限的四类数字人民币钱包属于匿名钱包，余额限额1万元、单笔支付限额2 000元、日累计支付限额5 000元。用户仅用本人手机号码就可以开通数字人民币钱包，这体现了数字人民币可控匿名的设计原则。如果用户买东西支付超过2 000元，需要升级钱包。升级时用户要上传本人有效身份证件信息及绑定银行账户信息。比如，用户升级到二类钱包后，钱包余额上限就会变为50万元，单笔支付限额升至5万元、日累计支付限额为10万元。第二，按照开立主体不同，数字人民币钱包分为个人钱包和对公钱包。自然人和个体工商户可以开立个人钱包，按照相应客户身份识别强度采用分类交易和余额限额管理。其他法人和非法人机构可开立对公钱包，并按照临柜开立还是远程开立确定交易限额和余额限额，钱包功能可依据用户需求定制。第三，根据权限归属，数字人民币钱包可以被分为母钱包和子钱包。钱包持有主体可将主要的钱包设为母钱包，并可在母钱包下开设若干子钱包，个人可以通过子钱包实现支付场景的限额支付、条件支付和个人隐私保护等功能，也可以管理亲属赠予功能。企业和机构可以通过子钱包实现资金归集和分发、会计处理、财务管理等功能。第四，按照载体不同，数字人民币钱包可分为软钱包和硬钱包。软钱包有移动支付 App 和以软件开发工具包（SDK）提供的服务，硬钱包有 IC 卡、可穿戴设备、物联网设备等。

以上维度的钱包的不同组合，就形成了数字人民币的钱包矩阵体系，在此基础上，银行与指定运营机构共同开发基本支付功能组件，利用智能合约实现时间条件、场景条件、角色条件触发的条件支付功能。在中心化管理、统一认知和实现防伪的前提下，银行和各运营机构采用共建、共享方式开发钱包生态平台，对钱包进行管理并对数字人民币进行验真，并实现各自视觉体系和特色功能。通过建设数字人民币钱包生态，数字人民币可以实现线上线下全场景应用，满足用户多主体、多层次、多类别、多形态的差异化需求，数字人民币钱包具有普惠性，但应避免因用户技术素养或通信网络等原因带来的使用障碍。

资料来源：根据央广网资料改编。

案例分析

1. 结合案例说明我国的数字钱包是如何分类的。
2. 数字钱包应用的优势有哪些?

（三）电子银行卡

电子银行卡是利用传统银行卡在网上支付的形式。传统银行卡的支付方式有 POS 机结账、ATM 提取现金、刷卡记账等。现在更安全的方式是在互联网环境下通过 SET 协议进行网上支付。具体的做法是用户在网上发送银行卡号码和密码，加密发送到银行支付。在支付过程中要进行用户、商家及付款要求的合法性验证。

银行卡有信用卡和借记卡两大类。电子银行卡是指能够在网上进行支付的银行卡，可以是信用卡，也可以是借记卡。现在使用电子银行卡非常方便，只要将传统的银行卡在所属银行的营业厅或银行网站开通网上支付功能即可。

1. 电子借记卡

电子借记卡（Debit Card）是指发卡银行发行的可代替现金用的 IC 卡或磁卡。它是一种“先存款后支付”的银行卡。它可以在销售点终端上转账消费，在自动柜员机上存取现金、修改密码、转账、查询等。只要开通网上支付的功能就可以在网上进行交易，方便易行。

2. 电子信用卡

电子信用卡（Credit Card）是市场经济与计算机通信技术结合的产物，是一种特殊的金融商品和金融工具。“信用”一词来自英文 Credit，其含义包括信用、信贷、信誉、赊销及分期付款等。

信用卡是银行发给顾客使用的一种信用凭证，是一种把支付与信贷两项基本功能融为一体的业务。银行规定一定的信用额度，将信用卡发给资信情况较好的企业和有稳定收入的消费者，持卡人就可以凭卡到指定的银行机构存取现金，以及到指定的特约商户消费，受理信用卡的商户将持卡消费者签出的记账单送交银行，由银行向持卡人收账。信用卡的最大特点是同时具备信贷与支付两种功能。

3. 智能卡

银行卡按记录信息方式的不同，可分为磁卡和 IC 卡（集成电路卡）。智能卡（Intelligent Card）属于 IC 卡，最先出现在法国。20 世纪 70 年代中期，法国人 Roland Moreno 采取在一张信用卡大小的塑料卡片上安装嵌入式存储器芯片的方法，率先成功开发 IC 存储卡。经过 20 多年的发展，真正意义上的智能卡，即在塑料卡上安装嵌入式微型控制器芯片的 IC 卡，已由摩托罗拉和 Bull HN 公司于 1997 年研制成功。

由于智能卡内安装了嵌入式微型控制器芯片，因而可储存并处理数据。它的信息存储量比磁卡大 100 倍，智能卡可存储个人信息，如财务数据、私钥、账户信息、健康保险信息等。例如学校可以将饭卡、银行卡、图书卡、门牌卡、身份证、公交车卡都给学生集中在一张智能卡上，方便学生使用。卡上的金额受学生个人识别码（PIN）保护，因此只有学生本人能访问它。多功能的智能卡内嵌入有高性能的 CPU，并配备有独自的基本软件，能够如同个人电脑那样自由地增加和改变功能。这种智能卡还设有“自爆”装置，如果犯罪分子想打开 IC 卡非法获取信息，卡内软件上的内容将立即自动消失。

在电子商务交易中，智能卡的应用类似于电子借记卡的使用。用户在自己的计算机上选好商品后，键入智能卡的号码登录发卡银行，并输入密码和在线商户的账号，完成整个支付过程。

（四）电子支票

电子支票（Electronic Check）是一种借鉴纸质支票转移支付的优点，利用数字传递将钱款从一个账户转移到另一个账户的电子付款形式。这种电子支票的支付是在与商户及银行相连的网络上以密码方式传递的，多数使用公用关键字加密签名或个人身份证号码（PIN）代替手写签名。用电子支票支付，事务处理费用较低，而且银行也能为参与电子商务的商户提供标准化的资金信息，因而用电子支票支付是商家较有效率的支付手段。

使用电子支票进行支付，顾客可以通过网络将电子支票发到商家的电子信箱，同时把电子付款通知单发到银行，银行随即把款项转入商家的银行账户。这一支付过程在数秒内即可实现，电子支票交易的过程可以分为以下几个步骤。

（1）顾客和商家达成购销协议并选择用电子支票支付。

（2）顾客通过网络向商家发出电子支票，同时向银行发出付款通知单。

（3）商家通过验证中心对顾客提供的电子支票进行验证，验证无误后将电子支票送交银行索付。

（4）银行在商家索付时通过验证中心对顾客提供的电子支票进行验证，验证无误后即向商家兑付或转账。

案例 4-3

招商银行移动支票

2017 年，招商银行（简称招行）进行业务创新，推出公司支付产品“移动支票”，客户通过招商银行网上企业银行发出的“移动支票”，以电子指令为介质，通过网上企业银行发出支付指令，手机银行、iPad 移动终端都可完成付款，完全实现移动支付模式。

“移动支票”适合以下类型的企业使用：一是有大量现场交易的企业，在货运枢纽、专业市场、批发商城、交易会、博览会等预付订金或银货两讫时可以用移动支票进行交易；二是有跨地区采购需求的企业，如各类零售商、百货商；三是有上下游供应商采购行为的企业，特别是供应链中具有辐射优势的核心企业；四是大量使用纸质支票的企业。

招行“移动支票”的优势有以下几点。第一，替代纸质支票，降低客户成本。“移动支票”支付全程电子化自助办理，摆脱纸质支票物理形式限制，无须纸笔签章，操作简单，使用便捷，降低客户使用成本。第二，突破时空局限，可在不同交易场景使用。“移动支票”由网上企业银行开出，通过手机银行现场支付或转让，连接线上、线下交易流程，结合远程、近场支付优势，更可延期支付，可转让他人，无限延伸支付场景，适用不同交易场景。另外，“移动支票”以电子指令替代纸质支票，有权使用人可灵活自主使用。它突破传统支票的地域使用限制，可在全国范围通用。第三，采用多重安全技术防范和业务控制手段，提供全面安全保障。“移动支票”的签发以出票人的电子签名作为有效签章，支付、转让通过密码、手机验证码的双因子认证方式实现操作人身份鉴别，业务办理过程可通过网上企业银行云端智能全程监控，还可设定支付限额、支票有效期，设置出票人支付空头时自动冻结业务功能。

资料来源：根据招商银行网资料改编。

案例分析

1. 哪些企业适合使用“移动支票”？
2. 分析招商银行为什么推出“移动支票”业务？

四、第三方支付

（一）第三方支付的概念和特点

1. 第三方支付的概念

第三方支付是指具备一定实力和信誉保障的独立机构，采用与各大银行签约的方式，提供与银行支付结算系统接口的交易支持平台的网络支付模式。从事第三方电子支付的非银行金融机构被称为第三方支付公司。第三方支付作为目前主要的网络交易手段和信用中介，最重要的作用是在网上银行、商家和客户之间建立起连接，体现了第三方监管和技术保障的作用。

2. 第三方支付的分类

一般将第三方支付划分为第三方互联网支付和第三方移动支付。第三方互联网支付是指通过台式电脑、便携式电脑等设备，依托互联网发起支付指令，实现货币资金转移的第三方支付行为。第三方移动支付是指基于无线通信技术，通过移动终端上非银行金融产品实现的货币资金的转移及支付行为。

3. 第三方支付的特点

第三方支付具有以下特点。

第一，第三方支付平台提供一系列的应用接口程序，将多种银行卡支付方式整合到一个界面上，负责交易结算中与银行的对接，使网上购物更加快捷、便利。消费者和商家不需要在不同的银行开设不同的账户，第三方支付平台可以帮助消费者降低网上购物的成本，帮助商家降低运营成本。同时，还可以帮助银行节省网关开发费用，并为银行带来一定的潜在利润。

第二，较之 SSL 协议、SET 协议等支付协议，利用第三方支付平台进行支付操作更加简单且易于接受。SSL 协议是现在应用比较广泛的安全协议，在 SSL 协议中只需要验证商家的身份。SET 协议是目前发展的基于信用卡支付系统的比较成熟的技术。但在 SET 协议中，各方的身份都需要通过 CA 中心进行认证，程序复杂、手续繁多，速度慢且实现成本高。有了第三方支付平台，商家和客户之间的交涉由第三方来完成，这使网上交易变得更加简单。

第三，第三方支付平台本身依附于大型的门户网站，且以与其合作的银行的信用作为信用依托，因此第三方支付平台能够较好地突破网上交易中的信用问题，有利于推动电子商务的快速发展。

（二）第三方支付流程

以 B2C 交易为例，使用第三方支付的流程如图 4-3 所示。

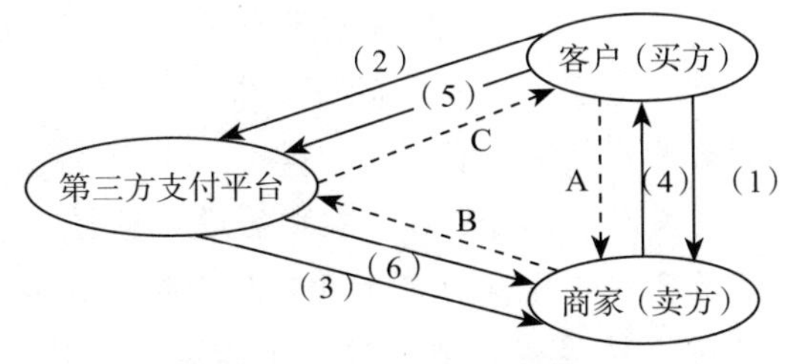

图 4-3　第三方支付流程

在支付过程中要求客户和商家都在第三方支付平台开立账户，具体支付流程如下。

（1）客户在电子商务网站上选购商品，决定购买后买卖双方在网上达成交易意向（下订单）。

（2）客户选择利用第三方支付平台进行支付，用网络银行卡将货款划到第三方账户或者用开设账户的余额进行转账。

（3）第三方支付平台将客户已经付款的消息传递给商家，并通知商家在规定时间内发货。

（4）商家收到通知后按照订单要求进行备货、发货。

（5）客户收到货物并验证后通知第三方支付平台进行付款。

（6）第三方将其账户上的货款划入商家账户中，交易完成。

我国国内市场第三方支付产品比较多，使用较多的有支付宝、微信支付、度小满钱包、快钱、拉卡拉等。

第二节　网络银行

案例 4-4

我国网络银行业务的发展与创新

我国网络银行业务发展现状

网络银行用户数和交易额不断增加。自 20 世纪美国建立第一家网上银行以来，网络银行业务在世界范围内迅速发展，中国银行业也迅速发展了这一业务。经过十几年发展，中国网上银行用户数增多，交易规模大幅增长，2016 年，网上银行交易规模达 1 803 万亿元。庞大的电子银行用户为银行业拓展电子商务市场奠定了坚实的基础。发展电子商务及互联网金融等创新业务成为电子银行交易规模增长的主要动力。

开展网上银行的机构数量持续增加。1998 年，招商银行开始试水网上银行业务，成为我国最早开展网上银行的机构。现如今中国银行、中国工商银行、交通银行、兴业银行等传统银行均开展网上银行业务，同时，支付宝、财付通、度小满钱包、拉卡拉等 247 家非金融机构获得第三方支付牌照，开展网上银行的机构数量持续增加。

网上银行业务品种不断丰富。十几年来，我国商业银行紧跟时代潮流，不断研究市场的需求，过去网上银行业务种类单一、有限，如今业务种类丰富、服务品种繁多，并逐渐形成了自己独有的品牌，比如中国工商银行的金融 @ 家、招商银行的“一网通”、中国建设银行的“e 路通”，都在网络银行客户中间具有良好的口碑。

外资银行已经开始进入我国网上银行领域。在中国进入世贸组织后，外资银行也开始关注并涉足中国网上银行，目前已有花旗银行等十几家外资银行在我国开通了网上银行业务，并和国内银行展开竞争。随着全球经济一体化进一步加深以及我国对外开放程度进一步深化，未来将会有更多外资银行进入我国网上银行业务领域。

网上银行业务创新

产品创新。从产品创新来看，建行新版个人网银优越理财服务升级，新增综合积分，为“健康颐养、住房安居、汽车生活、跨境服务”四类客群推出专享服务方案。农行开通个人网银交纳西安市城镇居民基本医保功能，该功能进一步丰富了陕西省系统特色业务种类，为客户提供了更好的使用体验。

服务创新。网上银行利用互联网技术，借助计算机、手机等工具通过互联网向客户提供传统银行业务外的其他金融和理财服务，如个人小额信贷、代缴学费、银医服务、养老金融等，客户足不出户就能通过网络终端便捷安全地办理更为全面的网上金融业务和管理个人资产投资理财。

营销方式创新。从营销方式创新来看，网上银行营销引入了网络直播。例如，工行第二届“1118 粉丝节”推“网红”，制作真人秀，和用户线上线下密切互动，并在“工银融 e 行”公众号开展了网络直播，粉丝们不仅可以实时观看当地精彩的粉丝节现场盛况，如同亲临会场，还可以通过看直播得红包，增强了粉丝的参与感。

经过近 20 年的不断发展、优化和创新，我国网上银行业务涵盖更加全面，操作流程更加简单和人性化，系统处理速度也更加快捷，安全性能进一步提高，网上银行依靠其独特的优势，得到越来越多用户的接受和认可。

资料来源：根据中商情报网网站资料和《中国集体经济》期刊文章改编。

案例分析

1. 试对建行“e 路通”与招行“一网通”产品的特点进行分析。
2. 网络银行有哪些创新业务?

一、网络银行的概念和特点

随着经济的快速发展，银行已经成为老百姓经济生活中一个重要的组成部分，在银行提供越来越多服务的同时，传统的柜台服务已经不能满足人们的需要。因此，网络银行就成为银行业务发展的重点。

1995 年 10 月，全球第一家网络银行安全第一网络银行（Security First National Bank，SFNB）在美国诞生。这是在互联网上提供银行金融服务的第一家银行，也是在互联网上提供大范围和多种银行服务的第一家银行。SFNB 没有物理设施，只有网址，通过互联网向客户提供每天 24 小时的金融服务。它的员工最初只有 19 人，但其 1996 年存款余额高达 1 400 万美元。该行所有交易均在网上进行，员工的主要工作是对网络进行维护和管理。排名世界第五的美国花旗银行紧随其后，于 1995 年 10 月在网上设置了站点。

1996 年，中国招商银行率先推出网上金融服务业务“一网通”网上支付，相继又推出个人金融服务的柜台、ATM 和客户的全国联网，初步构造了中国网络银行的经营模式。目前，我国几乎所有的商业银行都已开展了自己的网上业务。

（一）网络银行的概念

网络银行也称网上银行、在线银行和虚拟银行，它是指利用互联网、内部网及其相关技术处理传统的银行业务及支持电子商务网上支付的新型银行。网络银行借助现代网络技术把银行业务以虚拟的形式在互联网上推出。它实现了银行与客户之间安全方便、友好、实时的连接，可向客户提供开户、销户、查询、对账、行内转账、跨行转账、信贷、网上证券、投资理财以及其他贸易或非贸易的全方位银行业务。

（二）网络银行的特点

与传统银行相比，网络银行都具有以下特点。

（1）无分支机构。传统银行通过开设分支机构拓展业务，网络银行随互联网延伸到世界各地，从而摆脱了传统银行受到时间和地域的限制。一直被当作银行标志的富丽堂皇的高楼大厦将不再是银行信誉的象征和实力的保证。网络银行的出现，有利于银行由传统增设分支机构的粗放式经营转向依靠科技进步的集约化经营。

（2）开放性和虚拟化。信息技术是网络银行的核心。传统银行提供的服务都是在银行的封闭系统中运作的，网络银行的 Web 服务器代替了传统银行的建筑物，网址取代了地址，其分行是终端机和互联网这个虚拟化的电子空间。

（3）智能化。网络银行主要借助智能资本，靠少数脑力劳动者的劳动提供比传统银行更多、更好、更方便的业务。网络银行是一种能在任何时间（Anytime）、任何地点（Anywhere），以任何方式（Anyhow）为客户提供超越时空、智能化服务的银行，因此网络银行也被称为三 A 银行。

（4）创新化。网络银行提供的金融产品和拥有技术的生命周期越来越短，淘汰率越来越高，所以网络银行只有不断地运用新技术、创出新业务，才不至于被淘汰。

（5）运营成本低。网络银行不用占据大量房屋和人力，在房租、水电费、职工工资方面节省巨额开支。银行分支柜台每笔交易的费用成本为 1.07 元，而网络银行的成本仅为 0.01 元。网络银行将传统的业务搬到互联网上，办公完全实现电子化、自动化、无纸化，这不仅提高了银行的办公效率，还节约了成本。

二、网络银行的分类

（一）按服务对象划分

网络银行按服务对象可分为企业网络银行业务与个人网络银行业务。

企业网络银行业务主要适用于企业与政府部门等企事业组织客户。企事业组织可以通过企业网络银行服务实时了解企业财务运作情况，及时在组织内部调配资金，轻松处理大批量的网络支付和工资发放业务，并可处理信用证相关业务。对企业网上支付来讲，一般涉及的是金额较大的支付结算业务，因此对安全性要求很高。

个人网络银行业务主要适用于个人与家庭的日常消费支付与转账。客户可以通过个人网络银行服务，完成实时查询、转账、网络支付和汇款功能。个人网络银行服务的出现，标志着银行的业务触角直接伸展到个人客户的家庭，方便实用，真正体现了家庭银行的便利。

（二）按组成架构划分

网络银行按组成架构可分为虚拟银行与传统拓展网络银行。

虚拟银行是指完全依赖于互联网的无形的电子银行，它是指没有实际的物理柜台作为支持的网络银行，这种网络银行一般只有一个办公地址，没有分支机构，也没有营业网点，采用国际互联网等高科技服务手段与客户建立密切的联系，提供全方位的金融服务。典型的代表是美国安全第一网络银行。

传统拓展网络银行是在现有传统银行的基础上，利用互联网开展传统的银行业务，即传统银行利用互联网作为新的服务手段为客户提供在线服务，实际上是传统银行服务在互联网上的延伸，这是目前网络银行存在的主要形式，也是绝大多数商业银行采取的网络银行发展模式。我国现在的网络银行大多数都属于第二种模式。

三、网络银行的业务

目前，各网上银行的基本业务包括个人网上业务、企业网上业务、信用卡业务、投资理财业务、网上商城、代扣代缴支付以及公开信息发布业务。

1. 个人网上业务

个人网上业务是为个人用户推出的服务，也称对私业务，具体包括业务查询、转账业务、代收代缴业务、储蓄业务、公积金贷款业务、金融卡消费业务、财务状态管理业务、客户金融咨询服务、客户意见反馈服务等。

2. 企业网上业务

企业网上业务是为企业或团体提供综合账户服务的业务，也称对公业务，具体包括账务查询、内部转账、对外支付、活期定期互转、工资发放、信用管理、企业账户查询和信用查询、网上信用证、金融信息查询、银行信息通知等。

3. 信用卡业务

信用卡业务是当前各大银行争夺的焦点，包括通过互联网申请、开启、挂失信用卡，以及信用卡账户查询、收付清算等功能。

4. 投资理财业务

投资理财业务是银行为客户投资理财提供信息服务的一种增值业务，包括股票、债券、外汇、黄金、期货、保险等金融产品信息的及时发布，以及用户理财账户的管理等，用户可以查询基金的收益情况，了解外汇汇率波动情况，股票、黄金、期货市场的行情，也可以直接通过网络银行购买各种理财产品。

5. 网上商城

网上银行以网上商城的形式向供求双方提供交易平台。客户进入网上银行的网上商城，选购自己需要的商品，并通过银行直接进入网上支付，供求双方均通过网上银行这一中介建立联系并实现收支，降低了交易的风险。

6. 代扣代缴支付

支付是银行的基本业务，包括数字现金、电子支票、信用卡等网上支付方式，以及各种企业间转账或个人转账等。除此之外，还包括代收水费、电费、燃气费、电话费、上网费等，代客户履行交纳按揭款等分期付款行为。

7. 公开信息发布

网上银行还是银行发布信息的平台。银行介绍、银行业务、服务项目介绍、银行网点分布情况、ATM 机分布情况、银行特约商户介绍、存货款利率查询、外汇牌价、利率传讯、国债行情查询、各类申请资料（贷款、信用卡申请）、投资理财咨询使用说明、最新经济信息、客户信箱服务等，这些信息对网上银行的所有访问者都开放。

第三节　移动支付

一、移动支付的概念与特点

（一）移动支付的概念

移动支付就是用户使用其移动终端（通常是手机）对所消费的商品或服务进行账务支付的一种服务方式。它是指单位或个人通过移动设备、互联网或者近距离传感器直接或间接向银行金融机构发送支付指令，产生货币支付与资金转移行为，从而实现移动支付的功能。移动支付将终端设备、互联网、应用提供商以及金融机构有效融合，为用户提供及时快捷的货币支付、缴费等金融业务。

（二）移动支付的分类

1. 按用户支付的额度划分

按用户支付的额度，可以分为小额支付和大额支付。两者最大的区别就是对安全要求的级别不同：大额支付需要通过金融机构进行交易鉴权才能支付；小额支付使用移动网络本身的 SIM 卡鉴权机制就可以进行支付。

2. 按照支付的交互流程划分

按照支付的交互流程分类，移动支付可以分成近场支付和远程支付。近场支付是指通过具有近距离无线通信技术的移动终端实现本地化通信，进行货币资金转移的支付方式。远程支付是指通过移动网络，利用短信、通用分组无线业务（General Packet Radio Service，GPRS）等空中接口和后台支付系统建立连接，实现各种转账、消费等支付功能。

3. 按支付的结算模式划分

按结算模式划分，支付可以分为及时支付和担保支付。及时支付是指支付服务提供商将交易资金从买家的账户即时划拨到卖家账户。担保支付是指支付服务提供商在接收到买家的货款后，并不马上支付给卖家，而是在买家收到货后才完成支付。其作用类似于第三方支付，支付宝就是成功的典型案例。

除以上分类外，移动支付还可以按用户账户的存放模式划分为在线支付和离线支付；按支付账户的性质划分，移动支付还可分为银行卡支付、第三方支付账户支付、通信代收费账户支付等。

（三）移动支付的特点

1. 账户管理的方便性

这是移动支付区别于传统的银行卡支付最显著的特点。智能手机逐渐成为业界的主流，用户可以方便地通过手机使用移动互联网，随时随地查询账户余额、交易记录，实时转账，修改密码，以及管理自己的移动支付账户，还可以通过手机客户端或者UIM卡开发工具包（UIM card Tool Kit，UTK）菜单对离线钱包进行空中充值，减少了去营业厅或者充值点充值的不便，充分体现移动支付便捷的特点。

2. 资金账户的安全性

移动设备用户对隐私性的要求远高于个人计算机用户。高隐私性决定了移动互联网终端应用的特点，即在共享数据时移动支付既要保障认证客户的有效性，又要保证信息的安全性。这就不同于互联网公开、透明、开放的特点。在互联网上，个人计算机用户信息是可以被搜集的，而移动设备用户显然不需要让他人知道甚至共享自己设备上的信息，移动设备的隐私性保障了支付的安全。移动支付采用的高安全级别的智能卡芯片和目前的银行磁条卡相比，具有更高的安全性。

3. 支付的可移动性

除了用户睡眠时间外，移动设备一般伴随在用户身边，其使用时间远高于个人计算机。用户只要申请了移动支付功能，便可足不出户、随时随地完成整个支付与结算过程。交易时间成本低，用户减少了往返银行的交通时间和支付处理时间。

4. 服务的综合性

移动支付为用户提供了移动电子商务的远程支付功能，同时也可以满足用户在公交、食堂等场合的小额支付需要，还可以提供门禁、考勤等服务。

二、移动支付的运营模式

移动支付的运营模式由移动支付价值链中各方的利益分配原则及合作关系决定。成功的移动支付解决方案充分考虑到了移动支付价值链中的所有环节，从而进行利益共享和利益均衡。目前移动支付的运营模式主要有以下四种。

（一）移动运营商模式

当移动运营商作为移动支付平台的运营主体时，移动运营商会以用户的手机话费账户或专门的小额账户作为移动支付账户，用户所发生的移动支付交易费用全部从用户的话费账户或小额账户中扣减。该模式最典型的例子是日本移动运营商 NTT DoCoMo 推广的 I-Mode Felica 手机电子钱包服务，用户将 IC 卡插入手机就可以进行购物，IC 卡中安装了电子货币交易软件，用户拥有一个电子账户，可以购买电子货币进行充值。进行交易时金融机构无须参与，费用直接从用户的电子账户中扣除。在移动运营商模式中，移动运营商直接与用户联系，不需要银行参与，技术成本较低。但是移动运营商参与金融交易，需要承担部分金融机构的责任和风险，是与国家的金融政策相抵触的。

（二）银行模式

银行可以借助移动运营商的通信网络，独立提供移动支付服务。银行通过专线与移动通信网络实现互联，将银行账户与手机账户绑定，用户通过银行卡账户进行移动支付。银行为用户提供付款途径，移动运营商只为银行和用户提供消息通道，不参与支付过程。当前我国大部分提供手机银行业务的银行都有自己运营的移动支付平台。在银行模式中各家银行只可以为本行的用户提供手机银行服务，不同银行之间不能互通，而且特定的手机终端和用户识别应用发展工具（SIM Tool Kit，STK）卡置换也会造成用户成本的上升。

（三）第三方支付服务提供商模式

移动支付服务提供商（或移动支付平台运营商）是独立于银行和移动运营商的第三方经济实体，同时也是连接移动运营商、银行和商家的桥梁与纽带。通过移动支付平台运营商，用户可以轻松实现跨银行的移动支付服务，比如支付宝移动支付、微信移动支付就是典型的第三方支付服务提供商模式。在这种模式中，第三方支付服务提供商可以平衡移动运营商和银行之间的关系，不同银行之间的手机支付业务得到了互联互通，银行、移动运营商、支付服务提供商之间的责、权、利明确，关系简单。这种模式对第三方支付服务提供商的技术能力、市场能力、资金运用能力要求较高。

（四）银行和移动运营商合作运营模式

由于认识到各自在移动支付领域中的优势和不足，因此移动运营商同银行合作，开创出新的商业模式。相对于第三方移动支付服务提供商，移动运营商与银行（金融机构）的合作优势明显。在银行和移动运营商合作运营模式中，移动运营商与银行关注各自的核心产品，形成一种战略联盟关系，合作控制整条产业链，在信息安全、产品开发和资源共享方面的合作将更加紧密。

与分散的“银行＋运营商”合作体相比，中国银联在 2010 年 5 月宣布联合 18 家商业银行、中国联通和中国电信两家移动通信运营商、手机制造商等共同成立移动支付产业联盟体。联盟各方将联合推广基于金融账户，采用 ISO 有关非接触通信的国际标准的智能卡手机支付业务。同时，公交、地铁、水电煤、影院、石油公司、医院、商业零售等各行业用户都可以基于此平台开展便捷服务。

三、移动支付方式

移动支付方式众多，包括短信支付、扫码支付、指纹支付、声波支付、近场支付、语音支付、刷脸支付等。艾媒咨询数据显示，2020 年上半年二维码支付占主流地位，新型支付方式正在兴起。78.4% 的受访用户偏好使用二维码支付，32.9%、26.3%、25.8% 的受访用户偏好使用以停车场无感支付、NFC 支付、刷脸支付为代表的新型支付方式，(见图 4-4)。目前，我国移动支付市场主流的支付方式有两种，分别是以支付宝、微信为代表的扫码支付和以 Apple Pay、三星 Pay 为代表的近距离无线通信技术（Near Field Communication，NFC）近场支付。

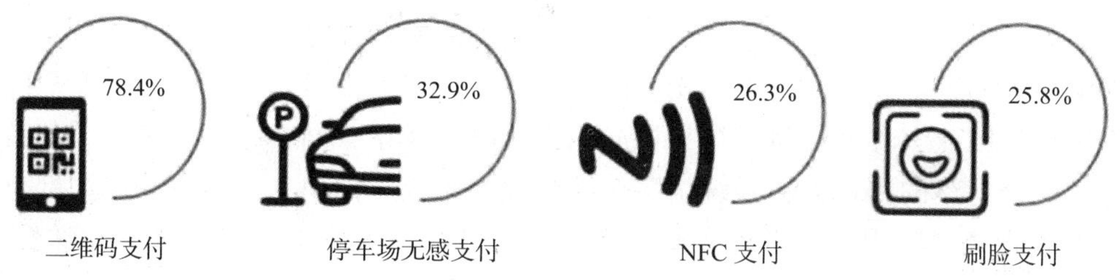

图 4-4　2020 年上半年中国移动支付用户主要支付方式

数据来源：艾媒网。

1. 二维码支付

二维码是新一代无线支付的方案。在该支付方案下，商家可把账号、商品价格等交易信息汇编成一个二维码，并印刷在各种报纸、杂志、广告、图书等载体上发布。用户打开手机上的支付客户端，其中有一项二维码识别的功能，它可以用来拍摄和识别印制在各种物体上的二维码商品信息，识别二维码后，直接点击付款，完成交易，商品会由快递员送到家。

2. NFC 支付

NFC 是指近距离无线通信技术。通过 NFC，用户可以方便地传输通讯录、图片、音乐等，也可以用于支付。通过在手机中植入 NFC 芯片或在手机外增加 NFC 贴片等方式，手机将变成真正的钱包。在付钱时，商户需要提供相应的接收器，然后用户才能拿着手机去完成“刷一下”这个动作，付款便捷，整个过程就像是在刷公交卡一样。

3. 刷脸支付

刷脸支付是基于人工智能、机器视觉、3D 传感、大数据等技术实现的新型支付方式，具备更便捷、更安全、体验好等优势。刷脸支付中使用的人脸识别技术是一种基于人的相貌特征信息进行身份认证的生物特征识别技术，该技术的最大特征是能避免个人信息泄露，并采用非接触的方式进行识别。刷脸支付的过程非常简单，消费者不需要带钱包、信用卡或手机，支付时只需要自己面对刷脸支付 pos 机屏幕上的摄像头，刷脸支付系统会自动将消费者面部信息与个人账户相关联，整个交易过程十分便捷。

4. 停车场无感支付

无感支付是一种停车缴费功能，主要是通过停车场所具有的车牌识别技术，在车主银行卡捆绑的情况下实现快捷支付。如果车主是第一次使用无感支付功能，车主需要扫描车场里的二维码进行注册签约，然后绑定自己的银行卡，那么在驶离停车场的时候就可以进行无感支付了。无感支付实现了“一次签约、永不扫码”，可以有效缓解停车难的问题，让车子快速开进，快速开出，让车位的利用率达到最高。车主最快 2 秒的时间就可以完成停车场缴费，离开停车场。

四、移动支付体系架构

从本质上讲，移动支付就是买方为了获取卖方的某种商品或者服务，通过移动电子化渠道将买方的资金安全地转移给卖方的商业行为。移动支付系统的核心是账户间资金的安全转移，因此，移动支付系统架构应该围绕账户体系，结合移动支付的基本特点进行构建。一个完整的移动支付系统由多个功能模块组成，简单来说可分为四大部分：支付业务处理系统、应用管理系统、商户终端、用户终端。移动支付系统架构参考图 4-5 的内容。

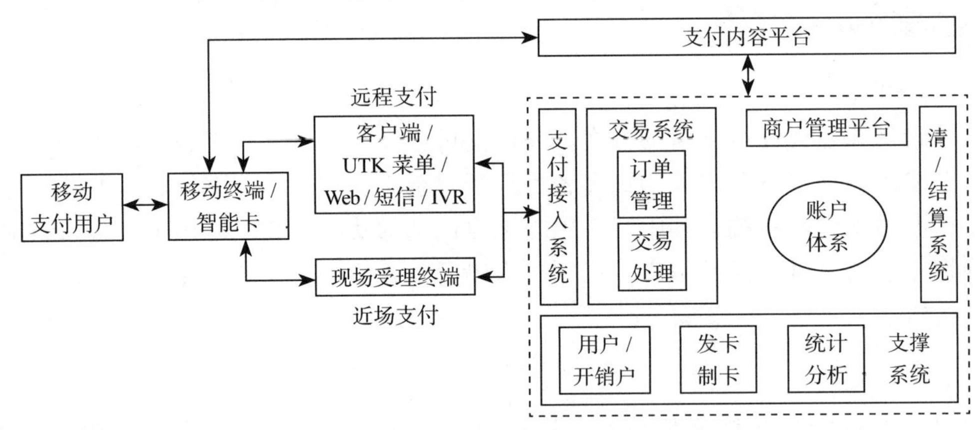

图 4-5 移动支付系统架构

如图 4-5 所示，移动支付系统架构以账户体系为核心，由移动终端 / 智能卡、远程支付的客户端 / UTK 菜单 / Web / 短信 / IVR、近场支付的现场受理终端、支付接入系统、交易系统、账户体系、清 / 结算系统、支付内容平台、商户管理平台、支撑系统等部分组成。

1. 移动终端 / 智能卡

移动终端 / 智能卡特指移动支付用户持有的设备，主要包括手机、PDA、平板电脑、RFID 智能卡等设备，用户使用移动终端 / 智能卡完成支付业务。移动支付与其他支付方式的不同之处在于生成及获取支付信息的源头是移动终端。

2. 客户端 /UTK 菜单 /Web/ 短信 /IVR

在远程支付中，用户通过手机上的支付客户端、智能卡上的 UTK 菜单、短信、即互动式语音应答（Interactive Voice Response，IVR）等方式实现商品选购、订单支付等功能。

3. 现场受理终端

在近场支付模式下，用户在商户的经营场所（超市、商场等）内选定商品后，或者在乘坐公交、观看电影时，持带有 RFID 功能的移动终端 / 智能卡，通过现场受理终端进行刷卡，完成支付和认证功能。

4. 支付接入系统

用户通过移动终端或者智能卡接入移动支付平台的统一入口，完成支付环节的处理。移动支付接入系统作为用户设备和平台的一道安全屏障，保障了移动支付平台和账户资金的安全。移动支付接入系统主要包括近场支付的商业支付卡接入平台，以及远程支付的 Web 门户服务器、短信接入服务器、IVR 语音接入服务器。

5. 支付内容平台

支付内容平台是在支付过程中提供内容或服务的系统，不局限于无线通信渠道，例如用户通过计算机、互联网渠道也可以使用支付内容平台的服务。提供支付内容平台的机构可以是商城、B2C 商户、专营的第三方公司、校企服务公司、便民服务公司、公交公司等。

6. 商户管理门户

商户管理门户是支付内容提供商接入移动支付平台的统一入口，也是商户访问支付平台的统一门户，通过该门户，商户可以完成管理账户，查询交易订单，申请支付接入等功能。

7. 交易系统

交易系统是完成支付交易流程的基本事务处理系统，通过接受支付接入系统的支付请求，商户完成订单处理和账户资金的流转等功能。

8. 清 / 结算系统

清 / 结算系统主要完成交易订单的对账和资金清 / 结算功能。其中，对账包括与商户应用系统的对账、与金融机构的对账等。结算管理模块根据指定的分成方案和结算规则对交易日志进行结算，产生相应的结算数据。结算数据包括与商户的结算数据、与银行结算数据，根据这些结算数据运营商完成与各个部分之间的资金划拨。

9. 支撑系统

支撑系统主要包括用户的开 / 销户管理、RFID 智能卡制卡 / 发卡、业务统计等功能。

案例 4-5

洞察中国移动支付

1. 移动支付成为主要支付方式

根据 WorldPay 发布的《2020 全球支付报告》数据显示，我国国内所有的支付方式中，移动支付的占比达到 50%，移动支付成为我国消费者选择最多的支付方式（见图 4-6）。

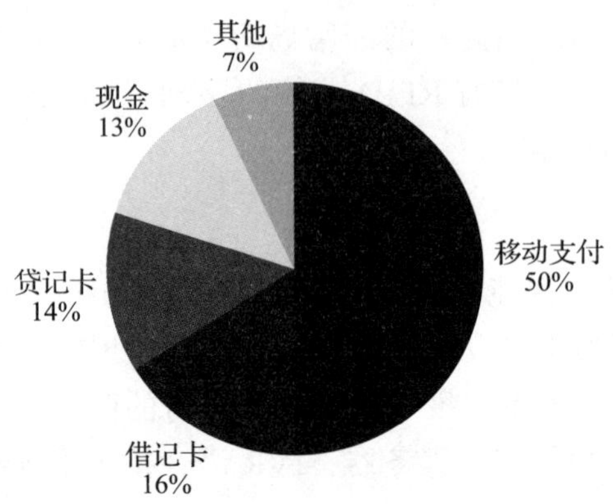

图 4-6　2020 年中国各类支付方式占比情况

资料来源：前瞻产业研究院。

2. 移动支付用户数量达到 8.5 亿

支付企业在移动支付的全面布局带动了手机在线支付用户的增长。2011 ～ 2020 年我国移动支付用户规模逐年增长（见图 4-7）。中国互联网络信息中心发布的第 47 次《中国互联网络发展状况统计报告》数据显示，截至 2020 年 12 月，我国移动支付用户规模达到 8.54 亿，比 2019 年 6 月增长了 34.9%，网民移动支付的使用比例由 2018 年底的 72.5% 提升至 86.4%。

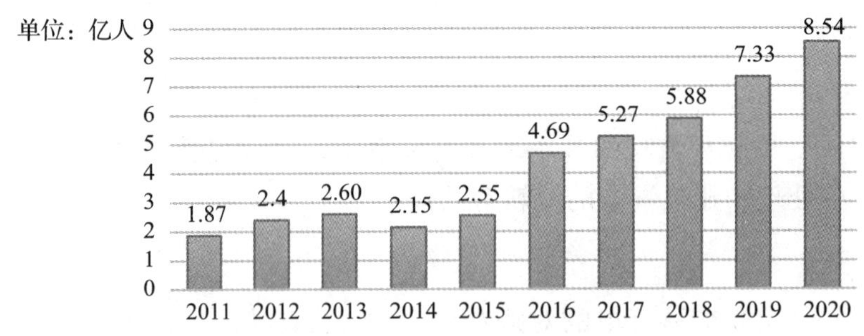

图 4-7　2011 ～ 2020 年中国移动支付用户规模

资料来源：根据互联网数据整理。

3. 移动支付规模达到 432.2 万亿元

2016 年全国移动支付金额仅 157.55 万亿元，2020 年全国移动支付金额为 432.2 万亿元，同比增长 24.50%。新冠疫情加速了消费服务线上化，驱动移动支付场景的拓展以及用户移动支付习惯的强化。未来移动支付交易规模将在用户规模以及支付频率上升的驱动下持续增长。2013 ～ 2020 年我国移动支付规模逐年增长，见图 4-8。

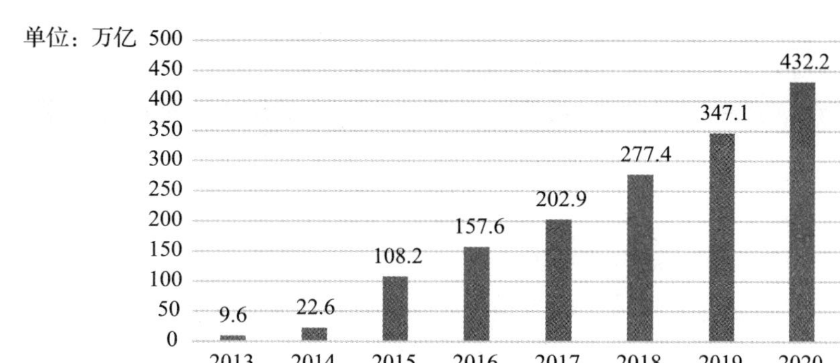

图 4-8　2013 ～ 2020 年中国移动支付交易规模

数据来源：根据互联网数据整理。

4. 第三方移动支付成为主力军

由于人们逐渐习惯于使用第三方移动支付工具进行支付，第三方移动支付成为移动支付中市场规模最大的支付方式。2021 年 2 月，中国银联发布了《2020 移动支付安全大调查报告》，根据调查数据，有 98% 的受访者将移动支付视为最常用的支付方式，平均每人每天使用移动支付三次，其中二维码支付最受欢迎。

5. 支付宝、微信支付、银联云闪付三分天下

根据支付清算协会报告显示，2020 年用户最常使用的移动支付产品是微信支付、支付宝和银联云闪付（不含刷卡或挥卡支付）。据艾瑞咨询的报告显示，2020 年二季度中国第三方移动支付交易规模市场份额，支付宝达 55.6%，高居第一，微信（财付通）占 38.8%，位居第二，两者合计占据 90% 以上的市场份额。

6. 移动支付场景细分多元化发展

移动支付行业各巨头角力细分场景，在零售、交通、出海、医疗、生活等场景拓展市场。中国移动支付场景呈多元化发展，餐饮消费成为移动支付用户首要支付场景，其次包括小型实体店和便利店、电商平台网购、生活缴费、充值服务、乘坐公共交通工具、中大型实体商场、转账理财还款、停车缴费等场景。

7. 移动支付普惠发展缩小地域分布差距

随着人工智能、大数据、5G 等新一代信息技术的快速发展，数字化技术与普惠金融的融合不断加深，移动支付作为数字普惠金融的重要工具载体，提高了普惠金融服务的便捷性与可得性，缩小了区域发展不平衡和城乡数字鸿沟。中国互联网络中心（CNNIC）发布的第 47 次《中国互联网络发展状况统计报告》显示，从 2011 ～ 2018 年，移动支付正在打破传统的“黑河—腾冲分割线”，东西部金融服务可得性差距缩小 15%。截至 2020 年 12 月，我国东部地区移动支付在手机网民中的使用率为 86.5%；西部地区移动支付在手机网民中的使用率为 85.9%。东西部地区移动支付使用率差距进一步缩小 1.1 个百分点。截至 2020 年 12 月，我国城镇地区移动支付在手机网民中的使用率为 89.9%；农村地区移动支付在手机网民中的使用率为 79.0%。城乡地区移动支付使用率差距缩小 3.7 个百分点。

随着我国电信移动网络不断升级，中国电信基础设施建设的力度加大，中国电子商务技术的不断发展和普及，移动支付已成为电子商务的一种主要支付方式，预计到2026年我国移动支付的交易规模有望达到1 290.42万亿元。

资料来源：根据中商产业研究院、中研网、前瞻产业研究院、艾瑞咨询、中国互联网络信息中心等网站资料改编。

案例分析

1. 试分析移动支付方式流行的原因。
2. 结合案例分析移动支付场景多元化发展体现在哪些方面。

思考题

1. 什么是电子货币？
2. 网上支付的发展经历了哪些阶段？
3. 什么是第三方支付？它有什么特点？
4. 电子钱包的功能有哪些？
5. 什么是移动支付？移动支付的分类有哪些？
6. 网上银行有哪些业务？

实践应用题

1. 任选一家网络银行，熟悉个人网络银行业务。
2. 查找相关资料了解目前比较流行的移动支付方式，并对其进行分析。

CHAPTER 5　第五章

电子商务物流

知识目标

- 理解电子商务物流的概念与特点
- 理解物流在电子商务中的地位与作用
- 掌握电子商务物流模式的概念
- 理解不同电子商务物流模式的优缺点
- 了解电子商务物流中心的概念及类型

能力标准

- 能够根据企业电子商务应用的特点选择不同的物流模式
- 掌握不同的物流技术对提升顾客体验的影响与作用

第一节　电子商务物流概述

案例 5-1

京东的电子商务物流模式与现代物流体系

京东商城（简称京东）是我国最大的3C网购平台，也是中国电子商务领域中最受消费者欢迎和极具影响力的电子商务网站之一。从电子商务模式来看，京东是独立的B2C网上商城。京东采用的是自营物流模式，这与京东初创时期其他同类型电子商务网站的第三方物流模式形成了明显的对比，即使在今天，在社会化的电子商务生态体系逐渐完善的情况下，京东的自营物流也有其核心优势与独特性。

京东物流的发展大致历经了三个阶段。2007～2009年是初创阶段，京东独立摸索自建物流的业务模式，逐步建立了自己的仓储和配送设施与全自营队伍，这支撑了京东百亿元业务规模。2010～2015年，京东物流开始追求专业化和规模化的经济效应，亚洲一号的建设，将京东物流的客户时效和服务标准打造成为全球标杆，在支撑千亿电商体量的同时，引领和重塑了行业的标准与规则。从2016年开始，京东物流全面转向开放化和智能化的时代，通过技术创新和价值输出，推动着整个中国商业社会的进步。

目前京东已经成为中国规模最大、专业最佳以及用户体验最佳的物流服务提供商之一。通过一系列的业务优化措施，京东进一步提升了客户体验，如货到付款、移动POS刷卡、上门自提、上门收取货物、“211限时达”、极速达、京准达、京东到家一小时、夜间配等，让用户切实感受到了京东物流“快速+准确+贴心”的服务。

高水平的服务提升了用户的友好体验，给京东带来了庞大的顾客群，这一切与京东的战略定位与创新思维有关。京东是第一家斥巨资兴建全国性现代物流配送体系的电子商务企业。在B2C电子商务交易刚刚在中国兴起的21世纪初，这种物流模式不论从经营理念上，还是从实际运作上都是具有创新性的。互联网企业应该是“轻资产”运作，但是，当时的国情是“物流”制约电子商务企业的运营与发展，于是，京东从“轻资产”型变成了“重资产”型企业。这在当时的业界曾经受到过许多质疑，发展全国性配送的现代物流体系对京东来说着实是一个考验，但创新的、具有前瞻性的战略思想，让京东取得了成功。这种成功不仅成就了京东的B2C电子商务平台，也成为了京东今天的核心竞争力。

在2016年5月京东的一次大会上，京东是这样解读其商业内涵的：百度是信息的连接，阿里是商户的连接，腾讯是人的连接，小米是设备的连接，京东的商业定位是供应链的连接。用刘强东的话来说就是用空间换时间，全部由京东自己做，完成供应链体系搭建，成为客户体验最优的电商物流履约平台。

2021年5月28日，京东物流于香港联交所主板上市，上市公开发售价每股40.36港元，京东物流表示，募集资金将重点布局一体化供应链，包括升级和扩展六大物流网络，开发与供应链解决方案和物流服务相关的先进技术，扩展一体化解决方案的广度和深度，帮助客户提升供应链效率和用户体验，降低运营成本等。

京东的物流供应链体系得到了华尔街资本、国家和社会的认可，其物流布局与技术体系如下。

（1）物流运营体。截至2020年12月31日，京东物流运营超过100个仓库，仓储总面积约2 100万平方米（含云仓）。京东物流已投入运营的30座“亚洲一号”智能物流园区以及超过70座不同层级的无人仓，形成了亚洲规模最大的智能仓群。京东物流构建的仓储网络、综合运输网络、最后一公里配送网络、大件网络、冷链网络及跨境网络等六大网络，服务范围覆盖了中国几乎所有的地区、城镇和人口，全球可触达超过220国家和地区。2020年京东物流服务企业客户数超过19万家，针对快消、服装、家电、家具、3C、汽车和生鲜等多个行业的差异化需求，京东物流形成了一体化供应链解决方案，并深度服务安利、雀巢、小米、斯凯奇、蒙牛等众多知名品牌商。同时，京东物流大件和中小件网络已实现大陆行政区县几乎100%覆盖，90%区县24小时达，自营配送服务覆盖了全国99%的人口，超90%自营订单可以在24小时内送达。

（2）仓储创新：“亚洲一号”+转运仓+移动仓+城市仓。

（3）特色配送服务：当日达+次日达+限时达。

（4）技术创新：青龙系统+玄武系统+京东大数据+无人机+无人仓+电子签收系统。

（5）冷链物流：布局全国最大的冷藏冷冻仓配一体化电商物流系统。

（6）最后一公里：京东派＋自提柜＋京东到家+20万乡村推广员＋达达众包物流平台＋无人车＋无人机。目前京东已经在北京、上海、天津、广州等20多个国内城市和泰国曼谷、印尼雅加达布局，共投放100多台配送机器人，它们会自主停靠配送点，将取货信息发给用户，用户可以通过人脸识别、输入取货码、点击手机App链接三种方式取货。

此外，京东快递还有多元化的末端客户自提服务，配送一体站、人工自提点、自提车、智能提货柜、超过22 000个社会便民服务点，极大提高了网购人群的便利性和个性化需求。

（7）跨境物流布局：自营海外仓＋保税仓＋中国邮政+DHL+宅急便等战略合作。

以上的物流布局是京东真正的核心价值，也是京东发展到今天，不可复制的内核。

据国家邮政局2016年10月邮政业消费者申诉情况通告显示，每百万件包裹中京东物流的延误仅有0.09件、丢失损毁仅为0.02件，仅0.21件受到客户申诉，这三项指标均不到行业平均水平的1/10，获评行业最佳用户体验。

除了面向全社会和行业的开放之外，京东物流的下一步将是通过技术创新提升京东物流的智能化水平，以云计算、人工智能和机器人技术为核心，最大幅度地提升京东物流的效率和体验。京东集团相关部门负责人肖军表示："大数据和人工智能的深入应用已经让京东物流在仓储布局、拣货路径优化、智能排产、路网规划、动态路由规划等领域取得了显著的成果，提升了运营效率；无人仓、无人机、无人车组成的智慧物流将成为京东智能化商业版图中的关键环节，进一步提升全社会的物流效率，让消费者拥有更好的体验。"

京东有强大的物流技术支持及企业良好的商业思维，我们有理由相信，未来京东一定能实现让用户"安心购物、让生活简单快乐"的美好愿望。开放的京东物流——"成为整个中国商业社会的重要基础设施"也一定能实现。

资料来源：根据凤凰网相关报告资料改编。

案例分析

1. 根据案例说明物流在电子商务活动中的作用。
2. 分析物流是如何提升京东的核心竞争力的。
3. 举例分析说明京东的物流体系都运用了哪些现代物流技术。
4. 你如何看待未来中国的机器人配送技术？

物流是电子商务的重要组成部分，物流的质量和效率直接影响到电子商务企业服务其目标顾客的质量。虽然我国物流业起步晚，但是电子商务的应用推动了我国物流业的快速发展。对很多从事电子商务的企业来说，随着交易量的增长，对物流服务的扩展和改进已经成为一个不可回避的问题，电子商务企业应综合分析各种因素来制订或改进自己的物流方案。

一、物流的起源与发展

（一）物流的概念

物流（Physical Distribution）这一名词1915年最早由美国学者阿奇·萧在《市场流

通中的若干问题》一书中提出，从国外传入我国的时间并不长。在20世纪初，西方一些国家正处于经济危机，存在较严重的生产过剩和需求不足的问题，企业界为了扩大销售，提出了销售物流的问题，着重研究在销售过程中的物流。后来在第二次世界大战中，美国军队为了改善战争中的物资供应状况，研究和建立了“后勤”(Logistics) 理论，并在战争活动中加以实践和应用。“ Logistics” 的核心是将战时物资的生产、采购、运输、配给等活动作为一个整体来进行统一布置，以求对战略物资进行补给的费用更低、速度更快、服务更好。实践证明，这一理论的应用取得了很好的效果。战后“Logistics”的理论被应用到企业界，其内涵得到了进一步的推广，涵盖了整个生产过程和流通过程，包括生产领域的原材料采购、生产过程中的物料搬运与厂内物流到商品流通过程中的物流。1986年，美国物流管理协会将物流（Physical Distribution）改为后勤（Logistics)，其理由是因为物流的领域较狭窄，后勤的概念则较宽广、连贯、完整。后勤的概念突破了商品流通的范围，把物流活动扩大到生产领域。

对于物流，目前国内外尚没有一个统一的概念，各种提法也并不一致，但大体意思是相同的。物流是指为了满足客户的需要，以最低的成本，通过运输、保管、配送等方式，实现原材料、半成品、成品及相关信息由商品的产地到商品的消费地所进行的计划、实施和管理的全过程。

物流一般是由对商品的运输、仓储、包装、搬运装卸、流通加工以及相关的物流信息等环节构成的，并对各个环节进行综合和复合化后所形成的最优系统。物流通过运输解决对货物空间位置上的变化要求，通过存储调节解决对货物的需求和供给之间的时间差。在全球产业链紧密结合的时代，物流水平代表一个国家的经济发展程度，而物流管理则是物流水平的集中体现。物流的管理就是如何按时、按质、按量，并且以系统最低的成本费用把所需的材料、货物运到生产和流通领域中任何一个所需要的地方，以满足人们对货物在空间和时间上的需求。

（二）物流的发展

1. 传统物流

“传统物流”的作用领域以商品的销售作为主要对象，具体完成将生产的商品送交消费者的过程中所发生的各种活动，包括公司内部原材料的接收和保管，产成品的接收和保管，工厂内部及物流中心的运输等。

2. 综合物流

“综合物流”大大拓宽了传统物流的领域和功能，将原材料的采购、商品的生产、传统物流和商品的销售等予以综合的考虑。也就是对从采购原材料开始到最后将产品送交顾客这一物流的全过程进行综合一体化管理。

3. 现代物流

社会生产和科学技术的发展使物流进入了“现代物流”的发展阶段，其标志是物流活动领域中各环节的技术水平得到不断的提高。

（三）电子商务物流

电子商务物流是指基于信息流、资金流、网络化的物流或服务的配送活动，包括实体商品（或服务）的物流传送和软件商品（或服务）的网络传送。

电子商务活动中的任何一笔交易都包含着三种“流”，即信息流、资金流和物流。物流是这三种流中最特殊的一种“流”，涵盖了商品或服务的活动流动过程。物流包括运输、储存、配送、装卸、保管等各种活动。少部分的服务或无形商品可以直接通过互联网传输的方式进行商品配送，如信息询问服务、计算机软件、电子出版物等。而对于大多数实体商品和服务来说，其配送或商品的所有权转移仍需要经过物理方式传输，但由于一系列机械化、自动化工具的应用，准确、及时的物流信息对物流过程的监控，使物流的流动速度加快，准确率提高，能有效地减少库存，缩短周转周期。

二、物流活动的要素

物流活动的要素即物流活动的基本功能，是指物流活动所具有的基本能力。通过对物流要素的有机结合，形成物流的总体功能，进而实现物流的经济目标。

（一）运输

运输是指利用各种运输设备和工具，将物品从一个地点向另一个地点运送的物流活动。其主要任务是对物品进行较长距离的空间位移，包括集货、分配、搬运、中转、卸下、分散等一系列操作。

运输是物流活动的主要要素之一，创造空间价值，是第三利润源的主要源泉。运输主要涉及以下问题。

第一是各种运输方式的选择。商家应根据运输物品的属性特征、运输需求、运输费用的承担能力、运输条件等因素，科学合理地选择运输方式。运输方式主要有铁路运输、公路运输、水路运输、航空运输和管道运输等。不同的运输方式各有其不同的优缺点和适用性。

第二是运输路线的确定。运输路线与运输费用、运输时间等息息相关。

第三是物流合理化。追求物流合理化也就是选择最优运输方案。在很大程度上，物流合理化依赖于运输合理化。影响运输合理化的因素很多，其中起重要作用的包括运输距离、运输环节、运输工具、运输时间和运输费用。实现运输合理化，还必须避免各种不合理的运输现象，如空载、对流运输、迂回运输、重复运输、过远运输、无效运输等。

为了实现运输安全、经济、迅速、准时的目标，物流必须对运输过程中所实施的各种技术、措施、方法等进行科学的管理和统一规划。

（二）储存

储存功能是物流的基本功能之一。储存（Storing）是指保护、管理、储藏物品，具有时间调整和价格调整的功能。它的重要设施是仓库，在商品入库的基础上进行在库管理。物流中经常涉及库存、储备及储存这几个概念，而且经常被混淆。

库存指的是仓库中处于暂时停滞状态的物资。物资储备是一种有目的的储存物资的行动，也是这种有目的的行动和其对象总体的称谓。储备和库存的本质区别在于：第一，库存明确了停滞的位置，而储备这种停滞所处的地理位置远比库存广泛得多，储备的位置可能在生产及流通中的任何节点上，可能是仓库中的储备，也可能是其他形式的储备；第二，储备是有目的的、能动的、主动的行动，库存有可能不是有目的的，有可能完全是盲目的。

储存是包含库存和储备在内的一种广泛的经济现象，是一切社会形态都存在的经济现象。马克思指出“产品储存是一切社会所共有的，即使它不具有商品储备形式这种属于流通过程的产品储备形式，情况也是如此”。在任何社会形态中，对于不论什么原因形成停滞的物资，不论是什么种类的物资，在没有进入生产加工、消费、运输等活动之前或在这些活动结束之后，总是要存放起来，这就是储存。

（三）包装

我国在《中华人民共和国国家标准——包装术语 第1部分：基础》（GB/T4122.1—2008）中对包装的定义是：为了在流通过程中保护产品，方便储运，促进销售，按照一定技术方法而采用的容器、材料及辅助物等的总称。也指为了达到上述目的而采用容器、材料和辅助物的过程中施加一定方法等的操作活动。

从社会再生产过程来看，包装既是生产的终点，同时又是物流的起点，而且包装与物流的联系比与生产的联系更紧密。

包装在物流中的作用有以下三点。

（1）保护物品。保护物品不受损害是包装的主要作用。物品在运输、储存、装卸搬运等复杂的物流过程中，容易受到各种冲击、摩擦、振动等伤害，容易发生受潮、生锈、发霉等变化，容易受到各种微生物、老鼠等有害生物的侵袭，有了合理的包装，就能保护物品在物流过程中免受质量和数量上的损失。

（2）方便物流。物品经过适当的包装能为装卸提供方便，加快装卸速度，提高装卸效率，实现安全装卸。

（3）促进销售。包装的促销作用是指包装能促成商品的销售，加快商品的流转。

要充分发挥包装的作用，就得要求包装的合理化，要科学地选用包装材料，灵活地设置包装方式，恰当地运用包装技术。注意包装的“度”，“过度”包装是不可取的。要讲求包装标准化，包装标准化包括包装的规格尺寸标准化、包装工业的产品标准化和包装强度的标准化三个方面的内容。

（四）装卸搬运

装卸搬运是指在同一地域范围内（如车站范围、工厂范围、仓库内部等）进行的，以改变物品的存放、支承状态和改变物品空间位置的活动。装卸搬运作业的基本活动包括装车、卸车、移送、拣选、分类、堆垛、入库、出库等活动。在一般情况下，物品存放的状态和空间位置是密切相连、不可分割的，因此，人们常常用“装卸”或“搬运”来代替装卸搬运的完整意义。例如，在流通领域里，装卸搬运活动被称为“货物装卸”，而在生产领域中则被称为“物料搬运”。在整个物流活动中，如果强调存放状态改变时，一般用“装卸”反映；如果强调空间位置改变时，常用“搬运”反映。在物流系统的合理化中，装卸搬运不仅发生次数频繁，而且其作业内容复杂，又是劳动密集型、耗费人力的作业，因此它所消耗的费用在物流费用中也占相当大的比重。

（五）流通加工

流通加工是物流中具有一定特殊意义的物流形式，它不是每个物流系统必需的功能。在进入流通领域后，物品还需按用户的要求进行一定的加工活动，即在物品从生产者向消费者流动的过程中，为了促进销售，维护产品质量，实现物流的高效率所采取的使物品发生物理和化学变化的功能，这就是流通加工。

流通加工在物流中有重要的意义，属于增值服务范畴，有强劲的发展前途。流通加工有如下优势。其一，弥补生产加工的不足。生产加工一般属于大批量的生产活动，有时不能完全满足用户临时、个体需要，要弥补生产加工的不足，流通加工是理想的方式。其二，方便配送。企业在安排配送时，必然要考虑用户的条件与需求，而要更好地考虑用户的条件、满足用户的需求，就要运用流通加工手段。尤其在企业自行安排流通加工与配送的情况下，合理地将流通加工与配送很好地衔接，会使物流整个过程顺利实现。

（六）物流信息

物流信息是反映各种物流活动内容的知识、资料、数据和文件的总称。物流信息是伴随着企业物流活动的发生而产生的，企业如果希望对物流活动进行有效控制就必须及时掌握准确的物流信息。由于物流信息贯穿于物流活动的整个过程，并通过其自身对整体物流活动进行控制，因此，我们称物流信息为物流的中枢神经。

物流信息是现代物流区别于传统物流的关键，现代物流的重要特征是物流的信息化，可以说现代物流是物资实体流通与信息流通的有机结合。在现代物流运作过程中，通过使用计算机技术、通信技术、网络技术等，极大地加快物流信息处理和传递速度，物流活动效率和快速反应能力得到提高。

从供应链的角度来看，现代物流通过信息功能，实现了对供应商、批发商、零售商、用户等各类企业信息的连接。物流信息可以使供应链上的各个企业都提高效率，满足它们对控制计划生产、协调客户服务进行有效管理的要求，从而提高对客户的服务水平和降低总成本。

三、电子商务物流的特点

电子商务时代的来临，给全球电子商务带来了新的发展，使物流具备了以下特点。

1. 信息化

物流信息化是电子商务的必然要求。物流信息化表现为物流信息的商品化、物流信息收集的数据库化和代码化、物流信息处理的电子化和计算机化、物流信息传递的标准化和实时化、物流信息存储的数字化等。因此，条码（Bar Code）技术、数据库（Database）技术、电子订货系统（Electronic Ordering System，EOS）、电子数据交换、快速反应（Quick Response，QR）以及有效的客户反映（Effective Customer Response，ECR）、企业资源计划（Enterprise Resource Planning，ERP）等技术与观念在我国的物流企业中将会得到普遍的应用。信息化是一切的基础，没有物流的信息化，任何先进的技术设备都不可能应用于物流领域，信息技术及计算机技术在物流中的应用将会彻底改变世界物流的面貌。

2. 自动化

自动化的基础是信息化；自动化的核心是机电一体化；自动化的外在表现是无人化；自动化的效果是省力化；另外自动化还可以扩大物流作业能力，提高劳动生产率，减少物流作业的差错等。物流自动化的设施非常多，如条码 / 语音 / 射频自动识别系统、自动分拣系统、自动存取系统、自动导向车、货物自动跟踪系统等。这些设施在发达国家已普遍用于物流作业流程中，在我国虽然物流业起步晚，但自动化技术应用的速度非常快。

3. 网络化

物流网络化包括两层含义。一是指物流配送系统的计算机网络通信，物流配送中心与供应商或制造商的联系要通过计算机网络通信，与下游顾客之间的联系也要通过计算机网络通信，比如通过物流配送中心向供应商提出订单的过程，就可以使用计算机网络通信的方式，借助于增值网（Value Added Network，VAN）上的电子订货系统（EOS）和电子数据交换来自动实现，物流配送中心通过计算机网络收集下游客户的订货过程也可以自动完成。二是组织的网络化，即所谓的企业内部网。物流的网络化是物流信息化的必然，是电子商务环境下物流活动的主要特征之一。互联网等全球网络资源的可用性及网络技术的普及为物流的网络化提供了良好的外部环境，物流网络化不可阻挡。

比如我国台湾地区的计算机行业在 20 世纪 90 年代创造出了“全球运筹式产销模式”。这种模式的基本点是按照客户订单组织生产，生产采取分散形式，即将全世界的计算机资源都利用起来，采取外包的形式将一台计算机的所有零部件、元器件、芯片外包给世界各地的制造商去生产，然后通过全球的物流网络将这些零部件、元器件和芯片发往同一个物流配送中心进行组装，由该物流配送中心将组装的计算机迅速发给客户。这一过程需要有高效的物流网络支持，当然物流网络的基础是信息、计算机网络。

4. 智能化

智能化是物流自动化、信息化的一种高层次应用。物流作业过程中大量的运筹和决策，如库存水平的确定、运输（搬运）路径的选择、自动导向车的运行轨迹和作业控制、自动分拣机的运行、物流配送中心经营管理的决策支持等问题都需要借助大量的知识才能解决。在物流自动化的进程中，物流智能化虽是不可回避的技术难题，但也是电子商务环境下物流发展的一个新趋势。

5. 柔性化

柔性化本来是为实现“以顾客为中心”的理念而在生产领域提出的，但要真正做到柔性化，即能够真正地根据消费者需求的变化来灵活调节生产工艺，没有配套的柔性化的物流系统是不可能达到目的的。20 世纪 90 年代，国际生产领域纷纷推出弹性制造系统（Flexible Manufacturing System，FMS）、计算机集成制造系统（Computer Integrated Manufacturing System，CIMS）、制造资源系统（Manufacturing Requirement Planning，MRP）、企业资源计划以及供应链管理的概念和技术，这些概念和技术的实质是要将生产、流通进行集成，根据需求端的需求组织生产并安排物流活动。因此，柔性化的物流正是适应生产、流通与消费的需求而发展起来的一种新型物流模式。这就要求物流配送中心要根据消费需求“多品种、小批量、多批次、短周期”的特色，灵活组织和实施物流作业。

另外，物流设施、商品包装的标准化，物流的社会化、共同化也都是电子商务环境下物流模式的新特点。

四、物流在电子商务中的地位与作用

（一）物流是电子商务的重要组成部分

电子商务概念的提出首先是在美国。美国的物流管理技术自 1915 年发展至今已有 100 多年的历史，通过利用各种机械化、自动化工具及计算机和网络通信设备，物流管理技术早已日臻完善。同时，美国作为一个发达国家，其技术创新的本源是需求，即需求拉动技术创新。如作为电子商务前身的电子数据交换的产生是为了简化烦琐、耗时的订单等处理过程，以加快物流的速度，提高物资的利用率。电子商务的提出最终是为了解决信息流、商流和资金流处理上的烦琐，从而大幅提高现代化的物流速度。

可见，美国在定义电子商务概念之初，就有强大的现代化的物流作为支持，只需将电子商务与其进行对接即可，而并非电子商务过程不需要物流的电子化。我国作为一个发展中国家，物流业起步晚，在引进电子商务时，并不具备能够支持电子商务活动的现代化物流水平，所以，想要更好开展电子商务，一定要持续建设、改进和完善相应的现代物流体系。如果缺少了现代化的物流过程，电子商务过程就不完整。

（二）物流是实现电子商务的重要环节和基本保证

物流是实现电子商务的重要环节和基本保证。

（1）物流保障生产。无论是在传统的贸易方式下还是在电子商务方式下，生产都是商品流通之本，而生产的顺利进行需要各类物流活动的支持。生产的全过程从原材料的采购开始，便要求有相应的供应物流活动，否则，生产就难以进行；在生产的各工艺流程之间，也需要原材料、半成品的物流过程，即生产物流，以实现生产的连续性；在生产的各工艺流程之间，也需要有相应的供应物流活动，部分余料、可重复利用物资的回收，就需要回收物流；废弃物的整理则需要废弃物物流。可见，整个生产过程实际上就是系列化的物流活动。企业通过合理化、现代化的物流来降低成本，优化库存结构，减少资金占压，缩短生产周期，从而保障了现代化生产的高效进行。

（2）物流服务于商流。在商流活动中，商品所有权从购销合同签订的那一刻起，便由供应方转移到需求方，但商品并没有因此而移动。在传统的交易过程中，除了非实物交割的期货交易外，一般的商流都必须伴随相应的物流活动，即按照需求方的要求将商品实体由供应方以适当的形式、途径向需求方转移。在电子商务方式下，消费者通过网络点击购物，完成了商品所有权的交割过程，即商流过程。但电子商务的活动并未结束，只有商品和服务真正转移到消费者手中，电子商务活动才结束。在整个电子商务的交易过程中，物流实际上是以商流的后续者和服务者的姿态出现，没有现代化的物流，轻松的商流活动都会化为一纸空文。

（3）物流是实现“以顾客为中心”理念的根本保证。电子商务的出现，在最大程度上方便了最终消费者。消费者不必再到拥挤的商业街，一家又一家地挑选自己所需的商品，而只要坐在家里，在互联网上搜索、查看、挑选，就可以完成他们的购物过程。试想，消费者所购的商品迟迟不能送到，或商家送到的并非消费者所购买的商品，那消费者还会选择网上购物吗?

物流是电子商务中实现“以顾客为中心”理念的根本保证。缺少了现代化的物流技术，电子商务给消费者带来的购物便捷则等于零，消费者必然会转向他们认为更安全的传统购物方式。

五、电子商务物流的基本技术

（一）条码技术

条码是一个机器可以识别的符号。条码技术为我们提供了一种对物流中的物品进行标识和扫描的方法。借助自动识别技术、POS 系统、EDI 等现代技术手段，企业可以随时随地了解有关产品在供应链上的位置，并及时做出反应。条码是实现 POS 系统、EDI、电子商务、供应链管理的技术基础，是物流管理现代化、提高企业管理水平和竞争能力的重要技术手段。

目前，物流作业中主要使用的条码有一维码、二维码和三维码。一维码相比二维码来说，其数据容量较小，只能包含字母和数字，条码尺寸相对大，条码受到损坏后便不能阅读。二维码被广泛应用于电子商务。三维码是一项新兴的条码技术，与传统二维码相比具有更大的信息容量、相同的识别和安全性。

（二）射频技术

射频（Radio Frequency，RF）技术的基本原理是电磁理论。较常见的应用有无线射频识别（Radio Frequency Identification，RFID），其原理为由扫描器发射特定频率的无线电波能量给接收器，用以驱动接收器电路将内部的代码送出，此时扫描器便接收此代码。接收器的特殊在于免用电池、免接触、免刷卡，故不怕脏污，且晶片密码世界唯一无法复制，因此它的安全性更高、寿命更长。

RFID 的应用非常广泛，在物流管理中，它可以应用在物流活动的各个环节上来跟踪货物，实时掌握商品的动态信息，同时可以缩短作业时间，改善盘点作业质量，增大配送中心的吞吐量，降低运转费用，实现可视化管理，信息的传送更加迅速、准确。

（三）便携式数据终端及其应用

便携式数据采集器是集激光扫描、汉字显示、数据采集、数据处理、数据通信等功能于一体的高科技产品，它相当于一台小型的计算机，是将计算机技术与条码技术完美结合、利用物品上的条码作为信息快速采集的手段。简单地说，它兼具了笔记本电脑、条码扫描器的功能，目的是进行数据的采集和传送。

便携式数据采集器作为一种快速、高效的移动信息采集、处理终端，在物流管理中有着极为广泛的应用前景。应用便携式数据终端，可以提升员工的工作效率，改善移动工作人员的管理方式，并及时掌握商品在制造、运输、仓储和销售过程中的实时数据。

在物流企业提供服务日渐同质化的今天，如何提升企业自身的工作效率以及对客户的服务水准，或将成为企业制胜的关键。将移动数据终端运用到物流的各个环节，不仅提升了企业本身的工作效率，而且能大幅提升客户体验。可以说，物流企业的竞争是一场信息化水平的竞争。

（四）GIS 及其应用

地理信息系统（Geographic Information System，GIS）是多种学科交叉的产物，它以地理空间为基础，采用地理模型分析方法，实时提供多种空间和动态的地理信息，并且对地理空间中的有关地理分布数据进行采集、储存、分析和可视化的表达，是一种为地理研究和地理决策服务的计算机技术系统。其基本功能是将表格型数据（无论它来自数据库，电子表格文件或直接在程序中输入）转换为地理图形显示，然后对显示结果浏览、操作和分析。其显示范围为从洲际地图到非常详细的街区地图，显示对象包括人口、销售情况、运输线路以及其他内容。

GIS 在物流中的应用主要体现在 GIS 能够构建一些模型，解决在运输、配送、保管等物流功能中的优化问题，能够提高物流的效率和效益。GIS 在物流中的模型主要有车辆路线模型（最短线路模式）、网络物流模型、分配集合模型和设施定位模型等。

（五）卫星导航与定位技术

1. GPS 及其应用

全球定位系统（Global Positioning System，GPS）具有在海、陆、空进行全方位实时三维定位的能力。GPS是由美国国防部研制建立的一种具有全方位、全天候、全时段、高精度的卫星导航系统，能为全球用户提供低成本、高精度的三维位置、速度和精确定时等导航信息，是卫星通信技术在导航领域的应用典范，它极大地提高了社会的信息化水平，有力地推动了数字经济的发展。GPS在物流领域可以应用于汽车自定位、跟踪调度，也可用于铁路运输管理和军事物流管理中。

2. BDS及其应用

中国北斗卫星导航系统（BeiDou Navigation Satellite System，BDS）是中国自行研制的全球卫星导航系统，也是继美国全球定位系统、俄罗斯格洛纳斯卫星导航系统（GLONASS）之后第三个成熟的卫星导航系统，能更好地服务于国家建设与发展，满足全球应用需求。中国北斗卫星导航系统是我国重要的空间信息基础设施。该系统已成功应用于测绘、电信、水利、渔业、交通运输、森林防火、减灾救灾和公共安全等诸多领域，产生了显著的经济效益和社会效益。特别是在2008年北京奥运会、汶川抗震救灾中，该系统发挥了重要作用。

第二节　电子商务物流模式

案例 5-2

亚马逊美国网站物流模式分析

亚马逊公司（Amazon，简称亚马逊），是美国最大的一家网络电子商务公司，位于华盛顿州的西雅图，是互联网历史上最早开始经营电子商务的公司之一。亚马逊成立于1995年，一开始只经营网络的书籍销售业务，现在则扩及范围相当广的其他产品，已成为全球商品品种最多的网上零售商和全球第二大互联网企业。

1995年成立之初，亚马逊就注重物流中心的建立和配套基础设施的组建。同时，亚马逊加大对物流技术的科研投入，这就使其在物流领域有着竞争对手很难逾越的物流技术壁垒。物流中心的建立和物流技术的研发为亚马逊的全球扩张提供了良好的基础。亚马逊的物流模式主要有以下几种。

1. 自建物流中心

在亚马逊配送商品的“运送日期”一栏上，显示的是承诺送到的日期，而不是发货日期。因为何时送到，这才是客户最关心的问题，因此降低成本，实现订单快速交付，提高配送服务质量，成了亚马逊的目标。在公司创立后的第三年，亚马逊就开始投资自建物流配送中心。目前，亚马逊已在美国拥有76个大型物流中心，以及包括分拣中心在内的85个小型配送中心。在英国、法国、德国等欧洲国家，以及日本、中国等亚洲国家都建有配送中心。同时通过电子数据交换系统，顾客可以随时查询订购状况、追踪自己的包裹。由于购物没有地域限制是电子商务的一个重要竞争力，因此如何打破消费者网络购物的地域局限便是这类公司必须思考的问题。2017年上半年，亚马逊仓储物流费用已达近百亿美元，在公司营业开支中比例提升至14%。自建物流中心有利于亚马逊对仓储环节进行把控，提升物流效率。亚马逊自建仓储物流可以将配送时效提升至2天内，部分商品和地区甚至可以实现当日送达。

2. 第三方物流模式

除自建物流配送中心外，亚马逊还与许多第三方物流公司开展合作。针对最后一公里末端配送，亚马逊采取与第三方物流合作的模式。亚马逊通过“邮政注入”减少送货成本。即使用自己的货车或由独立的承运人将整卡车的订购商品从亚马逊的仓库送到当地邮局的库房，再由邮局向顾客送货。这样就可以免除邮局对商品的处理程序和步骤，为邮局发送商品提供便利条件，也为自己节省了资金。首先，这种方式能将物流业务从网站的主体业务中剥离，最大限度地降低物流给网站所带来的成本压力，并使网站集中优势资源进行市场开发和提高核心竞争力。其次，它将配送外包给专业的第三方物流公司，增强网站在国内众多的干线配送上的物流能力。最后这种方式具有灵活的扩展性，开拓新的区域只要在该地区选择优质的物流提供商即可完成区域布局，实现远程物流配送服务。在美国国内，亚马逊将配送业务外包给美国邮政和UPS；将国际业务外包给FedEx、国际海运公司等专业的物流企业。通过外包配送业务，在享受专业化服务、保证配送质量的同时，亚马逊降低了自己配送的经营风险，同时也降低了物流成本。

资料来源：根据经管之家网站案例库——亚马逊物流案例改编。

案例分析

1. 亚马逊美国网站物流模式的特点是什么？
2. 试分析亚马逊与第三方物流企业合作的优势和劣势。

一、电子商务物流模式的内涵

电子商务物流模式是指利用网络信息技术和电子商务技术，对物流服务和流程环节进行自动化、智能化和电子商务改造，具体来说，主要是针对企业的原材料采购流程、生产制造流程、包装再加工流程、运输仓储流程、装卸搬运流程、配送发货流程等实体业务流程进行电子商务改造以及对各流程中产生的物流、信息流、资金流和商流进行有效的集成和共享。目前电子商务物流模式主要有三种类型：自营物流、第三方物流、物流联盟。

二、自营物流

（一）自营物流定义

自营物流模式是指电子商务企业，自行组建物流配送系统，经营管理企业的整个物流运作过程。采取自营物流模式的电子商务企业主要有两类。一类是资金实力雄厚且业务规模较大的电子商务公司。这些电子商务公司手中持有大量的风险投资，为了抢占市场的制高点，不惜动用大量资金，在一定区域甚至全国范围内建立自己的物流配送系统。第二类是传统的大型制造企业或批发企业经营的电子商务网站，由于其自身在长期的传统商务中已经建立起初具规模的营销网络物流配送体系，因此在开展电子商务时企业只需将其加以改进、完善，就可满足电子商务条件下对物流配送的要求。

（二）自营物流的优点

企业自身组织物流配送，能够掌握交易的最后环节，有利于企业掌握对客户的控制权，有利于控制交易时间。自营物流企业直接支配物流资产，控制物流职能，保证供货的准确与及时，保证顾客的服务质量，维护了企业和顾客的长期关系。特别是在本地的配送上，电子商务企业自己的配送队伍可以在网上接到订单后立即进行配送，减少了向其他配送公司下达配送手续的环节，保证了最短的配送时间，满足消费者“即购即得”的购物心理。自营物流的主要优点有以下几点。

1. 能充分利用现有资源

自营物流最大的优点就是能充分利用现有企业物流资源，包括企业的仓库、运输设备等固定资产。有些企业将部分一线员工下放到物流部门作为企业人力资源的一种调节。企业物流资源还包括企业已经建立的物流网络资源。

2. 管理方便，沟通渠道畅通

自营物流模式由于全部由企业自己经营物流，物流管理人员都是本企业人员，因此管理方便。物流管理人员和其他部门沟通容易，信息渠道畅通，为做好物流提供了良好的环境。

3. 及时了解客户的需求信息

自营物流模式企业直接面对客户，既可以直接快速为客户服务，又可以在与客户沟通时及时获得客户的意见反馈和需求信息。这样做不仅可以及时改进服务，减少客户的不满意情绪，还可能获得客户对产品改进的建议。

（三）自营物流的缺点

1. 物流成本难于计算

目前我国大多数企业计算物流成本时只计算付给运输承运人的运输费用或保管费用。其实真正的物流成本还包括公司内部物流的成本，公司内部的物流成本包括人工费、固定资产折旧费、保险费、水电费、租金等。在现行的会计制度下计算这些费用比较困难。

2. 资金灵活性受限

物流建设的一次性成本投入非常大，不仅包括物流平台的建设，还有物流渠道的开拓。一个完善的物流系统需要一定的系统规模，只有系统规模足够大才能降低成本，且前期物流的网络铺设是一个时间较长的过程，这对于企业资金流动性和灵活性有所制约。

3. 物流管理难于专业化

一般企业的物流管理局限于企业的资源，这不利于建立先进的物流信息系统。企业获取自营物流模式需要投入大量的资金，建立配送中心，建设仓库和信息网络，购买物流设备等专业物流设施和组建自己的物流配送队伍。固定资产投入增多，给企业财务增加了压力。在庞大的物流体系建成后，还需要具有专业化的物流管理能力，这相对提高了企业在对物流管理人员上的要求与投入。

三、第三方物流

（一）第三方物流的定义

第三方物流（Third-Party Logistics，3PL）是指独立于买卖之外的专业化物流公司，长期以合同或契约的形式承接供应链上相邻组织委托的部分或全部物流功能，因地制宜地为特定企业提供个性化的全方位物流解决方案，实现特定企业的产品或劳务快捷地向市场移动，在信息共享的基础上，与委托方实现优势互补，从而降低物流成本，提高经济效益。

第三方物流是物流专业化的重要形式，它的发展过程体现了一个国家物流产业发展的整体水平。第三方物流是一个新兴的领域，采用第三方物流模式对于提高企业经营效率具有重要作用，有利于确保企业的专业化生产，降低费用，提升企业的物流水平。

（二）第三方物流的优点

1. 有利于企业集中核心业务，培育核心竞争力

对于绝大部分的电子商务企业而言，其核心竞争力并不是物流，企业使用第三方物流可以使企业实现资源的优化配置，将有限的人力、财力集中于核心业务，进行重点研究，发展基本技术，努力开发出新产品参与市场竞争，增加企业的核心竞争力。如北京图书大厦专注于图书的采购和宣传、销售，对电话或网上购书的用户，委托邮政系统作为第三方物流进行配送，企业没有在物流上耗费太多的精力，却取得了很好的业绩，达到了双赢的效果。

2. 降低成本，减少资本积压

企业利用第三方物流提供的规模生产的专业优势和成本优势，可以提高各环节的能力和利用率，从而使企业节省费用。随着规模的不断扩大，企业对营销服务任何程度的深入参与，都会引起相关费用的大幅度增长，使用专业服务公司提供的公共服务可以减少额外的损失。根据美国田纳西大学组织的一项调查显示，通过第三方物流公司的服务，企业物流成本会下降 11.8%，物流资产下降了 24.6%，办理订单的周转时间从 7.1 天缩短为 3.9 天，存货总量下降了 8.2%。

3. 提升企业形象

第三方物流与企业是战略伙伴关系，它们的共同目标是为消费者提供全面快捷且体贴的服务。第三方物流利用较完备的技术设施和训练有素的员工，对整个供应链实现完全的控制，减少物流的复杂性。通过自己的网络体系，第三方物流帮助企业改进服务，提升企业的品牌形象。第三方物流可以通过“量体裁衣”式的设计，制订出以消费者为

导向、低成本、高效率的物流方案，为企业在竞争中取胜创造有利条件。

4. 提高企业经营效率

一方面，采用第三方物流可以使企业专心致志地从事自己所熟悉的业务，将资源配置在核心事业上。另一方面，第三方物流作为专业的物流行家已经具有丰富的专业知识和经验，有利于提高企业的物流水平。随着市场环境的不断变化，企业的生产经营活动也越来越复杂，要实现物流活动的合理化，仅仅将物流系统局限在企业内部是远远不够的。建立企业间、跨行业的物流系统网络，将原材料生产企业、制品生产企业、批发零售企业等生产流通全过程上下游相关的物流活动有机地联合起来，形成一个链状的商品供应系统，是现代物流系统的要求。第三方物流通过其掌握的物流系统开发设计能力、信息技术能力，成为企业间物流系统网络的组织者，帮助企业，特别是中小型企业完成无法完成的工作。

（三）第三方物流的缺点

1. 第三方物流尚未成熟

第三方物流在我国发展的时间不长，我国第三方物流尚未成熟，成本节约、服务改进的优势在我国尚不明显。一方面，第三方物流总体缺乏合格的专业人员设计评估物流系统，许多物流公司不能对客户希望的服务要求做出全面反映。另一方面，合同不规范或双方都不知道如何规定合同款项中的服务要求。中国的第三方物流产业尚处于起步阶段，市场规模还较小，而且高度分散，因此迫切需要政府部门的大力支持和推动，为现代物流的发展创造良好的宏观环境。

2. 容易受制于人

对电子商务企业而言，服务质量与效率会对企业正常的生产经营活动产生严重影响。因此第三方物流往往利用这种有利的地位控制对方，随时提高价格，并转向那些能满足它们利益的客户，从而产生种种机会主义行为，如不按合同规定的时间配送，装卸搬运过程中故意要挟等。在供应链中，第三方物流还不成熟，电子商务企业如过分依赖供应链伙伴，容易受制于人，在供应链关系中处于被动地位，供应链的控制能力差，容易与最终顾客失去联系，并有被淘汰出局的危险。

案例 5-3

冠生园集团的第三方物流

冠生园集团是国内唯一一家拥有“冠生园”“大白兔”两个驰名商标的老字号食品集团，生产的食品总计达到了 2 000 多个品种，其中糖果销售近 4 亿元。近几年，冠生园集团生产的大白兔奶糖、蜂制品系列、冷冻微波食品、面制品等新产品市场需求逐步增加，但运输配送却跟不上。冠生园集团拥有的货运车辆近 100 辆，要承担上海市 3 000 多家大小超市和门店的配送。由于长期计划经济体制造成运输配送效率低下，因此集团常常出现淡季运力空放，旺季忙不过来的现象。加上车辆的维修更新，每年维持车队运行的成本费用要上百万元。为此冠生园集团专门召开会议，研究如何改革运输体制，降低企业成本。

经研究，冠生园集团决定强化物流管理工作，使用第三方物流，克服靠自己运输配送带来的弊端，加快产品流通速度，增强企业效益，使冠生园集团的产品更多、更快地进入千家万户。2002年年初，冠生园集团下属合资企业达能饼干公司率先做出探索，将公司产品配送运输全部交给第三方物流。

冠生园集团自委托第三方物流以来，产品的流通速度明显加快，原来铁路运输发往北京需7天，现在只需两三天，而且实行的是门对门的配送服务。由于第三方物流配送及时周到、保质保量，集团的销售额有了较大增长。此外，更重要的是使企业的领导从非生产性的后道工序、包装、运输中解脱出来，集中精力抓好生产，开发新品，提高质量，改进包装。第三方物流能为企业节约物流成本，提高物流效率，这已被越来越多的企业，特别是中小企业所认识。据美国波士顿东北大学供应链管理系统调查，《财富》500强中的企业有六成半都使用了第三方物流服务。在欧洲，很多仓储和运输业务也都是由第三方物流来完成的。

资料来源：根据MBA智库文档网站案例——冠生园第三方物流案例改编。

案例分析

1. 冠生园集团为什么放弃了自营物流而选择第三方物流模式？

2. 第三方物流模式给冠生园集团带来了哪些转变？

四、物流联盟

（一）物流联盟的定义

物流联盟是以物流为合作基础的企业间的战略联盟。它是指两个或多个企业之间，为了实现自己的物流战略目标，通过各种协议、契约而结成的优势互补、风险共担、利益共享的松散型网络组织。其目的是实现联盟参与方的“共赢”。物流联盟具有相互依赖、核心专业化、强调合作的特点。物流联盟是一种介于自营和外包之间的物流模式，它可以降低前两种模式的风险，达到比单独从事物流活动取得更好的效果，并能促成企业间形成相互信任、共担风险、共享收益的物流伙伴关系。

（二）物流联盟的优点

1. 减少了相关交易费用

物流合作伙伴之间经常沟通与合作，可使搜寻交易对象信息方面的费用大为降低；通过提供个性化的物流服务建立起来的相互信任与承诺，合作伙伴可减少各种履约的风险；物流契约一般签约时间较长，可通过协商来减少在服务过程中产生的冲突。

2. 有效地维持物流联盟的稳定性

双方出于自身的利益选择有效的长期合作是最优策略，进而双方可以充分依靠建立联盟机制协调形成的内部环境，减少交易的不确定性和降低交易频率，降低交易费用，实现共同利益最大化。

3. 激励双方共同获得稳定的利润率

从物流发展的角度看，物流联盟是企业与专业物流服务商建立的一种现代物流合作形式。在物流联盟中，随着物流组织的发展，供应链中的联系会进一步加深，同时也会通过协作加深用户的物流需求，双方开展持续、诚信的合作，可以相互学习对方的优点，如技术优势、丰富的经验等。这使联盟中的每个成员都成为受益者，从而提高客户服务能力，减少成本，提高利润率和获得持久的竞争优势。

（三）物流联盟的缺点

一些企业为了发展物流联盟，对物流联盟投入了过多的精力、物力和财力，以适应不断变化发展的市场竞争形势，相反对企业所涉及的主业发展相对有些忽略，久而久之，企业的专业化水平会有所下降和减弱，从而使其市场竞争力下降，市场份额减少，渐渐退出了人们的视线和市场。另外，物流联盟企业间需要达到共同的目标和物流战略，选择长期且稳定的联盟对象具有难度。一旦建立长期物流联盟关系，企业间可能相互依赖性过强，而企业内部也会出现因分歧带来的不稳定性。

五、物流模式选择的影响因素

1. 企业规模与实力

电商企业的实力水平直接决定了其物流模式的资金投入水平、基础设施水平、信息技术水平等，企业的规模决定了企业的盈利水平，企业的业务量大小决定最终单位成本的高低。同时如果没有大量的资金支持，电商企业就不可能完成自身物流体系的建设。所以对于业务量小、资金有限的中小规模电子商务企业来说自营物流模式是不可取的，对于这类企业而言，最好的物流模式就是选择客户满意度较高的第三方物流。

2. 物流运营成本

电商企业在选择物流模式的时候，需要综合考虑物流活动的运营总成本，对物流活动涉及的各环节成本费用进行预测估算。无论是自营还是第三方物流都必须对各种物流模式下企业物流的总成本构成有一个清晰的认识和比较。每个物流模式都对应着一套物流系统，而物流系统的运营成本包括基础投入成本、运输配送成本、流通加工成本、仓储费用、采购成本、信息处理成本、顾客服务费用、物流人员管理费用等。在选择物流模式和设计物流系统时，企业以最优化为原则对物流模式和系统的总成本加以检验，最终选出最优的物流模式。

3. 提升企业竞争力的作用

在选择物流模式时，企业还要考虑不同的物流模式对提升企业竞争力的作用。比如企业虽然具备自营物流的实力，但其侧重点并非在提供差异化物流服务的优势上，而在电子商务企业核心业务的发展上，此时，第三方物流的服务质量足以满足其对物流的需求，而自营物流则有可能成为企业的负担。

第三节　电子商务物流中心

案例 5-4

京东大型物流配送中心之昆山无人分拣中心

2010 年，京东正式启动“亚洲一号”项目，它是京东在全国范围内的大型物流仓储中心。它通过在存储、拣选、包装、输送、分拣等环节大规模应用自动化设备、智能管理系统，降低了物流成本和提升了运作效率。在“亚洲一号”项目上，京东物流基本上已经实现了全国范围内的领先水平。在市场需求和自身发展需求的双重驱动下，京东开始规划建设昆山无人分拣中心，并于 2017 年 7 月正式投入试运行。

昆山无人分拣中心作为京东物流众多无人化战略项目中的一个，聚焦整个转运环节的无人化，定位于通过机器替代人工，实现货物的快速、高效中转，同时解放人力，尽可能减少现场运营异常情况，从而提高客户满意度。

整个无人分拣中心内的作业全部由京东自主研发的智能管控系统指挥管理，以实现高速交叉带分拣机的自动控制、AGV（自动导引运输车）的搬运调度以及 RFID（无线射频识别技术）信息处理等功能。

该中心主要分为自动卸车区、到件暂存区、空笼存放区、倾倒区（将笼箱内货物倾倒放入输送线）、单件分离区、分拣区、空笼等候作业区、AGV 充电区、RFID 识别区、AGV 自发货区（装车区）等多个功能分区。

分拣中心主要业务流程有以下几个方面。

（1）自动卸车。京东物流车将昆山无人分拣中心周边地区所覆盖的 13 个仓内打包好的快递包裹（规格小于 500mm×500mm×500mm，种类为非液体、易碎品外的全品类商品）以带笼箱运输的方式运抵昆山无人分拣中心站台，系统自动为 AGV 派发卸车任务。AGV 将笼箱从车厢内叉取出来之后，根据业务繁忙程度将笼箱直接运至倾倒区或者送至到件暂存区。

（2）自动供包。利用自动倾倒设备将笼箱内的货物放置在输送线上，货物随输送线被送至单件分离区，空笼箱由 AGV 送至空笼存放区。

（3）自动分离。输送线将包裹分流到三条皮带机上，通过自动化单件分离设备将包裹进行分离，并让包裹在输送线上自动靠边。包裹在到达分拣系统输送线的过程中自动居中，并由测量光幕测量包裹体积、重量等信息，上传智能生产管理系统，同时可追踪视频监控系统，可以实时查询追踪所有数据。

（4）自动扫描。包裹随分拣系统输送线先经过底面扫描，后经过 5 面扫描装置，实现对包裹的 6 面扫描，保证面单信息被快速识别，并上传系统。如果出现扫描异常件，系统则直接将其分配到异常件格口，落入笼箱后等待后续处理。

（5）自动分拣及落包。系统根据包裹信息分配格口，同时控制交叉带分拣机使其落入相对应的笼箱。由于格口与地面有一定距离，为了防止包裹跌落在笼箱外，同时对高速滑落的包裹进行一定缓冲从而保护包裹，在笼箱上部装有防跌落卷帘，当笼箱满半时，防跌落卷帘自动升起。

（6）自动取货。笼箱内的感应装置可以感应货物装载情况，当装满时，会自动发送信号给控制系统，控制系统中止该格口的落包作业，并调度AGV前来取货。与此同时，系统会给另外的AGV下达指令，将暂存在空笼等候作业区的笼箱送至该格口，系统同时恢复该格口的落包指令。其间，笼箱会持续从存放区补货到待作业区。

（7）自动装车。AGV将装满货品的笼箱叉取至笼箱输送导轨上，导轨的电机提供动力将笼箱输送至AGV自发货区，同时导轨也能起到一定的笼箱缓存作用。发货站台上的AGV将笼箱从导轨上取下，经过RFID识别区，由系统识别是否有异常发货订单，如无异常，AGV直接将笼箱送至等候在月台的京东物流车。

该中心是高度自动化和智能化的物流中心，分拣能力达到9 000件/小时，自动化大幅节省了人员（在同等场地规模和分拣货量的前提下，据测算该中心可以节省180人），分拣效率显著提升。

资料来源：摘自《物流技术与应用》杂志。

案例分析

1. 京东昆山无人分拣中心具备哪些功能？
2. 根据案例分析京东昆山无人分拣中心的特点。

一、电子商务物流中心的含义

《中华人民共和国国家标准——物流术语》（GB/T18354—2021）对物流中心的定义是“具有完善的物流设施及信息网络，可便捷地连接外部交通运输网络，物流功能健全，集聚辐射范围大，存储、吞吐能力强，为客户提供专业化公共物流服务的场所”。货物在从生产地向消费地的运动过程中，需要在物流中心进行一系列的物流处理，或集中或分散，或存储或运动，或包装或搬运。物流中心的出现与发展不仅促进了物流的系统化、合理化、现代化和社会化，还有利于物流效益的提高和费用的降低，有利于社会资源的合理配置和优化，为企业进行供应和营销活动提供了有利的条件。

电子商务物流中心是集现代通信技术、信息技术、计算机技术和网络技术为一体的物流中心。这些技术在物流中心活动中的应用，不仅有利于提高物流中的科学管理水平，而且有利于降低物流中心的成本和费用，更好地完成社会赋予物流中心的任务与职能。

随着电子商务物流的进一步发展，电子商务物流中心逐渐被人们解释为仓储中心和配送中心。

二、仓储中心

电子商务的迅猛发展使得企业的市场范围无限扩展，用户可以通过网络在任何时间、地点根据自己的意愿订购所需要的商品。企业为了满足用户的需要，必须在用户指定的时间、地点将商品交付给顾客使用，为了实现这个目的，物流企业除了需要快速运输之外，还需要拥有一定的仓储能力，以便能够应付顾客的紧急需要。因此，仓储系统是电子商务系统中的一个不可或缺的组成部分。它处在整个物流过程的节点上，只有经过这个节点，这个物流过程才能够实现，因此，它被称为电子商务的仓储中心。

（一）仓储的作用

1. 调整产品生产的季节性与需求连续性之间的平衡

一般来说，商品的生产和消费不可能是完全同步的，为了弥补这种不同步带来的损失，就需要储存商品来消除这种时间性的需求波动。例如，大米的生产不是随时都能进行的，企业必须通过仓储中心来储存一些大米，在不能生产大米的季节提供给消费者。

2. 降低运输成本，提高运输效率

众所周知，商品的运输存在规模经济。对于企业来说，顾客的需求一般是小批量的，如果对每个顾客都单独为他们运输货物，那么将无法实现运输的规模经济，物流成本将很高。商品存储可以将运往同一地点的小批量商品聚集成为较大的批量，然后进行集中运输，到达目的地后，再分成小批量送到客户手中，这样可以大幅度地降低成本，提高运输效率。

3. 更好地提高客户满意度

在电子商务环境下，消费者希望能够迅速地拿到他们所购商品。企业如果在商品生产之后把商品运输到消费区域的仓库中，当消费者对商品产生需求时，就能尽快地将商品送到消费者手中，那么消费者的满意度就会提高。

4. 满足消费者的个性化消费需求

如今消费者的消费行为越来越个性化。为了更好地满足消费者这种个性化需求，企业可以通过储存商品对商品进行二次加工，满足消费者不同的需要。例如，在商品存储过程中，企业可以对商品进行二次包装或者进行不同商品的组合，这样就能根据顾客的需求生产出顾客需要的独一无二的产品。

（二）仓储中心的特点

随着电子商务的出现和发展，仓储中心呈现出现代化特点，体现在以下几个方面。

1. 仓储设备自动化

仓储设备是指在仓储工作中使用的能够满足储藏和保管物品需要的技术装置和机

具。随着无线射频识别技术、无线短距离通信技术、云计算、物联网技术在物流领域的广泛应用，仓储设备的自动化程度有了极大的提高，仓储设备出现了“四化”的趋势，即连续化、大型化、高速化和电子化，这在提高仓储效率的同时也促进了物流其他活动效率的提高。

2. 仓储工作标准化

随着现代物流和供应链管理的发展，在仓储管理中企业要使用不同的自动化、智能化设施设备，对仓储工作的标准化要求很高。为了实现仓储环节和其他环节的密切配合，也为了提升仓储系统内部作业效率，仓储设施、设备、工作流程逐渐开始按照国际物流标准来设计和规范化。

3. 仓储系统智能化

先进的智能化仓储管理系统，结合了 RFID、条码、AGV、分拣线、电子看板以及其他硬件设备，能够自动进行抓取和识别货物信息、库位信息、库价信息，以及自动进行包装、分拣、运输等物流活动，实时监控，自动仓储预警。仓储管理的人为性、随意性减少，仓储服务水平显著提升，仓储管理运行效率大大提高。

（三）电子商务仓储与传统仓储的区别

1. 仓储物品种类差异化大

传统仓储储存货物品类单一化，一个仓储只有几种品类；电子商务仓储的特征是库存周转快、进出库效率高、品类丰富（SKU 量大）、商品规格差异大。

2. 货物匹配方式不同

传统的仓储是货物品类单一存放，配送则是单一制的集中配送式；电商仓储则是利用大数据实现就近仓储下订单，拣选配送，节省物流费用，提高配送效率。

3. 物流设备及技术差别大

和传统仓储不同，电商仓储由于其发货多批次、小批量的特点，所以为了保证其整体的正确率，企业需要通过采用智能化软件系统和硬件设备来共同完成。在软件技术方面，电商仓储有仓储管理系统、RFID、条码、卫星定位系统等；在硬件方面，电商仓储有自动分拣机、巷道堆垛起重机等一系列自动化设备。这些都是传统仓储不完全具备的，也是它们主要的差异所在。

三、配送中心

（一）配送中心的概念

配送是指短途的运输，通常是指送货上门的“最后一公里”。确切地说，配送是指按照用户的要求，在经济合理区域范围内，对物品进行拣选、加工、包装、分割、组配等作业，并按时送达指定地点的物流活动。配送是物流的一种特殊的、综合的活动形式，是商流与物流紧密的结合，包含了商流活动和物流活动，也包含了物流中若干功能要素的一种形式。

配送中心就是从事货物配备和组织对用户的送货，以高水平实现销售和供应服务的现代流通设施。它很好地解决了用户多样化需求和厂商大批量专业化生产的矛盾，因此，配送中心逐渐成为现代化物流的标志。

（二）配送中心的分类

配送中心形式和功能的多样性，必然导致配送中心类型的多样性。

1. 按照服务功能划分

（1）储存型配送中心。此类配送中心拥有较大规模的仓储设施，具有很强的储存功能。一般来讲，在买方市场下，企业成品销售需要有较大库存支持，其配送中心可能有较强储存功能；在卖方市场下，企业原材料、零部件供应需要有较大库存支持，这种供应配送中心也有较强的储存功能。

（2）流通型配送中心。基本上没有长期储存功能，仅以暂存或随进随出方式进行分拣、配货、送货的配送中心。这种配送中心的典型方式是大量货物整进，并按一定批量零出。进货时采用大型分货机直接进入分货机传送带，分送到各用户货位或直接分送到配送汽车上，货物在配送中心仅做少许停滞。

（3）加工型配送中心。加工型配送中心是一种根据用户需要对配送物品进行加工，而后实施配送的配送中心。这种配送中心行使加工职能，其加工活动主要有分装、改包装、集中下料、套裁、初级加工、组装、剪切、表层处理等。闻名于世的麦当劳、肯德基的配送中心就是提供加工服务后向其连锁店配送的典型。

（4）多功能配送中心。此类配送中心集储存、流通加工、分拣、配送、采购等多种功能于一体。目前发达国家多功能配送中心比其他类型配送中心多。

2. 按商品经营类别划分

（1）综合型配送中心。综合型配送中心是指那些储存、加工、分拣与配送多种商品的配送中心。这类配送中心的加工、配送商品品种多、规模大，能够满足不同消费者需求的服务要求，应变能力较强。

（2）专业型配送中心。所谓专业型配送中心是指专门服务于某些特定用户或专门从事某大类商品服务的配送中心，例如煤炭、钢材、建材、食品冷藏等配送中心。

3. 按服务范围与服务对象划分

（1）区域型配送中心。此类配送中心具有较强的辐射能力和库存商品，主要向省际、全国甚至国际范围的用户提供配送服务。其物流设施齐全，库存规模较大，用户较多，配送量也较大，而且往往是配送给下一级的城市配送中心，也配送给批发商和大企业用户。

（2）城市型配送中心。这是以所在城市区域为配送范围的配送中心，由于城市范围一般处于汽车运输的经济里程，因此，这种配送中心都采用机动性强、调度灵活的汽车进行运输，且直接配送到最终用户，实现“门到门”式的配送活动。

4. 按物流设施的归属划分

（1）公共型配送中心。公共型配送中心是从整个社会系统的要求出发，根据社会物流规模的数量及交通通信状况等条件而建立的开放式经营型的、专门从事物流活动的配送中心。一般而言，公共型配送中心主要建立在国内中心城市或其附近。

（2）自有型配送中心。自有型配送中心是指企业从自身生产经营活动的需求出发，根据自身生产经营活动的规模和区域等条件，建立专门为企业自身提供物流服务的配送中心。在实际运作过程中，企业各部门将自身活动所涉及的物流业务全部交由配送中心来解决，以便其他部门能集中精力做好自身的本职工作，提高工作效率。

（3）合作型配送中心。这种配送中心是由几家企业合作兴建、共同管理的物流设施，多为区域性配送中心。一般而言，这些合作型配送中心规模不大。

（三）配送中心的功能

1. 储存功能

为了顺利且有序地完成向用户配送商品（货物）的任务及保障生产、消费需要，通常配送中心都建立现代化的仓库并配备一定数量的仓储设备，储存一定数量的商品。某些区域性大型配送中心和开展“代理交货”配送业务的配送中心，不但要在仓库储存商品，而且在配送货物的过程中也储存货物，而且它所储存的货物数量更多、品种更丰富。

2. 分拣功能

为了有效地进行配送（即为了能同时向不同的用户配送很多种货物），配送中心必须采取适当的方式对货物进行拣选，并且在此基础上，按照配送计划分装和配装货物。这样，在商品流通实践中，配送中心除了具有储存功能外，还具有分拣货物的功能，发挥分拣中心的作用。

3. 集散功能

配送中心凭借其特殊的地理位置和其拥有的各种先进的设施与设备，能够将分散在各个生产企业的产品（即货物）集中到一起，然后经过分拣、配装，向多家用户发运。与此同时，配送中心也可以做到把各个用户所需要的多种货物有效地组合（或配装）在一起，形成经济、合理的货载批量。配送中心在流通实践中所表现出的这种功能就是（货物）集散功能。实践证明，利用配送中心来集散货物，可以提高卡车的满载率，由此可以降低物流成本。

4. 衔接功能

通过开展货物配送活动，配送中心能把各种工业品和农产品直接运送到用户手中，客观上可以起到衔接生产和消费的作用。这是配送中心衔接功能的一种重要表现。此外，通过集货和储存货物，配送中心又有平衡供求的作用，由此能有效地解决季节性货物的产需衔接问题。

5. 加工功能

为了扩大经营范围和提高配送水平，目前，国内外许多配送中心都配备了各种加工设备，由此形成了一定的加工（初加工）能力。这些配送中心能够按照用户提出的要求和合理配送商品的原则，将货物加工成一定的规格、尺寸和形状。

加工货物是某些配送中心的重要活动。配送中心积极开展加工业务，不但大大方便了用户，省去了后者不少烦琐劳动，而且也有利于提高物质资源的利用效率和配送效率。此外，对于配送活动本身来说，加工货物客观上则起着强化其整体功能的作用。

思考题

1. 简要回答物流在电子商务中的地位与作用。
2. 简述电子商务物流的特点。
3. 现代物流活动的要素有哪些？
4. 在电子商务环境下企业可选择的物流模式有哪几种？各有什么优缺点？
5. 什么是配送中心？如何理解电子商务环境下配送中心的作用？
6. 谈谈电子商务环境下物流中心仓储有哪些特点。

实践应用题

收集“四通一达”等五家物流公司的资料（如服务理念、主要业务、服务范围、服务特色），谈谈你对我国第三方物流业发展的认识。

第六章　CHAPTER 6

网络营销

知识目标

- 掌握网络营销的概念与特点
- 理解网络营销对传统营销的冲击
- 了解网络营销的发展趋势
- 掌握网络营销策略
- 了解网络营销的常用方法

能力标准

- 能够根据企业内外部环境为企业制订整体营销策略方案
- 熟练使用常见社交媒体的基本技能

第一节　网络营销概述

案例 6-1

耐克的网络营销

耐克（Nike）英文原意指希腊胜利女神，它是全球著名的体育用品品牌。该公司总部位于美国俄勒冈州，生产的体育用品包括服装、鞋类、运动器材等。

耐克在中国的主要消费群体是 14 ～ 30 岁的青年，这部分年轻人大部分的时间则是用在互联网上的。耐克选择的网络营销渠道恰恰适应了年轻人所常常关注的焦点：百度和腾讯。在中国，百度和腾讯都是深受年轻人喜欢的网络工具。在百度搜索引擎中输入“耐克产品”，能搜索到 40 多万个相关网页。这样公司在它主要消费群体中的曝光率大大增加，低廉的宣传成本带来高效的宣传，大大超过了户外广告。

耐克官方网站并不像传统网站一样直接出售和推销自己的商品。它是利用各种聊天室和论坛以及赛事介绍与运动装备介绍等方式，营造出一种商业气氛较低的体育爱好者同盟会或者俱乐部。网站吸引了来自全球各地的球迷，给众多的体育爱好者一个聚集和发表看法的空间。他们在讨论比赛的同时注意到了耐克在运动中的一点一滴，从而深入人心。借此耐克还能了解球迷所想要的产品，突出了体育的精神，让浏览者在观看琳琅满目的商品时，能从刚刚结束的比赛中感受到耐克产品给他们带来的激情。

耐克采取消费者个性化产品生产营销模式，把企业的生产和消费者的需求结合起来。耐克创建之初就为运动员提供个性化的一对一会员服务。1972 年耐克在厢式货车上出售运动鞋时，就把运动员的具体信息，如尺码、需求记录在一张卡片上，随后在制鞋过程中满足他们的不同需求。之后，这种习惯就成了整个公司的一种文化，即为所有的运动员提供一对一的个性化服务。

1999 年耐克推出的 NikeID 服务就是个性化定制。NikeID 于 2008 年 4 月在中国在线推出。通过 NikeID，用户可以对钟爱的球鞋、服饰和运动配件进行个性化设计，选择多种颜色和材质，并加入个性化的符号，设计出一款专属于自己的 NikeID 产品。耐克为客户提供了网店和实体店两种方式来享受这种服务。

随着“互联网 +”时代的到来，耐克开始进行“数字化”定制。2017 年耐克的高级创新团队在纽约的 Nike By You Studio 工作室举办了一个“Nike Makers’Experience”活动，将数字设计与传统鞋履制造过程相结合，让消费者能够自己设计运动鞋。在活动中，消费者通过选择图形，改变图形大小和颜色来定制运动鞋。系统使用增强现实技术（AR)、对象跟踪技术和投影系统来展现消费者定制的鞋子。之后系统将设计的图案印在运动鞋上，大约 90 分钟后消费者就能够穿上自己设计的运动鞋。

除了“Nike Makers’Experience”活动，Nike 还加大了在定制技术方面的投入，以加快制造过程。耐克使用了自动化公司 Grabit 的 Stackit 机器人，这种机器人能够利用静电原理装配鞋子，速度是传统工人的 20 倍。另外，耐克还与 NOVA 技术平台合作开发其运动鞋的虚拟原型。该平台可以通过 3D 图像和材料模拟来展示设计师所设计的鞋子是否合脚，从而帮助耐克缩短烦琐的原型设计时间。

目前，耐克在中国实现了“线上 + 线下”个性化定制的闭环，并已初具规模。在线上，会员可在耐克官网、微信小程序，耐克 App、耐克和乔丹品牌天猫旗舰店以及 NRC（Nike Running Club) 和 NTC（Nike Training Club) 应用程序进行个性化定制。在线下，跨品类旗舰店耐克上海 001 是耐克公司数字化转型的“实体终端”，用来增强消费者与品牌的互动。耐克除了提供包括“Nike By You”“Nike 专家营”等多种形式的个性化定制服务，还为消费者提供 App 产品预定，到店后储物柜试穿，App 结算服务。随着 SNKRS App、Nike Fit、Nike Connect 等一系列个性化数字产品的应用，耐克将进入大规模个性化定制时代。

资料来源：1. 根据搜狐网、周末画报、北京商报资料改编。

2. 根据张淑琴主编的《电子商务基础与实务》一书中的案例改编。

案例分析

1. 你对案例中“耐克官方网站并不像传统网站一样直接出售和推销自己的商品”是如何理解的？
2. 试分析耐克是如何选择网络推广渠道的？
3. 试从个性化定制的发展趋势对耐克的个性化定制营销进行分析。

一、网络营销的概念与特点

（一）网络营销的概念

从营销的角度出发，网络营销可以定义为：网络营销是建立在互联网基础之上，借助互联网来更有效地满足顾客的需求和愿望，从而实现企业整体营销目标的一种手段。广义地说，企业利用一切网络（包括社会网络，计算机网络；企业内部网，行业系统专线网及互联网；有线网络，无线网络；有线通信网络与移动通信网络等）进行的营销活动都可以被称为网络营销。狭义地说，凡是以互联网为主要营销手段，为达到一定营销目标而开展的营销活动被称为网络营销。

（二）对网络营销的理解

1. 网络营销不是网上销售

网络营销与网上销售是两个概念。网上销售虽然属于网络营销，但两者概念的范畴并不相同，网络营销具有更广泛的意义。网络营销是为了实现产品销售，提升品牌形象而进行的一种商务活动，而网上销售是网络营销发展到一定阶段产生的结果，且不是唯一的结果。网络营销与网上销售之间的关系，可以从三个方面来说明。

（1）网络营销的目的并不仅仅是为了促进网上销售。很多情况下，网络营销活动不一定能实现网上直接销售的目的，但是可能促进线下销售的增加，并且增加顾客的忠诚度。

（2）网络营销的效果表现在多个方面，例如提升企业品牌价值，加强与客户之间的沟通，拓展对外信息发布的渠道，改善对顾客的服务等。

（3）在网络营销的内容中，网上销售也只是其中的一个部分，并且不是其最重要的内容，如许多企业网站并不提供网上销售，网站主要是作为企业发布产品信息的一个渠道，通过一定的网站推广手段，实现企业产品推广宣传的作用。

2. 互动式营销是网络营销的重要手段

互动式营销可以使企业在营销过程中充分收集消费者的意见和建议，用于产品的规划和设计，为企业的市场运作服务。企业营销的一个重要目的就是尽可能生产消费者需要的产品，但企业只有与消费者进行充分的沟通和理解，才会有真正生产适销对路的商品。互动式营销的实质就是充分考虑消费者的实际需求，切实实现商品的实用性。互动营销能够促进相互学习、相互启发、彼此改进，尤其是“换位思考”会带来全新的观察问题的视角。

互动营销的三个基本要素。

（1）参与的便捷性。实施互动营销，就是要访问者参与其中，互动营销是要访问者很方便地参与其中，而不是要经过复杂的过程才能参与其中，否则访问者参与互动的概率就会小很多。人是有惰性的，特别是网民，其惰性更大，如果参与互动比较复杂，他们就会点点鼠标离开，不会参与其中。比如申请试用产品、参与调查等，应该要便捷，申请表格应该简单明了，不涉及隐私等。如果对 IBM 的网站有所研究，你就会发现，其互动营销活动便于访问者参与，对于需要访问者填写的表格也很简单，大大方便了访问者的参与。

（2）良好的用户激励。比如网络调查可以进行有奖调查、产品的免费试用。想要访问者参与互动营销，对访问者必须要有利益的驱动，对访问者没有产生一定的利益驱动（或必须需要某种产品和服务），其参与的概率也会大为降低，因为毕竟无聊的人只占少数。

（3）友好的用户体验。互动营销更要注重其用户体验，如果其用户体验不好，不可能成为企业的潜在客户或准客户，这就会与互动营销的目的相违背。如果企业提供免费试用产品，那么这个产品的用户体验要好，产品质量要过硬，企业在使用过程中不断地对其使用情况进行跟踪服务。

随着网络营销的不断发展，互动营销也将会出现更多的创新方式，更深层次渗透到企业的网络营销中，互动营销也将会有越来越多的企业来实施。消费者与企业互动的方式有很多，比如可以围绕一个共同关心的话题展开讨论，这种讨论可以是虚拟的，在网络社区中展开，甚至可能局限于网络社区的某个主题帖下面展开；也可以做成线下的互动讨论会，当然这样成本就要高一些，参与的人也会有限，比如推出某种在线体验活动，用户可以在线设计产品，提出个性化的想法，参与到产品的设计与生产环节中。比如企业官方网站开通留言、咨询、问答、网络社区、即时通信、网络电话等功能，也是互动营销的一种基础措施。

3. 网络营销不是孤立存在的

网络营销是企业整体营销战略的一个组成部分，网络营销活动不可能脱离一般营销环境而独立存在。网络营销理论是传统营销理论在互联网环境中的应用和发展，网络营销是传统营销在网络世界的发展和延伸。当网络经济时代到来之后，传统营销理论的一些组成部分确实不适应网络经济时代的发展，如市场调研方法、渠道构建等，但是这些策略并非不能再用。至少目前或将来很长的一段时间，网络的出现只不过是为企业的营销增加了一种手段而已。虽然网络营销的程序手段和灵活性都有了很大的变化，但是营销实质不会改变，网络营销无法脱离传统营销的理论基础。

4. 网络营销不等于电子商务

网络营销与电子商务是一对紧密相连又具有明显区别的概念，网络营销是企业整体营销战略的一个组成部分，无论是传统企业还是互联网企业都需要网络营销。网络营销本身并不是一个完整的商业交易过程，而只是促进商业交易的一种手段。电子商务主要是指交易过程的电子化，可以将电子商务简单地理解为电子交易，电子商务强调的是交易方式和行为。

网络营销与电子商务的区别有以下几个方面。

（1）电子商务和网络营销的研究范围不同。电子商务的核心是电子化交易，强调交易方式和交易全过程的各个环节。电子商务分为交易前、交易中、交易后。网络营销注重以互联网为主要手段的营销活动，主要研究的是交易前的各种宣传推广。

（2）电子商务和网络营销的关注点不同。电子商务的重点是实现了电子化交易，而网络营销的重点在交易前的宣传和推广。

（3）电子商务和网络营销在企业的应用阶段和层次不同。在某种意义上讲，电子商务可以看作是网络营销的高级阶段，企业在开展电子商务前可以开展不同层次的网络营销活动。

（三）网络营销的特点

互联网有一种极强的吸引力，能将政府、企业以及个人跨时空连接在一起，使得它们之间信息的交换变得“唾手可得”。市场营销中一个重要的活动就是企业和个人之间进行信息传播与交换，如果没有信息交换，交易也就是无本之源，正因为如此，互联网也使得网络营销具备了以下特性。

1. 跨时空

营销的最终目的是占有市场份额，由于互联网超越时间约束和空间限制进行信息交换，因此脱离时空限制达成交易成为可能，企业能有更多时间和更大空间进行营销，可以每周 7 天、每天 24 小时随时随地提供全球性营销服务。

2. 多媒体

互联网可以传输多种媒体的信息，使得为达成交易发布的信息可以以多种形式存在和交换，可以充分发挥营销人员的创造性和能动性。

3. 交互式

互联网可以展示商品目录，结合资料库提供有关商品信息的查询，可以和顾客做互动式双向沟通，可以收集市场情报，可以进行产品测试与消费者满意调查，是产品设计、商品信息提供以及服务的最佳工具。

4. 拟人化

互联网上的促销不仅是一对一的、理性的、消费者主导的、非强迫性的、循序渐进式的，而且是一种低成本、人性化的促销，避免推销员强势推销的干扰，并通过信息提供交互式交谈，与消费者建立长期良好的关系。

5. 成长性

互联网使用者数量快速增长并遍及全球，使用者多属于年轻、中产阶级、教育水平高的群体，由于这部分群体购买力强而且具有很强的市场影响力，因此互联网是一个极具开发潜力的市场。

6. 整合性

一方面，互联网上的营销可从商品信息到收款、售后服务一气呵成，因此网络营销也是一种全程的营销渠道。另一方面，企业可以借助互联网将不同的传播营销活动进行统一设计规划和协调实施，以统一的传播方式向消费者传达信息，避免不同传播方式中的不一致性产生的消极影响。

7. 高效性

网站可储存大量的信息供消费者查询，可传送的信息数量与精确度远超过其他媒体，并能适应市场需求，及时更新产品或调整价格，因此互联网能及时有效地了解并满足顾客的需求。

8. 经济性

企业通过互联网进行信息交换，代替以前的实物交换。一方面，企业可以减少印刷费用与邮递成本，可以无店铺销售，免交租金，节约水电与人工成本；另一方面，企业可以减少由于迂回多次交换带来的损耗。

9. 技术性

网络营销是建立在以高科技为基础的互联网上的，企业实施网络营销必须有一定的技术投入和技术支持。

二、网络营销与传统营销

（一）网络营销对传统营销策略的冲击

网络营销是20世纪末出现的市场营销新领域，网络营销正是借助于网络技术的宽带化、智能化、个性化发展开展有效的市场营销活动，对传统营销策略产生深刻的影响。

1. 对传统产品策略的冲击

网络对传统的标准化产品策略的冲击。作为一种新型媒体，互联网可以在全球范围内进行市场调研。通过互联网，企业可以迅速获得关于产品概念和广告效果测试的反馈信息，也可以测试顾客的不同认同水平，从而更加容易地对消费者行为方式和偏好进行跟踪。因此，企业借助网络可以提供个性化的产品，进行定制生产，并且可以有效地缩小产品开发周期，提供更新换代产品，如世界著名计算机公司戴尔，它的客户就在戴尔网站直接配置自己需要的产品，然后由物流公司送货上门，这种个性化服务深受客户喜爱。

2. 对定价策略的冲击

定价策略是一种很有效的营销策略，在传统营销中，由于信息不对称，企业可以在不同的区域采用不同的价格进行营销。但在网络时代，客户借助互联网则可以认识到这种价格差异，产生不满，所以互联网将导致这种定价策略的使用受到限制。

3. 对传统营销渠道的冲击

在传统营销中，一般企业都借助中间商来完成产品从生产者向消费者的转移，因此中间商的选择与管理非常重要。但现在通过互联网，生产者可以与最终消费者直接联系，即应用网上直销。如戴尔公司通过按网上订单生产并进行直销，减少了流通环节和传统渠道中间商的高额价差，并成功实现了零库存销售，成为世界上有名的计算机生产商。

4. 对传统促销策略的冲击

传统促销策略通常采用人员推销、广告、营业推广等方式，需要投入大量的财力、物力、人力，效果有时并不理想。在网上开展促销活动，可以借助网络广告，站点推广、销售促进、关系营销来完成。其中，借助发布定向广告，可以节约广告费用，提高广告效果，并可以通过网上调查及时评价广告效果，具有传统广告不可比拟的优点。利用站点促进，可以提供企业及企业产品知名度，稳定顾客访问，促进销售。

（二）网络营销与传统营销的整合

1. 意识观念的整合

在意识观念上，企业不能把网络营销和传统营销完全独立开，两者是互补的，也是相融的，都是以满足顾客的需求为目标，实质没有变。

网络营销是传统营销在网络时代的延伸，4P 仍然可以作为其理论基础，只不过是网络营销在一定程度上更加追求 4C，而 4P 和 4C 本来就是不可分的，是递进的关系。只有在意识观念上达到统一，才能在真正意义上实现网络营销与传统营销的整合。

2. 网络营销中顾客概念的整合

传统的市场营销学中的顾客是指与产品购买和消费直接有关的个人或组织（如产业购买者、中间商、政府机构等）。在网络营销中，这种顾客仍然是企业最重要的顾客。但是，网络社会的最大特点就是信息“爆炸”。在互联网上，面对全球数百万个站点，每位网上消费者只能根据自己的兴趣浏览其中的少数站点，而应用搜索引擎可以大大节省网上消费者的时间和精力。面对这种趋势，从事网络营销的企业必须改变原有的顾客概念，应该将搜索引擎当作企业的特殊顾客，因为搜索引擎虽不是网上直接消费者，却是网上信息最直接的受众，所以它的选择结果可以决定网上顾客接受的范围。

3. 网络营销中产品概念的整合

市场营销学中将产品解释为能够满足某种需求的东西，并认为完整的产品应是由核心产品、形式产品和附加产品构成的，即整体产品的概念。

一方面网络营销继承了上述整体产品的概念；另一方面网络营销比以前任何时候都更加注重和依赖信息对消费者行为的引导，因而将产品的定义扩大了，即产品是提供到市场上并引起注意、需要和消费的东西，网络营销主张以更加细腻的、更加周全的方式为顾客提供更完美的服务。因此，网络营销在扩大产品定义的同时，还进一步细化了整体产品的构成。

它用五个层次来描述整体产品的构成：核心产品、一般产品、期望产品、扩大产品和潜在产品。在这里，核心产品与原来的意义相同。扩大产品与原来的附加产品的意义相同，但还包括区别于其他竞争产品的附加利益和服务。一般产品和期望产品由原来的形式产品细化而来。

4. 网络营销中营销组合概念的整合

在网络营销过程中营销组合概念因产品性质不同而不同。

对于知识产品而言，企业直接在网上完成其经营销售过程。在这种情况下，与传统媒体的市场营销相比，市场营销组合发生了很大的变化。

第一，传统营销组合中的产品、渠道、促销，由于摆脱了对传统物质载体的依赖，已经完全电子化和非物质化了。因此，就知识产品而言，网络营销中的产品、渠道和促销本身纯粹就是电子化的信息。它们之间的分界线已变得相当模糊，以至于三者不可分。若顾客不与作为渠道和促销的电子化信息发生交互作用，就无法访问或得到产品。

第二，价格不再以生产成本为基础，而是以顾客意识到的产品价值来计算的。

第三，顾客对产品的选择和对价值的估计受网上促销的影响比较大，因而网上促销的作用倍受重视。

第四，由于网络营销能吸引许多较高素质、较高收入的顾客，因此网上促销的知识、信息含量比传统促销大大增多。

对于有形产品和某些服务，虽然不能以电子化方式传递，但企业在营销时可利用互联网完成信息流和商流。在这种情况下，传统的营销组合没有发生变化，价格则由生产成本和顾客的感受价值共同决定，促销及渠道中的信息流和商流则是由可控制的网上信息代替，渠道中的物流则可实现速度、流程和成本最优化。在网络营销中，市场营销组合本质上是无形的，是知识和信息的特定组合，是人力资源和信息技术综合的结果。

三、网络营销发展趋势

（一）短视频和直播营销成为内容营销的主流方式

内容营销是以图片、文字、动画、视频等介质向用户传递企业或产品信息，从而达到促进销售的一种营销方式。短视频和直播是继文本、图片、音频和传统长视频之后的一种新的网络内容营销形式。随着5G技术的普及和应用，超高清、有图有真相、视觉冲击力极强的短视频和直播，用一种更轻松、更直观、更快捷的方式来传播信息和吸引消费者参与互动。短视频的优势是时长短，用户可以在任意场景下的碎片时间内完成观看，内容一般聚焦于某个话题或垂直化的内容领域，例如娱乐幽默、社会热点、广告创意、才艺展示、知识分享、技能学习、街头采访、公益教育等方面。传播方便且可以重复播放是短视频营销的另一个优势。直播营销的优势是互动性更强，信息传播是双向的，可以即时为消费者解决产品的问题，使即时成交成为可能。2019年以来短视频和直播成为各大品牌营销、传播、销售、运营的主要形式，成为内容营销的主流方式。

（二）VR/AR新型网络营销方式将快速发展

虚拟现实（Virtual Reality，VR）是一种可以创建和体验虚拟世界的计算机仿真系统，它利用计算机生成一种模拟环境，使用户沉浸到该环境中。由于在VR中人们看到的物体是通过计算机技术模拟出来的现实中的物体，故称为虚拟现实。增强现实（Augmented Reality，AR）是一种利用计算机系统产生三维信息来增强用户对现实世界感知的新技术。它通过电脑技术，将虚拟的信息应用到真实世界，真实的环境和虚拟的物体实时叠加到同一个画面或空间，同时存在。

近年来，VR 和 AR 技术为企业营销提供了一个新的视角，成为视觉营销的利器。企业通过利用 VR 和 AR 技术全景营销和视觉营销给消费者带来身临其境、引人入胜的视觉体验，让消费者感受到实物产品和环境的逼真，从而增加虚拟购物的真实感和信任感，也让网络购物变得有趣。通过 VR 和 AR，消费者能够看到产品用在自身的效果，这让消费者在购买产品前更放心、更有信心。例如在虚拟试衣间，顾客可以在屏幕上看到自己的服装选项，缩小选择范围，然后再实际试穿。全景体验可以激发客户的购买欲望，从而提高销售转化率。因此，VR 和 AR 这种新兴网络营销方式备受企业的钟爱，越来越多的企业将其应用到其网络营销活动中，例如汽车、化妆品、服饰、手表等零售企业利用 VR、AR 技术讲企业故事，与消费者进行更多互动，建立更牢固的情感关系。未来随着 VR、AR 应用场景的不断拓展，这种新型网络营销方式将得到快速发展。

案例 6-2

卡地亚山度士用 VR 和 AR 讲腕表的经典故事

卡地亚（Cartier）是法国奢侈品品牌，是世界名表之一，受到众多成功人士的喜爱。卡地亚手表有 150 年的发展历史。卡地亚出品的第一只手表诞生于 1904 年，当时卡地亚掌门人路易·卡地亚的好友——飞行家山度士·杜蒙由于飞行时无法取出怀表确认时间而痛失赢得比赛的机会。卡地亚先生为了帮助好友达成梦想，于 1904 年设计了世界上首只戴在手腕上的表——卡地亚山度士腕表（Cartier Santos）。从此，卡地亚手表一直备受各国的皇室贵族和社会名流的青睐，历久不衰。

2018 年，卡地亚利用 VR 和 AR 技术讲述其腕表的发展历史，让观者既可以现场体验驾驶飞行器，感受山度士先生当时飞翔于巴黎上空一往无前的刺激经历，又可以了解第一款男士腕表诞生的故事。同时，卡地亚利用 AR 技术实时逼真地再现了巴黎铁塔全景，让埃菲尔铁塔“触手可及”。利用 VR 和 AR 技术，世界品牌卡地亚创造了一种新的手表营销方式，并传达了一种新的品质生活观念。

资料来源：根据搜狐网资料改编。

案例分析

在卡地亚手表品牌的营销中，VR 和 AR 技术起到了什么作用？

（三）移动端场景式营销持续升级

打造真实化的场景，提升消费者对产品的体验是营销中常见的手段。场景式营销是指企业营造特定时空的消费场景与消费者进行互动，来完成消费行为的过程。在场景式营销中，消费者在真实的场景氛围内，亲身感受使用产品后带来的美好情景，激起消费者对这种情景的向往，刺激消费者的购买欲望。在移动互联网时代，场景是建立在移动智能设备、社交媒体、大数据、传感器、定位系统之上的整合式体验。场景可以是一个产品，可以是一种服务，也可以是无处不在、无时不在的身临其境的体验。移动互联网时代，越来越多的购物场景正在影响和改变消费者的消费决策。例如，2019 年“双十一”前夕，苏泊尔在抖音上线“#静静是谁”的区域互动赛，用趣味话题吸引用户，用更深入人心的挑战赛玩法进行品牌营销，同时邀请美食类、母婴类、评测类的粉丝千万级别的头部垂直类达人通过生活化场景塑造，直戳用户使用破壁机的痛点——噪音大，从而突出苏泊尔破壁机的核心卖点——静音，激起了消费者的购买欲望，抢占了用户心智，成功实现了营销转化，使得苏泊尔新品曝光度呈现指数级增长，提升了品牌在目标群体中的影响力。

（四）数字化营销将引领新零售业快速发展

数字化营销是指借助于互联网、通信技术和数字交互式媒体来实现营销目的的一种营销方式。数字化营销将尽可能地利用先进的数字化技术，以最有效、最省钱的方式谋求新市场的开拓和新用户的挖掘。新零售是科技时代诞生的一种新的零售模式，它以强大的互联网作为依托，利用大数据、物联网、AI、智能机器人、虚拟现实、区块链等新兴技术，改变了传统的业态结构和生态圈，实现了线上销售与线下门店的融合。伴随着社会经济环境的发展，零售行业发展到智慧零售阶段，越来越多的零售业品牌和商家借助数字化手段实现智慧零售，通过融合线上线下数据，生成消费者画像并进行分析，从而提高消费者购买转化率，促进网站成交金额增长。数字化营销目前在国内零售行业已经成为发展趋势，将引领新零售业快速发展，并与人工智能、物联网、大数据等最新技术深度融合，实现短视频、直播、微信公众号、微博等各种营销模式的创新，从而实现数字化营销全过程的自动化、智能化、社交化，为企业提质增效。

（五）基于大数据的个性化定制营销将成为趋势

从“千篇一律”到“千人千面”，个性化定制产品与服务正逐渐在各行业中流行开来，个性化营销凭借较强的互动性和独特的用户体验赢得了越来越多品牌商的青睐。个性化定制服务已经不再是贵族和富家的专属，消费者更多的是追求品质、品位、时尚、身份、归属感等因素，服饰、珠宝、汽车、房地产、办公家具、卫浴、旅游等行业产品的个性化日益突出。基于大数据的个性化定制营销可以深度洞察用户需求、建立精准用户画像，为不同客户提供不同的产品和服务，实现个性化和精准化营销，将成为各行各业营销变革的必然方向。

第二节 网络营销策略

案例 6-3

海尔集团的网络营销策略

2012 年 12 月，海尔集团（简称海尔）宣布进入网络化战略阶段。提出了两个引领目标：创造全球家电领域交互用户的引领竞争力和创造虚实融合交互用户的引领竞争力。互联网的迅猛发展让中国从服务经济时代提前进入体验经济时代。体验经济时代的竞争从产品和品牌的竞争升级为用户资源的竞争，谁拥有了用户资源谁就拥有核心竞争力。用户资源的获取来自企业与用户实时的交互，用户的需求从以前的要产品转变为要便捷的购物体验。这要求企业必须通过提前交互，得出用户的需求来创造用户感动。

目前，海尔自建了海尔商城，在天猫平台上开设了旗舰店，并在京东商城、苏宁易购等平台上以采销的方式销售产品，基本建成了全网覆盖的线上渠道。为了寻找更有效的营销方式，顺应互联网发展形势，海尔提出了“无交互不营销，无交互不海尔”的营销口号，建立售前交互需求、售中交互体验、售后口碑分享的实时的、动态的营销模式来获取用户资源。目前，海尔网络营销战略已见成效，通过多种营销手段打开了线上市场。

1. 产品策略

在线上进行产品投放前，海尔根据线上消费趋势和用户特点进行产品论证，确保产品能够不断创造卖点，吸引客户。同时，海尔在销售产品的同时把最好的物流、维修、退货等服务提供给客户，全方位地满足用户需求。很多消费者购买大家电时比较谨慎，不会盲目地在网上购买，这是网购自身不足造成的。针对这一实际情况，海尔发挥自身专卖店多的优势，开展线下用户体验、线上购买的活动，较好地消除了用户的顾虑，拉动了线上消费。海尔除了推出高品质、高性价比的产品外，还利用线上交互力量，广泛征集用户创意开发产品。海尔利用交互模式成功开发了天樽空调，引起了业界的高度关注，下一步将会有更多的交互产品投入市场。海尔在目前的产品框架下，开展用户定制业务，秉承“你设计，我制造；你需要，我送到”的品牌理念，线上通过门户网站快速获取用户个性化需求，用户可以对某些产品进行个性化选择。线下海尔服务网络快速配送安装，满足用户需求，为用户提供了良好的用户体验。

2. 价格策略

从市场分析可以看出，海尔线上市场目前销量最好的是性价比较高的中低端产品，而份额增速较快的是价格较高的高端产品。因此，其定价策略先要确保占有市场份额，在投放高性价比产品时适当降低利润，以此吸引更多理性消费者进行购买。在此基础上，针对高端产品的消费者而言，他们往往比较重视品牌和用户体验，不太在意价格高低。因此，可将这部分产品的价格适当定高。对于网购家电用户，特别是购买冰箱、洗衣机等大家电的用户，他们通常呈现出购买产品家庭化的特点。因此，可以有针对性地在线上开展产品捆绑销售，如整套购买可以给予较大价格优惠等。对于线上产品定制，由于不同用户挑选采用的材质不同，商品功能会因此有所差异，产品售价也就各不相同。这一类产品由于刚刚起步，解决方案还不成熟，难免出现定价不合理、用户不满意的情况，为此，海尔需要不断收集数据，调整方案，努力满足用户的个性化需求。另外，家电产品线上和线下市场一个明显的特点就是线上和线下价格不同，这是产品销售平台的运营成本不同造成的。

3. 渠道策略

海尔十分重视线上渠道的建设，线上直销网络渠道由海尔商城、天猫海尔旗舰店、淘宝网海尔网上商城组成，分销网络渠道由京东商城、淘宝特许店、淘宝加盟店等构成。线上渠道为海尔提供了巨大的潜在市场和全新的销售方式，企业可以依托网络完成商品和用户的互动。虽然海尔从自建线上渠道（海尔商城）以来，无论是销量、知名度、访问量、用户黏度都不如其他线上渠道，但对于企业而言，线上渠道除了进行在线销售外，还提供了与用户交互、发布产品信息的平台。如海尔商城推出的家庭智能硬件设备的首发平台，是海尔家电个性定制的交互平台。将来海尔还会基于移动互联网，进一步发挥交互平台的价值，实现虚实网融合，最终形成用户、产品、海尔三者间的价值交互生态圈。因此，海尔商城对企业来说具有十分重要的战略意义。

4. 促销策略

海尔利用自身企业知名度来吸引用户成为海尔会员。会员可在任何时候享受折扣优惠或延长保修期等服务，这样既可以有针对性地进行新产品的宣传，还可以有稳定的用户源，及时收集到用户的意见和需求。虽然有部分利润让给了用户，但带来更多的市场占有率和良好的口碑，必然使企业的市场竞争力更强。当然，促销并不仅限于价格优惠和提供服务，还包括研究对手产品情况，分析消费者需求和推出差异化产品。海尔的促销体现了多元性：一是以社会虚实媒体等社会结盟单位的用户为中心，通过定期以用户俱乐部、产品体验形式交互，充分获取用户；二是以新品发布、行业趋势发布、相关结盟单位定期联合用户答谢会等多种形式，通过产品的网络交互营销及实网交互体验，提高用户口碑，不断扩大用户圈；三是以渠道联合的用户答谢会、重大节庆抽奖等多种形式获取渠道及结盟单位用户信息，通过定期回访、产品体验等多种交互，引导用户关注；四是以家电上门清洗保养、小区样板房的整套解决方案、家电知识讲堂的形式，通过打造门店现场标准化提升用户体验，吸引用户，提升终端门店用户黏度。

资料来源：根据世界经理人网站资料改编。

案例分析

1. 海尔的网络营销产品策略有什么特点？
2. 海尔的网络营销渠道策略所关注的重点有哪些？

一、网络营销组合策略

传统营销策略组合指的是产品策略（Product）、价格策略（Price）、分销策略（Place）和促销策略（Promotion）的组合，即4P理论，由麦卡锡在20世纪50年代末提出。该策略对市场营销理论和实践产生了深刻的影响，被营销经理奉为营销理论中的经典。20世纪80年代，美国营销大师罗伯特·劳特朋（Robert Lauteerborn）针对4P理论存在的问题，提出了4C营销理论，即顾客（Consumer）、成本（Cost）、便利（Convenience）和沟通（Communication）。4P理论的出发点是企业的利润，它没有将顾客的需求放到与企业的利润同等重要的地位。网络的互动性使得顾客能够真正参与整个营销过程，而且其参与的主动性和选择的主动性都得到加强。因此，随着互联网的迅速发展，市场竞争日趋激烈，信息传播速度越来越快，4P理论受到了严重的挑战。从4P理论到4C理论的转变包括以下几个方面。

1. 从“产品”转变到“顾客”

在4P理论中，产品策略是指企业根据目标市场需要做出与产品开发有关的计划和决策。从4P的“产品”转变到4C的“顾客”，实际上就是指在产品的开发上更注重需要。有人形象地将其描述为：忘掉产品，考虑消费者的需要和欲望。这就是指企业不要再卖企业按计划所生产、制造的产品，而是生产消费者想要购买到的产品。

2. 从“价格”转变到“成本”

价格是产品实现其价值的工具，定价是企业整体营销活动之一，企业选择定价策略，主要的依据是企业定价目标和定价导向。从4P的“价格”到4C的“成本”的转变，也就是“忘掉价格，考虑消费者为满足需求而愿意支付多少”。

3. 从“分销”转变到“便利”

4P理论中的“分销”策略，是指企业市场营销渠道策略或商品流转通道策略。企业应当考虑选择何种有效的途径，将产品从生产者转移到消费者手中。从4P的“分销”到4C的“便利”，实际上就是让企业“忘掉分销渠道，考虑消费者是否便利”。

4. 从“促销”转变到“沟通”

在4P市场营销组合中，促销即促进销售，是指通过人员或非人员的方法传播商品信息，帮助和促进消费者熟悉某种商品或劳务，并促使消费者对商品或劳务产生好感和信任，继而踊跃购买的活动。从4P的“促销”转变到4C的“沟通”，就是“忘掉促销，考虑双向沟通”。从心理学角度来说，沟通就是“请注意消费者”，如今市场日益成熟，“请注意消费者”肯定比“消费者请注意”更有利于企业的长期发展。

二、网络营销的产品策略

（一）网络营销产品（服务）的特点

网上客户自身的某些特点及其在购买体验上的局限性，使网络营销的产品具有以下特点。

1. 标准性

这类产品的质量和性能由一些固定的数量指标来规定，产品之间没有多大差异，在购买前后都非常透明、稳定，因此，这类产品不需要在购买时进行验证或比较，如书刊、计算机、家电、通信产品等。

2. 重购性

有些产品虽需要在使用之后才能对产品好坏做出评价，但客户已经有这种产品的购买和使用体验，对产品的质量和性能非常熟悉。这类产品以日常生活用品居多，一般价值不大但需重复购买。这类产品有生活家居用品或服务、食品、化妆用品、金融保险服务等。

3. 时尚性

随着生活质量的不断提高，人们对时尚、前卫型产品或特色服务的需求越来越多。然而，这类产品和服务在现实生活中往往“可遇不可求”或消费者没有时间进行深入了解，但是在网上很容易找到相关的信息。由于网民中时尚新潮者居多，网友之间联系非常密切，因此根据客户反馈信息定制的时尚类产品在网上很容易售卖。这类产品主要有服装、礼品、保健服务等。

4. 快捷性

有些产品或服务采用网上订购并送货上门的服务方式，大大节省了人们的时间。比如票务服务、订餐、旅（酒）店预订服务等。

5. 廉价性

网上产品价格一般都比网下低，因此，一些网民喜欢在网上不经意“漫游”，希望能“淘”到既价廉又物美的产品。这类产品一般属于耐用品，并非网民所必需，一些拍卖网站和价格对比网站提供的类似服务，能更好地满足这些网民的需求。

（二）网络产品的营销策略

1. 产品标准化

由于顾客无法亲眼见到网上产品的实体，因此产品标准化将会大大增强其购买决心，促使其快速做出决策。

2. 重视产品认证

一些国际质量认证、行业认证、原产地认证能极大提高产品质量和性能的可信度，如 ISO 9000、ISO 14000 认证等。如果产品已得到相关认证，则在网站上对产品认证和标准参数等要有突出、醒目的介绍。

3. 个性化定制

有一些技术先进的企业，其内部生产系统已高度柔性化和智能化，客户可在其设计系统引导下，按自己意愿自行设计产品，企业可按客户的设计进行生产。戴尔公司允许客户通过其网站输入某些配件和功能要求，然后按客户要求组装后，由联邦快递公司完成配送业务，客户可通过互联网对整个过程进行了解和监控。

4. 产品差异化

技术水平和生产能力的提高，导致产品同质化的趋势越来越明显，竞争也日趋激烈。要想在性能和价格都非常透明的网络营销中拔得头筹，企业就要和竞争者错位经营，提供差异化的产品和服务。

5. 网络营销新技术开发和应用

技术开发不仅指产品的生产、制造技术要处于领先地位，网络营销技术也要及时更新。例如，三维动态展示或演示，能使客户获得更为直观的印象。国外已经设计了一些网络营销软件，例如，可“嗅”到产品气味；通过提供自己的腰围尺寸等，客户可以看到新款牛仔裤穿在身上的形象。这无疑将对满足客户对购买体验的需求和企业扩大销售起到促进作用。

6. 网上网下相结合

网络营销不能孤立地去开展，必须和线下其他销售策略相结合才能发挥奇效。通过线下产品实体的展示功能，可有效地弥补网上营销的不足。

案例 6-4

唯品会网络营销产品策略

广州唯品会信息科技有限公司成立于 2008 年 8 月，总部设在广州，旗下网站于同年 12 月 8 日上线。唯品会主营业务为互联网在线销售品牌折扣商品，涵盖名品服饰鞋包、美妆、母婴、居家等各大品类。唯品会合作品牌有 18 000 多个，其中超过 1 800 个为全网独家合作品牌。2012 年 3 月 23 日，唯品会在美国纽约证券交易所上市。在 2016 年 9 月《财富》杂志公布的美股“100 家增长最快公司”中，唯品会位居全球第二。截至 2017 年 6 月 30 日，唯品会已连续 19 个季度实现盈利。目前唯品会已成为全球最大的特卖电商，以及中国第三大电商。

唯品会在中国开创了“名牌折扣 + 限时抢购 + 正品保障”的创新电商模式，并持续深化为“精选品牌 + 深度折扣 + 限时抢购”的正品特卖模式。唯品会每天早上 10 点和晚上 8 点各准时上线 200 多个正品品牌特卖专场，以最低低至 1 折的折扣实行 3 天限时抢购，为消费者带来高性价比的“网上逛街”购物体验。唯品会既满足高消费人群对品牌的挑剔要求，又满足中低收入人群对品牌的向往。唯品会的明智之举在于舍弃一线顶级奢侈品牌，瞄准了阿迪达斯、耐克、飞利浦、Esprit、安莉芳、欧时力等中国消费者更熟悉的一二线品牌。对于熟悉的品牌，消费者在挑选时比较方便。消费者对产品的购买从现实需求转向心理需求，品牌的出现能够代表购买者的品位和地位，彰显时代的气息和魅力。

唯品会的产品种类较齐全。范围覆盖服装、鞋帽、儿童用品、小家电、化妆品、潮流配件、家居用品等多种商品。同时满足消费者的多种需求，一站式购物，方便快捷。消费者在网站上停留的时间越长所选购的商品越多，越会发现潜在需求的商品，这样统一下订单，统一发货，免去重复收件的麻烦。

唯品会注重时尚，体现心理产品的概念。心理产品给顾客提供心理上的满足感，随着生活水平的提高，人们对产品的品牌和形象看得越来越重。唯品会牢牢地抓住这种心理产品的影响，在服装的展示上，选择搭配度较高的、时尚感较强的商品进行售卖，这样，在选购一件上衣的同时就可以搭配出一套服装，甚至是鞋和包。唯品会专用的包装袋和包装盒，采用粉色装饰，加上大大的 VIPSHOP 的标志，在众多快递包装中十分醒目，既起到保护商品不受损伤的作用，又是很好的广告宣传途径。

唯品会注重商品品质，保证 100% 正品。商品在进货和出货时，有两次品质筛选。商品正品保证，是唯品会与其他购物网站的最主要区别，消费者在选购商品时，不需要考虑商品质量问题，避免多方寻找类似商品的问题。100% 正品，使消费者在唯品会上有了在大型百货商店购物时的保障，极大地提高网站信誉，从而吸引更多消费者长期持续关注，并带动更多潜在消费者加入唯品会购物的行列。

资料来源：根据参考网 http://www.fx361.com 的资料改写。

案例分析

唯品会的网络产品营销策略具有哪些特点？

三、网络营销价格策略

价格是营销策略中最活跃、最灵活、最具竞争力的因素。据艾瑞资讯调查数据显示：42.7% 的消费者网上购物的主要动机是节约费用。营销价格的形成是极其复杂的，它受到成本、供求关系以及市场竞争等因素的影响。

网络营销中的价格是买卖双方通过广泛调查比较并经过网上反复询盘、还盘、磋商后最终确定的成交价格。网络营销中价格的透明性和可比性，使得网络营销中的价格策略在传统营销价格策略基础上有了新的特点。

（一）网络营销价格的特点

1. 相对的统一性

网络营销面对的是全球开放的市场，网络传播使价格信息打破了地区的封闭性，但由于各国的经济发展水平和购买能力存在差异，加之关税、运输等因素，因此全球很难实现统一定价。网络营销中的产品价格是在全球存在差异基础上的相对统一。

2. 价格的可比性

价格的可比性是指客户可以通过搜索引擎等方式，查询世界各地同类产品比较准确的价格信息，通过比较，做出购买决策。顾客不仅可以查询到其他厂商生产的同类产品或替代品的价格，还可以了解同一厂商在不同时期、不同地区的价格信息。

3. 价格的低廉性

网络营销在生产、营销等管理方面的低成本，使网上价格与实体店的价格相比具有较大的价格优势。但是，由于同一类型的厂家和商家之间互相争夺市场，尤其是越来越多的价格对比网站、竞价网站的不断涌现，导致网上的价格战愈演愈烈，网上产品价格的下降空间越来越少。

4. 价格的可协商性

通过网络进行“一对一”的营销，客户可在充分了解市场信息的基础上来选购或定制自己需要的产品或服务。例如，戴尔的电脑可以进行定制，不同的配置、不同的运输方式等定制方案上的差异会导致不同的价格，客户可以进行选择，自己决策价格方案。另外，网络价格的协商性，使客户在产品或服务定价方面处于主导地位，拥有较大的发言权。这种“讨价还价”的能力是在充分了解市场信息的过程中获得的，而网络技术使这种能力变为现实。

（二）网络营销的价格策略

1. 折扣价格策略

折扣价格策略是指销售者为回报或鼓励购买者的某些行为，如批量购买、提前付款、淡季购买等，企业将其产品基本价格调低，给购买者一定比例的价格优惠。

网络营销可以帮助企业降低流通成本，因而一般商品网上定价都在网下价格的基础上进行打折。网络营销中的折扣策略是和竞争对手展开竞争的有力武器。亚马逊和当当网的产品定位与客户群都非常相似，2003 年亚马逊的销售收入不到 2 亿元，当当网则不足亿元，两家的销售目标都是 10 亿元。为实现这个目标，两家都依靠低价和折扣策略来抢夺目标市场。

亚马逊就是采用比一般书店更大的折扣作为促销手段来吸引顾客的，其销售的大部分图书都有 5% ～ 40% 的折扣。由于不需要自己的店面，因此亚马逊基本没有库存商品。较低的运营成本使亚马逊有能力将节省的费用通过折扣的形式转移到顾客身上，这样顾客可以充分领略到网上购物的优越性，从而成为亚马逊的常客。

2. 免费价格策略

免费价格策略是指将企业的产品或服务以零价格或近乎零价格提供给顾客使用，以满足顾客的需求并达到企业相关的目的。在传统营销中，免费价格策略一般是短期的和临时性的；在网络营销中，免费价格策略还可以作为一种长期的并且行之有效的产品和服务定价策略。同时，它还是一种非常有效的促销策略，能起到推广产品的作用。

免费价格形式有以下几类。

第一类是产品和服务完全免费，如免费的新闻信息报道，免费的软件下载，免费使用的电子邮件信箱、个人主页空间、贺卡等。如美国在线公司成立之初在商业展览会场、杂志封面、广告邮件等场合提供免费软件，通过这种方式在连续 5 年后它拥有了 100 万名用户。

第二类是对产品或服务实行限次免费，即产品或服务可以被消费者有限次地免费使用，例如许多免费试用软件，当超过一定期限或者使用次数后，这种产品或服务就不能继续使用。

第三类是对产品或服务的部分功能实行免费，让消费者试用，但如果要使用其全部功能则必须付费购买。例如，人们可以免费注册成为腾讯QQ的用户，免费使用聊天功能，但若想使用某些空间装扮还有个性化的QQ秀则需付费购买黄钻和红钻特权才能实现。此类的定价方式是通过更具诱惑力的体验性增值服务使核心产品更具个性化，从而满足消费者多样化的需求使企业盈利。

3. 个性化定价策略

个性化定价策略指的是针对同一件商品，为不同的顾客提供不同零售价的定价策略。这种策略是利用网络互动性的特征，根据消费者的具体要求，来确定商品价格的一种策略。

网络的互动性使个性化营销成为可能，也有可能让个性化定价策略成为网络营销的一个重要策略。网络营销的互动性使得企业可以为客户提供个性化的定制服务，即消费者对产品的形状、颜色、体积、性能、配件等方面提出个性化的需求，企业按订单进行生产。这时企业提供了高附加值的服务，可实行较高价格的个性化商品定价策略。以海尔的定制化服务为例，客户登录海尔的网站后，可以自行设计自己满意的冰箱或其他产品，然后就价格和海尔进行协商，双方满意后即可成交。采用这种定价方式，客户很少与同类其他产品进行比价，因为他购买的产品是独一无二的，因此他愿意为此付出稍高的价格。

4. 联合议价策略

联合议价策略又叫集体议价，这种策略是根据供应者以及需求者的竞争状况及其他因素，设立自动调价系统，自动进行价格调整。同时，建立与消费者直接在网上协商价格的集体系统，使价格具有灵活性和多样性，从而形成价格。

近年来，海外一些跨国采购集团为降低采购成本，有时采取联合采购行动，统一价格口径，增强在采购中讨价还价的能力以争取最优惠的价格减让。供应商为了不失去这些大客户，往往会在价格谈判中被迫让步。

5. 捆绑定价策略

捆绑定价策略是指将两种或两种以上的相关产品，捆绑打包出售，并制定一个合理的价格。这种销售行为和定价方法常常出现在信息商品领域，例如微软公司将IE与Windows 98浏览器捆绑，并以零价格附随出售。运用此种策略要注意，一是让客户自己搭配商品，不勉强搭售，以免招致客户反感；二是巧妙运用多种相关商品组合，让客户有更多的选择余地，客户甚至可以自行设计搭配方案，然后买卖双方在网上协商定价。

6. 使用定价策略

使用定价就是客户通过互联网注册后可以直接使用某公司的产品。客户只需要根据使用次数进行付费，而不需要将产品完全购买。这减少了企业为完全出售产品而进行的不必要的大量生产和包装浪费，同时还可以吸引过去那些有顾虑的客户使用产品，扩大市场份额。客户每次只是根据使用次数付款，节省了购买产品、安装产品、处置产品的时间，还可以节省不必要的开销。如微软公司在2000年将其产品Office 2000放置在网站上，用户通过互联网注册使用，按使用次数付钱。

总之，网络营销有较多的定价策略，一般都与网下定价相结合，并和其他网络营销策略组合使用。随着网络营销市场不断发展、变化，许多新型的网络定价策略还会不断涌现出来。

四、网络营销的促销策略

网络促销是指利用现代化的网络技术向虚拟市场发布有关产品和服务的信息，以激发消费者的需求欲望，刺激消费者购买产品和服务，扩大产品销售而进行的一系列宣传介绍、广告、信息刺激等活动。网络促销实际上是厂家利用网络技术和市场进行沟通的过程，其主要目的是树立企业形象、沟通信息和促进产品销售。

网络营销的促销手段主要有网络广告、网络销售促进、网络站点推广、网络公共关系等方式。网络广告将在下一节系统介绍，本节主要讨论网络销售促进、网络站点推广和网络公共关系。

（一）网络销售促进策略

销售促进是企业利用短期性的刺激工具，刺激客户对某一商品大量购买，巩固或提高市场占有率。网络销售促进有以下方式。

1. 折扣促销

折扣促销又称打折促销，是企业在特定市场范围和经营时期内，根据商品原价确定让利系数，进行减价销售的一种方式。这是目前网上最常用的一种促销方式。由于网上销售商品不能给人全面、直观的印象，也不可试用、触摸，再加上配送成本和付款方式的复杂性，因此消费者网上购物和订货的积极性会下降，而幅度比较大的折扣可以吸引他们进行网上购物的尝试，并做出购买决定。

2. 抽奖促销

抽奖促销是网上应用较广泛的促销形式之一，是大部分网站乐意采用的促销方式。抽奖促销是以一个人或数人获得超出参加活动成本的奖品为手段从而进行商品或服务的促销。网上抽奖活动主要附加于调查、产品销售、扩大用户群、庆典、推广某项活动等。消费者或访问者通过填写问卷、注册、购买产品或参加网上活动等方式获得抽奖机会。

网上抽奖促销活动应注意的几点。第一，奖品要有诱惑力，可考虑用大额超值的产品吸引人们参加。第二，活动参加方式要简单化。太过复杂和难度太大的活动较难吸引匆匆的访客。第三，抽奖结果要公正公平。由于网络的虚拟性和参加者具有广泛地域性，因此抽奖结果的真实性要有一定保证，应该及时请公证人员进行全程公证，并及时通过E-mail、公告等形式向参加者通告活动进度和结果。

3. 赠品促销

赠品促销是指企业在一定时期内为扩大销量，迫于市场压力，向购买本企业产品的消费者实施馈赠的促销行为；赠品促销是最古老，也是最有效、最广泛的促销手段之一。

赠品促销应注意赠品的选择：一是不要选择次品、劣质品作为赠品，这样做只会起到适得其反的作用；二是明确促销目的，选择适当的能够吸引消费者的产品或服务；三是注意时间和时机，注意赠品的时间性，如冬季不能赠送只在夏季才能用的物品。另外在危急公关等情况下也可考虑不计成本的赠品活动以挽回公关危急；四是注意预算和市场需求，赠品要在能接受的预算内，不可过度地赠送赠品而造成营销困境。

4. 积分促销

许多网站都支持虚拟积分，客户每消费一次，给会员累计积分，这些积分可以兑换小赠品或在以后的消费中当成现金使用。积分促销在网络上的应用比起传统营销方式要简单和易操作。网上积分活动很容易通过编程和数据库等来实现，并且结果可信度很高，操作起来相对较为简便。积分促销一般设置价值较高的奖品，消费者通过多次购买或多次参加某项活动来增加积分以获得奖品。积分促销可以增加上网者访问网站和参加某项活动的次数，增加上网者对网站的忠诚度，从而提高网站的知名度。

5. 网络联合促销

联合促销是指两个以上的企业或品牌合作开展促销活动。这种做法的最大好处是可以使联合体内的各成员以较少费用获得较好的促销效果，联合促销的产品或服务有一定的优势互补、互相提升自身价值等效应。如网络公司可以和传统商家联合，以提供在网络上无法实现的服务等。

案例 6-5

京东商城 618 年中大促

京东商城是目前国内 B2C 市场最大的 3C 产品购物网站。京东商城成立于 2004 年，迄今为止已经发展成大型综合类网络零售商。京东商城在其快速扩张的过程中，其独特的销售促进策略功不可没。

每年的 6 月 18 日是京东周年店庆日，也是京东年度大型营销活动日之一。2021 年“京东 618”通过直播、新品首发、PLUS 会员、预售等多元化方式，利用百亿购物金、储值膨胀等新玩法，发放海量消费券、爆款补贴等促进消费。2021 年“京东 618”整体分为四个阶段，第一阶段为“预售期”，第二阶段为“专场期”，第三阶段为“高潮期”，第四阶段为“续售期”。“京东 618”采用以下几种销售促进策略。

头号京贴。头号京贴支持与限品类东券、店铺东券三重叠加。此次“京东 618”平台主推两档头号京贴，分别是每满 200 元减 30 元、每满 1 000 元减 60 元，活动期间同一款商品同一天可任选一档全程参与。

百亿购物金。百亿购物金重点包括京东在活动期间发放的现金红包、膨胀金、限品类券等促销权益。购物金数量有限，先到先得，发完即止。发放场景包括“京东 618”主会场、全渠道会场、攻略清单会场、各品类分会场、首页弹窗、线下 jpass 门店小程序、京东购物小程序、jzone 商家公众号、站外投放 M 页等。

膨胀金（储值膨胀）。膨胀金是京东平台跨品类优惠的一种销售促进方式，活动期内消费者充值一定的本金，可获得相应膨胀额度的权益金，本金加权益金共同构成消费者的膨胀金账户。消费者可正常使用膨胀金在京东 App 支付完成消费。膨胀金支持与优惠券、头号京贴、红包、京豆等促销优惠的叠加使用。

万店满减日。2021 年 6 月 16 日京东开启万店满减日活动，全场跨店满 199 元减 100 元，还有满 169 元减 30 元、满 499 元减 100 元等多档满减活动。1 万多家店铺齐聚，涉及 1 000 多万种商品，全场低至 5 折。

京东红包雨。2021 年 6 月 17 日和 6 月 18 日京东平台投放“618 红包雨”，活动期间消费者通过京东 App、线下 jpass 门店小程序页面参与，消费者点击从屏幕上方掉落的红包，即有机会获得千万优惠券或 618 元、2 021 元现金红包等。

2021 年“618 活动”期间，京东全网交易总额为 5 784.8 亿元，同比增长 26.5%。

资料来源：根据快资讯网资料整理。

案例分析

1. 案例中“京东 618”大促活动采用了哪些主要销售促进策略？

2. 结合主要销售促进策略说明京东的年中促销为什么要分阶段进行？

（二）网络站点推广策略

网络营销站点作为企业在网上市场进行营销活动的核心，站点能否吸引大量流量是企业开展网络营销成败的关键，也是网络营销的基础。站点推广就是通过对企业网络营销站点进行宣传，从而实现推广企业和产品的效果，网络站点推广策略有以下几点。

1. 搜索引擎注册

调查显示网民在找新网站时主要是通过搜索引擎来实现的，因此企业在著名的搜索引擎进行注册是非常必要的，而且在搜索引擎进行注册一般都是免费的。

2. 建立链接

与不同站点建立链接，可以缩短网页间距离，提高站点的访问概率，一般建立链接有下面几种方式。

（1）在行业站点上申请链接。如果站点属于某些不同的商务组织，而这些组织建有会员站点，那么企业应及时向这些会员站点申请一个链接。

（2）申请交互链接。企业应寻找具有互补性的站点，并向它们提出进行交互链接的要求。为通向其他站点的链接设立一个单独的页面，这样就不会使刚刚进入网站的顾客，转眼间就去浏览别人的站点。

（3）在商务链接站点申请链接。特别是当站点提供免费服务的时候，企业可以向网络上的许多小型商务链接站点申请链接。只要站点能提供免费的东西，就可以吸引许多站点为你建立链接。在寻找链接伙伴时，企业通过搜索寻找可能为站点提供链接的地方，然后向该站点的所有者或主管发送电子邮件，告诉他们可以链接的站点名称、URL以及200字的简短描述。

3. 发送电子邮件

电子邮件的发送费用非常低，许多网站都利用电子邮件来宣传站点。当企业利用电子邮件来宣传站点时，首要任务是收集电子邮件地址。为防止发送一些令人反感的电子邮件，收集电子邮件地址时要非常注意。一般可以利用站点的反馈功能记录愿意接收电子邮件用户的电子邮件地址。另外一种方式，是通过租用一些愿意接收电子邮件信息的通信列表，这些通信列表一般是由一些提供免费服务的公司收集的。

4. 发布新闻

企业应及时掌握具有新闻性的事件，并定期把这样的新闻发送到你的行业站点和印刷品媒介上，将站点在公告栏和新闻组上加以推广。互联网使得具有相同专业兴趣的人组成成千上万的具备很强针对性的公告栏和新闻组。比较好的做法是加入这些讨论，让邮件末尾的“签名档”发挥推广的作用。

5. 提供免费服务

提供免费资源，虽然在时间和精力上的代价都是昂贵的，但其在增加站点流量上的功效可以得到回报。应当注意，所提供的免费服务应是与所销售的产品密切相关的，这样，所吸引来的访问者同时也就可以成为良好的业务对象。企业也可以在网上开展有奖竞赛，因为人们总是喜欢免费的东西。如果在站点上开展有奖竞赛或者是抽奖活动，那么将产生很大的访问流量。

（三）网络公共关系策略

网络公共关系简称“网络公关”，就是企业借助网络来实现公关目标的行为。网络公关的主体是企业，传播媒体主要是互联网，客体是网络公众，网络公关的目的是维护和改善企业形象，提升品牌知名度，以获得更多商机。

进行网络公关主要有以下几种方法。

1. 利用网络新闻发布进行公关

网络新闻发布就是企业利用互联网发布本企业或产品的相关信息的新闻。互联网已经成为人们获得新闻的重要来源，杂志编辑和报纸记者甚至也都积极地从网上搜索时事新闻、争论等信息。企业除了在自己的站点发布新闻外，还应该到一些知名的网络新闻服务商的网站发布企业或产品信息，发布之前可以用E-mail通知有关的新闻记者，并根据新闻工作者的需要，为他们提供有关公司、部门、产品、服务等各方面的信息，并保证新闻工作者与企业掌握信息的人员便利接触。

2. 利用邮件清单进行公关

邮件清单是一种允许公司将信息发送到清单上的E-mail地址信箱中的工具。企业客户众多，E-mail具有能够在不同的网络系统中传输大量文本、图片、音频信息的优势，可以满足企业客户多的特性，为企业提供服务。企业在采用邮件清单策略时，一方面，要注意网络礼仪，正确的语法和拼写、详略得当的标题以及真实的署名，给对方留下较好的印象；另一方面，企业可以创建双向邮件清单，允许成员之间交流，让成员之间相互帮助，解决问题。

3. 利用网络社区进行公关

网络社区是在同一个网站按一定兴趣或利益形成的网民群体。由于社区成员是以虚拟身份加入的，因此管理员要对社区成员之间的交流制定相应的规则。社区管理的目的是保证社区成员的安全感，树立网站良好的形象，吸引更多的成员加入，提高网站乃至企业的知名度。企业要有意识地引导成员对企业及其产品展开讨论活动，培养一些活跃成员，了解他们的反馈意见，取得他们的信任和好感。企业对网络社区的无私奉献会得到真诚的回报，通过为网络社区成员、产品使用者提供有用的、富于创见的信息，可以提升公司的形象，建立公司的网上信誉。

五、网络营销的渠道策略

营销渠道就是商品和服务由生产者向消费者或使用者转移的具体通道或路径。和传统营销一样，网络营销也面临着如何实现将产品或服务由生产者向消费者转移的问题。因此，网络营销渠道可定义为促使产品或服务顺利地被使用或消费的相关网络中介组织或电子中间商的构成系统。

（一）网络营销渠道的类型

网络营销渠道一般可分为直接营销渠道和间接营销渠道两种类型。许多企业同时利用直接和间接两种分销方式，即“双道法”来达到扩大销售、加强市场渗透的目的。

（1）网络直接营销渠道又称网上直销，是指企业利用自己的网站直接面向消费者实现产品或服务的销售。在网上直销的情形下，企业和消费者直接沟通商品信息，也可在网上完成货款支付，甚至进行商品所有权的转移，但绝大多数企业仍然通过不同区域、不同环节的物流企业来完成商品实体的配送。

（2）网络间接营销渠道，是指把商品由融入互联网技术后的中间商销售给消费者或使用者的营销渠道。传统间接分销渠道可能有多个中间环节，而由于互联网技术的运用，因此网络间接营销渠道只需要新型电子中间商这一中间环节即可，大大提高了交易效率、专业化程度和规模经济。

（二）网络营销渠道的功能

网络时代渠道成员之间更多的是一种专业分工与合作的关系，不像传统渠道那样一个成员往往担负许多职能。一个典型的网络营销渠道，一般具备下列功能中的一种或几种。

1. 收集信息

电子中间商由于和本地区或本领域的市场联系密切，积累的相关信息也非常丰富，是企业收集市场信息的重要渠道。例如，要想收集化工市场信息，那么中国化工网、阿里巴巴的化工社区等电子中间商的网站就是收集该信息最好的来源渠道。进入中国价格信息网，可以了解国家定点监测的商品和服务的价格。

2. 促销宣传

每个网站都有自己相对固定的目标客户，对开展网络宣传来说，自己的网站只能作为主阵地，还要在其他网站上开展宣传活动，以便将网络市场营销的范围扩大到最大限度。

3. 关联营销

即使是拥有了一流网站平台的优秀品牌企业，也可能要借助其他网站，将产品销售出去。关联营销是指一个产品页面同时放了其他同类、同品牌、可搭配的有关联的产品。当访问某一网站时，客户点击被关联网站的链接并进入被关联网站购物，被关联网站就要付给该网站一定的销售佣金。例如，亚马逊在全球范围征集合作伙伴，无论销售多少数量的图书，都许以 15% 的介绍费。

4. 结算支付

目前网上购物的支付方式主要有第三方支付、银行卡支付、邮局汇款、银行汇款以及货到付款等多种形式，企业支付还是以支票方式为主。因此，具有网上结算功能的中间商，只有银行和负责安全认证的机构。

5. 物流配送

网络营销虽然实现了网上订购和结算功能，但对实物商品无法做到像单纯信息产品一样的“虚拟”传输。所以一些网络中介组织或电子中间商还提供物流配送的功能，例如，提供航运信息的中国国际航运网、亿通网等。

第三节　网络营销常用方法

一、网络广告

(一) 网络广告的概念

网络广告（Network Advertisement）又称为在线广告（Online Advertising）、互联网广告，就是在网络平台上投放的广告，利用网站上的广告横幅、文本链接、多媒体的方法，在互联网上刊登或发布广告，并通过网络传递给互联网用户的一种高科技广告运作方式。

网络广告的概念包含下面几个基本要素。

第一，网络广告的主体。网络广告的主体包括网络广告主、网络广告经营者、网络广告发布者。

第二，网络广告的媒体。网络广告的媒体就是网络上的所有平台，包括网络、电子邮件、移动网络等。

第三，网络广告的信息。网络广告的信息是指网络广告中传播的主要内容。网络广告中传播的内容可以是有关商品的信息，也可以是有关服务的信息，或者是有关观念的信息。

第四，网络广告的受众。网络广告的受众是网络广告信息的接受者，即通过网络来浏览广告的网民。

第五，网络广告的费用。网络广告的费用是广告主为销售产品或提供服务而花费的宣传推广费用，是进行广告策划和广告活动的基础。

（二）网络广告的优点

1. 传播范围广

网络广告的传播不受时间和空间的限制，它通过互联网把广告信息 24 小时不间断地传播到世界各地。只要具备上网条件，任何人在任何地点都可以阅读，这是传统广告媒体无法达到的效果。

2. 交互性强

交互性是互联网媒体的最大优势，它不同于传统媒体的信息单向传播，它的信息传播具有互动性。网络广告的交互性是指广告主在网络上发布广告后，广告受众不仅可以查看广告，参与其中，还可以把自己的信息反馈给广告主。

3. 针对性强

网络广告的受众大多是年轻、受教育程度较高、购买力强、有经济头脑的投资和消费群体。网络广告可以帮助企业直接命中最有可能的潜在用户，并可以为不同的群体推出不同的广告内容。

4. 受众数量可准确统计

利用传统媒体做广告，企业很难准确地知道有多少人接收到了广告信息，而在互联网上，可通过权威公正的访客流量统计系统，精确统计出每个广告主的广告被多少个用户看过，以及这些用户查阅的时间分布和地域分布。借助分析工具，广告成效易体现，客户群体清晰易辨，广告行为收益也能准确计量，这样有助于广告客商正确评估广告效果，制定广告投放策略，对广告目标更有把握。

5. 实时灵活性

在传统媒体上做广告，广告发布后很难更改，即使可改动往往也须付出很大的经济代价。而在互联网上做的广告在刊播后可以很便利地根据市场的变化、营销策略的调整及时变更广告内容，使广告活动及时有效地服务于营销策略，而且企业的经营决策的变化也能及时得到实施和推广。

6. 强烈的感官性

网络广告的载体基本上是多媒体、超文本格式文件，使消费者能亲身了解和体验产品、服务与品牌。这种以图、文、声、像的形式，传送多感官的信息，让顾客身临其境般感受商品或服务，并能在网上预订、交易与结算，能大大增强网络广告的实效。

（三）网络广告的缺点

1. 网络广告的认同度较低

首先是网民对网络广告总体认同度较低。主要原因是网络上的消息太多、太杂，加上监督、管理难度大，其中还含有一些虚假信息，这造成了部分网民对网上信息的不信任感。另外，网络广告创意及制作水平相对缺乏吸引力，会使网民产生厌恶感。其次是企业的认同度不高。虽然网络广告已经基本确定了第五媒体的地位，但是我国网络广告收入却远远低于前三类媒体。很多企业领导者对网络广告缺乏理解，对其持怀疑态度，不敢大规模地在网络上投放广告。

2. 效果评估困难

在中国至今尚未有一家公认的第三方机构可以提供量化的评估标准和方法。当一家媒体不能被评估的时候，我们从媒介作业的角度就完全有理由去质疑它的可选用性。目前对网络广告效果的评估主要是基于网站提供的数据，而这些数据的准确性、公正性一直受到某些广告主和代理商的质疑。

3. 供选择的广告位有限

目前网络广告的形式主要还是旗帜广告、按钮广告、漂浮广告等，而每个网页上可以提供的广告位置是很有限的。

4. 市场价格比较混乱

网络媒体的市场价格比较混乱，大量的无序竞争造成了恶性循环，不利于网络广告行业长久健康的发展。

（四）常见的网络广告形式

1. 横幅广告

横幅广告（Banner）又称为旗帜广告、条幅广告，它是横跨于网页上的矩形公告牌，当用户点击这些横幅的时候，通常可以链接到广告主的网页，是最常见的网络广告形式。创意绝妙的旗帜广告对于建立并提升客户品牌形象有着不可低估的作用，是网站中重要且有效的宣传手段之一。

2. 按钮广告

按钮广告（Button）是从横幅广告演变过来的一种广告形式，图形尺寸比横幅广告要小，酷似按钮，因此得名。按钮广告通常只显示公司、产品或品牌的标志，也称为图标广告。这种广告将公司或产品图像与图标结合，形象鲜明，效果明显，点击图标广告可以链接到广告主的主页或站点。由于图形尺寸小，因此按钮广告可以被更灵活地放置在网页的任何位置。

3. 弹出窗口广告

弹出窗口广告（Pop-up），可以是图片，也可以是图文介绍，是指通过代码实现在用户打开网页的时候以弹出的形式呈现在正在浏览的页面前，具有很强的广告效应。弹出式广告有各种尺寸，有全屏的，也有小窗口的，而且互动的程度也不同，从静态的到动态的都有。

4. 文字链接广告

文字链接广告是一种对浏览者干扰最少，但最有效果的网络广告形式之一。在页面显著位置通过文字直接发布广告信息，浏览者只需点击相关文字便可进入目标网站，这能大大增加目标网站的访问量。最大的优势是容易引起访客的兴趣而又不会招致反感情绪。文字链接广告的信息量较小，必须以最简洁的文字，吸引用户的最大注意，使得有兴趣的客户访问企业的网站。

5. 对联广告

对联广告位于页面两边，左右对称，如同中国传统的春联，故称之为对联广告。该广告页面幅度较大，有一定的吸引力，适合重大活动的推广。

6. 网络视频广告

网络视频广告是指采用先进数码技术将传统的视频广告融入网络中充分体现出视频广告所特有的吸引力和冲击力。网络视频广告播放，结合声音与网站视觉的表现，将更清楚地引导受众浏览广告内容，在表现形式上比电视广告更直接细致，覆盖面更广。

7. 全屏广告

全屏广告是广告主将所要发布的信息内容制成主页形式，充分利用整个页面的空间发布广告信息，版幅较大、视觉冲击力强，能给浏览者留下深刻的印象。当用户打开浏览页面时，该广告将以全屏方式出现几秒钟（一般是 3 ～ 5 秒），可以是静态的页面，也可以是动态效果。

8. 电子邮件广告

电子邮件广告是一种以电子邮件为传播载体的网络广告形式，广告以横幅广告为主，它通过向用户发送带有广告的电子邮件来达到广告的传播效果。电子邮件广告针对性强且费用低廉，可以包含丰富的广告内容，但是由于电子邮件一般采用群发的方式发送，有时会被邮箱的过滤系统当作垃圾邮件阻隔掉。

9. 富媒体广告

富媒体广告（Rich Media Ad）是指能达到 2D 及 3D 的 Video、Audio、JAVA 等具有复杂视觉效果和交互功能效果的网络广告形式。富媒体可以将网络线上广告转换成一个互动的模式，而不仅仅是一个静态的广告信息。一般来说，富媒体要占据比一般 GIF 图片更多的空间和网络传输字节，但其具有极强的视觉和听觉表现力、容量大、交互性强等优势，以及能表现更多、更精彩的广告内容的特点，因而颇受广告商青睐。

二、搜索引擎

（一）搜索引擎营销的概念

搜索引擎营销（Search Engine Marketing，SEM），就是根据用户使用搜索引擎的方式，利用用户检索信息的机会，尽可能地将营销信息传递给目标用户的一种营销方式。简单来说，搜索引擎营销就是基于搜索引擎平台的网络营销，利用人们对搜索引擎的依赖和使用习惯，在人们检索信息的时候将企业信息传递给目标用户。搜索引擎营销的基本思想是让用户发现信息，并通过（搜索引擎）搜索点击进入网站 / 网页进一步了解自己所需要的信息。

（二）搜索引擎营销的模式

1. 免费登录分类目录

免费登录分类目录是最传统的网站推广手段。由于目前大多数搜索引擎都开始收取费用，免费登录分类目录的营销效果已经不尽如人意了，从当前的发展趋势来看，这种方式已经逐步退出网络营销的舞台。

2. 付费登录分类目录

类似于原有的免费登录分类目录，仅仅是向网站交纳费用时才可以获得被收录的资格。与免费登录分类目录网站的总趋势一样，曾经有一定影响力的付费登录分类目录方式目前也越来越少，因而也只能作为一种参考方法。

3. 搜索引擎优化

搜索引擎优化（Search Engine Optimization，SEO）是按照一定的规范，对网站功能和服务、网站栏目结构、网页布局和网站内容等网站基本要素的合理设计，增加网站对搜索引擎的友好性，使得网站中尽可能多的网页被搜索引擎收录，并且在搜索引擎自然检索结果中获得较好的排名效果。可以通过搜索引擎的自然检索获得尽可能多的潜在用户。SEO 的着眼点不仅考虑搜索引擎的排名规则，更多地考虑到如何为用户获取信息以及服务提供方便。

4. 关键词竞价排名

竞价排名是一种按效果付费的网络推广方式。广告主在购买该项服务后，通过注册一定数量的关键词，按照付费最高者排名靠前的原则，购买了同一关键词的网站按不同的顺序进行排名，网站按照付费最高者排名靠前的原则，出现在网民相应的搜索结果中，然后按点击量计费的一种服务。

（三）搜索引擎营销的策略

1. 关键词选择

企业要全方位、多角度地选择关键词，并且要为每个关键词确定目标，决定匹配类型，突出企业的核心业务和核心竞争力。企业可以从过去的搜索引擎投放数据中分析出关键词的点击量、点击率、点击成本以及访问到页面的转化率等，然后通过关键词的优化、组合等方式来考虑关键词的选取。

2. 关键词优化

在网站首页标题中设置与公司所提供服务或产品相关的关键词，尽量避免使用宽泛或通用的词语，要采用体现该网页内容的核心词汇，而且企业在设置关键词的时候要把握模糊度与精确度适中的原则，保证搜索引擎能够准确方便地检索到企业的相关信息。

3. 选择搜索引擎

不同的搜索引擎载体有着不同的特点和优势，因此企业除了选择常用的综合性搜索引擎之外，还应该根据企业自身发展的需求、潜在客户的特征等因素考虑其他合适的搜索引擎载体。交换链接与交换广告是网站合作推广中常用的两种方式。

4. 合理应用竞价排名与 SEO

用户对付费的竞价排名推广具有排斥心理，他们更愿意接受自然排名比较好的网站。企业之间的不断竞争，竞价排名费用在不断增加，这使企业的成本也在大幅度提高。资金匮乏的企业可较多地使用 SEO，资金较充裕的企业就可以并行运用 SEO 和竞价排名来实施搜索引擎营销。

案例 6-6

美联航空的搜索引擎营销

美国联合航空公司（United Airlines）在 2007 年第 1 季度期间，充分利用搜索引擎营销手段，在消费者形成机票购买决策前就与之充分互动，将消费者最想预先知晓的机票信息进行有效传达，在广告预算没有增长的情况下，搜索引擎营销产生的销售业绩增长超过两倍。

一般机票购买者多为年轻人群体，企业利用搜索引擎这种用户群体庞大的网络广告新形式，能最大程度覆盖目标消费者。搜索引擎广告具有针对性强和广告效果可反馈的优势，所以美国联合航空公司通过搜索引擎做广告可以让用户根据自身需要寻求相关信息，具有极强的针对性且不会引起消费者反感并获得极佳的广告效果。另外，搜索引擎可以根据广告被展示次数和被点击次数等相关统计结果掌握投放效果，及时调整相应的营销战略。

美联航空通过调研获知，有 65% 的消费者在做出旅行决定前，会进行至少 3 次的搜索；有 29% 的消费者会进行 5 次以上的搜索。用户关注的信息主要体现在三个层面：价格、服务和关于航空公司的详细信息。因此，针对这三个层面的信息，关联航空分别对关键词的选择以及结果的呈现方式做了优化，使消费者在决策前知晓相关的信息，从而带动了机票销量。

资料来源：根据优品互动网站案例改编。

案例分析

1. 美联航空为什么选择搜索引擎营销的方式？
2. 美联航空搜索引擎营销成功的原因是什么？

三、电子邮件营销

（一）电子邮件营销的概念

电子邮件营销是在用户事先许可的前提下，通过电子邮件的方式向目标用户传递有价值信息的一种网络营销手段。电子邮件营销有三个基本因素：用户许可、电子邮件传递信息、信息对用户有价值。三个因素缺少一个，都不能称之为有效的电子邮件营销。

（二）电子邮件营销策略

1. 合理把握发送邮件的周期与时段

在正式群发邮件之前，可以先测试一下每隔多长时间发送电子邮件效果最好。例如，网店站长可以测试不同的时间间隔（一周、两周、三周等）给用户发送邮件，试验哪个时间段间隔用户的点击率最高，这样在实际操作时就采用这样的发送频率，效果远好于不经思考乱发一通。

2. 分众发送邮件

分众发送邮件就是针对不同的受众发送不同内容的邮件。通过以往发送邮件的经验，企业可以测试用户对不同促销信息是否感兴趣或感兴趣的程度，再适当地调整邮件营销策略。对喜欢购买物美价廉商品的消费者一味地发奢侈品的广告无疑是无法起到作用的。对于几乎阅读了大部分邮件的受众，可以给他们发送最有利润的产品广告。对稍感兴趣的用户可以发送利润稍低一点的产品和服务。这样才能让电子邮件群发的转化率最大化。

3. 抓住黄金用户

虽然理论上是企业对用户群分类得越细，邮件营销的效果也就越好，但是用户分得越细，付出的精力也就越大。其实，电子邮件营销也有二八定律，大部分的收件人对不同的广告其实反应都差不多，只有 20% 的用户才会对定制的邮件反应敏感。因此企业不用在邮件的设计独特上特别花精力，关键是监测用户的点击率，抓住 20% 的黄金人群，以调整相应的营销策略。

4. 邮件发送前要认真测试

邮件的设计最好是简洁明了、开门见山的。另外，需要仔细检查邮件内容，如果有图像，确保打开邮件时图像可以显示；如果有链接，则要确保已经加了超链接的格式。

5. 保证邮件的到达率

鉴于全球严峻的反垃圾邮件趋势，很多正常邮件也被错杀。尽量和业界领先的电子邮件服务商合作，确保绝大多数用户能够收到你的邮件。

6. 设计有价值的邮件内容

发送邮件的内容尽量做到有价值、对用户有意义，让用户看后不会觉得后悔，所以标题、首段、正文每个地方都要再三斟酌。

案例 6-7

星巴克的电子邮件营销

1. 品牌定位——咖啡的时尚感

星巴克一直坚持“每人，每杯，每个社区”的人文情怀，始终致力于打造“星巴克体验”：最贴心的服务、最优质的咖啡、最独特的氛围。

2. 发送策略——随性而发

其实，星巴克的发送频率并不高，但从内容角度看，星巴克中国电子邮件营销的发送周期与新品营销亲密贴合，与季节性呼应。比如在“星巴克冰摇清爽”产品上市时，夏季连续2封EDM都是围绕其展开的。如果没有新的产品或活动，星巴克中国则选择了不发原则。

3. 邮件大小——长短不一

观察星巴克中国的电子邮件营销，其邮件高度总体呈下降趋势。邮件宽度保持在750像素上下，但高度起伏很大。为什么会这样？其实，这正是星巴克寻找的最佳阅读体验，这也正是很多邮件主经常忽视的地方。

有分析师认为：邮件的高度以一屏高（即600像素）最为合适，但是多数情况建议控制在一屏半（800像素）左右；邮件的宽度则相对固定，控制在750像素以内即可，主要因为邮件显示在邮箱里一般靠右，同时结合浏览器的不同，保证用户邮件显示完整。

4. 玩转跨界整合营销——与App、微信融合，引领科技新时尚

星巴克中国的这封邮件，主推“星巴克”闹钟App，让用户睁开眼睛的那一刻便与这个品牌发生联系，个性十足。另外，在2014年9月的邮件中，星巴克中国则主打微信。

资料来源：根据星巴克——邮件营销的成功点改编。

案例分析

1. 星巴克使用了哪些电子邮件营销策略？
2. 星巴克电子邮件营销成功的原因是什么？

第四节　社交媒体营销

一、社交媒体营销

（一）社交媒体营销的概念

1. 社交媒体

社交媒体（Social Media）也称为社会化媒体，是一个不断演化的信息媒介，由于研究视角不同，目前学术界还没有形成普遍接受和认可的社交媒体的概念。总体仍可以表述为，社交媒体是人们用来创作、分享、交流意见、观点及经验的虚拟社区和网络平台。与一般的社会大众媒体最显著的不同是，社交媒体让用户享有更多的选择权利和编辑能力，自行集结成某种阅听社群。目前，社交媒体主要包括社区论坛、社交网站（例如人人网、开心网、若邻网、Facebook）、视频 App（例如抖音、快手、西瓜等短视频 App）、博客、微博、微信等类型。

2. 社交媒体营销

社交媒体营销（Social Medica Marketing）又称社会化媒体营销，是指在网络社交环境下，企业借助用户、用户社会资本等因素，利用社会化网络、在线社区、博客、百科或者其他社交媒体平台开展的关于产品或服务的一种新型网络营销活动。为了完成营销活动，企业需要依托社交媒体平台，在频繁的互动过程中强化与用户之间的关系，同时利用提高网络口碑，增加潜在用户的信任度，进行品牌推广和产品销售。

（二）社交媒体营销的特点

与搜索引擎、电子邮件等其他网络营销方法相比，社交媒体营销的信息传播机制以信任为基础，而用户具有高度的主动参与性，因而更能影响网民的消费决策。社交媒体营销通过不断地交互和提炼在人群间分享的信息和讨论的问题，能够有效地对某个主题达成共识，为品牌提供了大量被传播的机会。社交媒体用户的黏性和稳定性高，定位明确，也可以为品牌提供更细分的目标群体。基于互联网的沃土，社交媒体营销的市场仍在不断扩大，成为企业一种全新的网络营销方式。

（三）社交媒体营销的优势

1. 可以满足企业不同的营销策略

作为一个不断创新和发展的营销模式，越来越多的企业尝试着在社交媒体网站上开展各种各样的线上营销活动，因为社交媒体最大的特点就是能充分展示人与人之间的互动，而这恰恰是一切营销的基础所在。

2. 可以有效降低企业的营销成本

随着网民网络行为的日益成熟，用户更乐意主动获取信息和分享信息，用户显示出高度的参与性与互动性。因此与传统广告形式相比，社交媒体营销通过“众口相传”的口碑更容易提升企业品牌传播的效果，同时降低企业营销成本。

3. 可以实现对目标用户的精准营销

在社交媒体网站上用户注册的数据相对来说都是较为真实的，企业可以很容易地对目标受众按照地域、收入、职业等进行条件筛选，从而有针对性地开展营销活动，实现对目标用户的精准营销。

4. 社交媒体营销是真正符合网络用户需求的营销方式

社交媒体营销模式的迅速发展是因为它符合了网络用户参与、分享和互动的真实需求，它符合网络营销发展的新趋势，在此之前没有任何一个媒体能够像社交媒体这样把人与人之间的关系拉得如此紧密。因此，只有符合网络用户需求的营销模式才能帮助企业发挥更大的作用。

（四）社交媒体营销策略

1. 互动营销策略

社交媒体营销以“分享和参与”为核心，消费者通过社交媒体来分享产品的信息和观点，这与以往传统营销中“自上而下”的理念不同。社交媒体强调“自下而上”的品牌推广，企业必须进入到社交媒体中去，通过与消费者的对话和互动，与消费者建立情感联系。消费者早已不满足于购买完商品就结束，他们更愿意通过社交媒体与商家、与其他消费者共同完善所购商品。我们在网上经常会看到很多产品的测评报告，这是商家鼓励消费者在购买后对商品进行评估和分享的结果，企业可以将优秀的测评报告放到首页或给予返现之类的奖励，这样既达到了消费者分享的目的，又提升了商品的品牌形象和认可度。

2. 口碑营销策略

在社交媒体时代，网络口碑在消费者购买决策过程中扮演着越来越重要的角色，消费者乐于通过参考以往消费者对于该商品的评价最大限度地减少购买风险。通过了解品牌在社交媒体上的口碑，消费者极易改变对该品牌的态度。虽然企业的口碑是消费者自发传播的，但是仍然需要企业有意识地去维护，社交网络可以轻而易举地让某个产品一夜之间红火起来，亦可以让其口碑毁于一旦。

3. 内容营销策略

社交媒体所承载的内容与形式越来越丰富多样，从文字、图片、音频到视频，只要是人们能想到的信息，几乎都能以简短而快捷的形式进行传播。快节奏的生活和发达的移动通信设备导致用户的注意力时间越来越短，获取的信息量也越来越大。因此，企业更需要重视社交媒体传播的内容。众多品牌通过内容营销取得了不同凡响的营销效果，创造了极好的网络口碑。例如欧莱雅自建了内容工厂，为美妆爱好者不断推送美妆视频和美妆教程，获得了一大群美妆粉丝。

4. 情感营销策略

营销的最高境界是不仅要把产品卖到消费者的手中，更要把情感卖到消费者心中，从“让你喜欢”到“我就喜欢”。人的大脑总是倾向情感，而不是理智。在互联网+时代，情感更是主导消费者购买行为的主要因素。情感营销不仅会创造出一个好的品牌，让消费者爱上品牌，更会为企业带来源源不断的客户和财富。

5. 粉丝营销策略

社交媒体营销时代，越来越多的品牌意识到“得粉丝者得天下”。在一定程度上，粉丝的数量决定了企业品牌的知名度和美誉度。粉丝营销策略之所以能够取得成功，主要是粉丝对企业文化的认同和情感的认同。实施粉丝营销策略，企业应充分利用社交媒体，围绕自身价值打造粉丝互动平台，创造粉丝高度参与和传播的社交话题，传递个性鲜明的品牌文化，使粉丝乐于参与企业营销内容的创造、传播的过程，最终通过粉丝的口口相传达到商品或服务营销的目的。

6. 事件营销策略

事件营销是企业通过策划、组织和利用具有名人效应、新闻价值和社会影响的人物或事件，引起媒体、社会团体和消费者的兴趣和关注，以求提高企业或产品知名度、美誉度，树立企业形象，并最终促成企业产品或服务销售的手段和方式。企业利用社交媒体平台，结合热点事件进行网络营销，能够起到事半功倍的作用。社交媒体平台通常是一个事件的起源地、传播地，企业营销结合最新的热点事件，关联企业产品或品牌，可以提升公司及其品牌人气，让更多的人谈论公司和产品，拉近企业与客户的距离。

7. 价值观营销策略

从以产品为核心的营销 1.0 时代，到以消费者为核心的营销 2.0 时代，再到现在以价值观驱动为核心的营销 3.0 时代，消费者所寻找的产品和服务不但要满足基本需要，更要一种可以触及内心的体验。为消费者提供意义感将成为企业未来营销活动的价值主张，价值观驱动型商业模式将成为营销 3.0 时代的制胜之道。

8. 名人效应营销策略

所谓名人效应，是名人的出现所达成的引人注意、强化事物、扩大影响的效应，或人们模仿名人的现象。社交媒体平台上的名人效应是通过名人转发或发表评论产生的一系列连锁反应。一个影响广泛的关键意见领袖可以轻松影响一大批潜在消费者。所以，意见领袖关系的维护极其重要，网民在社交媒体上都有自己的“圈子”和“朋友”，每个“朋友”在口碑传播上，都有着不可小视的推荐作用，特别是意见领袖，在社交媒体时代，他们的号召力越来越大。

二、微信营销

（一）微信营销的概念

微信营销是伴随着微信的火热而兴起的一种网络营销方式。只要拥有微信账号的用户都可以进行微信营销。人们一旦成为微信用户就意味着与已经注册微信账号的朋友形成某种联系，这种联系就犹如一张大网。任何一个微信用户都可以在他人的平台上订阅自己所需的信息、享用自己所需的服务，他也可以为对方提供相关的信息和服务，从而实现互动式的双向营销。

微信营销是指企业或非营利组织利用微信这种新兴社交媒体影响其受众，企业通过在微信上进行信息的快速传播、分享、反馈、互动，开展市场调研、产品推广、客户关系管理、品牌传播、危机公关等功能的营销活动。

（二）微信营销方式

1. 公众号营销

微信公众号目前分为企业号、服务号和订阅号三种类型，不同类型的公众号所投放文章的数量也不同。其中，订阅号的申请要求较低，任何人、机构或组织都可以申请订阅号，订阅号可以每天在群里发一次消息，消息的条数没有限制，形式也非常多样。此外，用户进入订阅号的界面后，也可以自行选择相关服务，订阅号的优势在于能够实现与用户之间的有效互动。服务号的定位在于服务交互，其消息提示一般出现在普通聊天对话框中，相比订阅号更为醒目。用户可以通过服务号完成一些日常事务的管理，如在银行服务号里绑定银行卡、进行理财投资等。简单来说，服务号是营销者的服务形象窗口。微信企业号是微信为企业客户提供的移动服务，它可以帮助企业建立员工、上下游供应链与企业 IT 系统间的连接。利用企业号，企业可以快速、低成本地实现高质量的企业移动应用，实现生产、管理、协作、运营的移动化。微信公众号营销的优势是便捷、高效，不足之处是互动性较差。

2. 朋友圈营销

微信朋友圈是腾讯推出的微信上的一个社交平台，微信用户可以在微信上发表文字和图片，同时还可以将其他网站上的信息分享到微信上，用户可以对好友分享的内容进行评论或点赞。目前微信朋友圈已经成为人们生活不可缺少的一部分，越来越多的营销者通过朋友圈推销自己的产品。利用朋友圈开展社交媒体营销活动的重点在于如何让用户将消息链接发送到其朋友圈中，从而实现二次、三次乃至 N 次转发。由于朋友圈是由一个个圈子叠加而成的微信关系网络，这就要求用户能够自愿成为营销者信息的传递者，帮助营销者实现低成本、覆盖面广的信息传播。相比于公众号，朋友圈的文章转发，其涉及的用户更为多样化。

企业也可以根据需要选择广告服务，实现微信朋友圈里的广告精准投放。由于微信掌握大量的用户数据，微信可以通过阅读兴趣、地理位置、消费习惯、性别、年龄、学历等给用户打上标签，再利用大数据和人工智能按需投放广告，让广告越来越精准。

3. 二维码营销

企业在进行营销时，可以将二维码嵌入宣传海报、视频、文案中，吸引用户扫描二维码进入品牌宣传平台，获取营销活动或产品以及品牌的相关介绍。此外，企业还可以将产品的型号、生产日期、防伪码等信息，放置在二维码中，方便用户查看产品信息。

这种营销方式的特点是受众的主动性高，营销目标精确，具有较强的传播时效性，适用于正在搞活动的店铺吸引消费者。

4. 开放平台营销

通过微信开放平台，应用开发者可以在微信上接入第三方应用，还可以将应用的Logo放入微信附件栏，使用户可以方便地在会话中调用第三方应用进行内容选择与分享。

5. 位置签名营销

所谓的位置签名实质上就是一种广告植入的营销方式。具体而言，位置签名营销是指商家在自己主页的签名档上放入广告或是产品促销等信息。当移动用户利用终端设备查找附近的人或是微信中自带的“摇一摇”功能时，就会看见商家的信息，达到信息传播的目的。此种营销方式属于一种拉拢附近用户的广告营销策略，其特点是商家掌握着信息传播的主动性，传播渠道简单、快捷，目标受众精确，能够及时快速地获得信息反馈，具有良好的互动性。该营销方式适用于可在微信上定位的商家，如KFC的宅急送。

6.“漂流瓶”营销

“漂流瓶”是微信中的一个功能，商家可以利用该功能将产品的相关信息放入瓶内传播出去，当移动用户打捞到漂流瓶之后，便可从中获得相关信息。这种营销方式的特点是随机性强，其信息传播范围较广，且不针对某个群体。由于有些用户并不经常打捞瓶子，所以信息的接受率相对较低，一般情况下它适用于知名度较高的产品，可以起到扩大产品影响力的作用。“漂流瓶”是一种非常好的信息扩散方式，由于微信官方可以对“漂流瓶”的参数进行更改，使合作商家推广的活动在某一时间段内抛出的“漂流瓶”数量大增，普通用户“捞”到“漂流瓶”的频率也会增加。“漂流瓶”模式本身可以发送不同的文字内容或者语音小游戏等，如果营销得当将会产生不错的营销效果。招商银行曾经发起过一个“爱心漂流瓶”的活动，微信用户可以用“漂流瓶”功能捡到招商银行的“漂流瓶”，回复之后招商银行便会通过“小积分，微慈善”平台为自闭症儿童提供帮助。

（三）微信营销要点

1. 良好的产品和服务是微信营销的基础

微信营销仅是一种营销手段，优异的产品和服务是营销的基础，满足顾客需求才是重点。企业必须提供良好的产品和服务，使顾客有更多的机会和途径体验产品和服务，因为体验是购买欲望产生最坚实的基础，有了良好的体验，顾客才会认可产品和服务，并将这些信息传递给别人。

2. 发挥整合营销的优势

成功企业的营销活动一定是线上和线下的有机结合、相互配合，以保证消费者对企业品牌不同来源认知的一致性，使企业自身对品牌的认知信息和外界向消费者传播的信息不会产生偏差。微信营销和传统营销方式相结合，发挥各自的优势，将拓宽用户体验的途径，使用户对企业产品和服务有更加全面的了解，有助于抓住顾客并留住顾客。

3. 重视与用户的交流与互动

微信营销作为一种新型的、更加私人化的营销方式，应该重视与用户之间的沟通交流和互动，让用户觉得不被打扰，甚至让用户愿意去了解和接受产品信息，这就需要商家多组织形式多样的用户体验活动。

企业在为顾客推送他们感兴趣的消息的同时，还要注意信息推送的频率、推送的内容形式、客服质量等，使顾客尽可能多地参与到产品的推广与宣传中，增强他们的归属感。

案例 6-8

网易云音乐的微信营销

截至 2021 年 1 月，微信的日活跃用户达到 10.9 亿，7.8 亿人每天翻看着朋友圈，其中的 1.2 亿人还会在朋友圈里发点什么，3.6 亿人每天浏览公众号来获取外界的信息。不容置疑，微信已经成为中国网民最密不可分的移动通信工具。

2021 年 5 月网易云音乐推出了 H5 性格主导色互动小测试，通过这个测试，网易云音乐用户可以测试出自己性格的主导颜色。各大社交平台一下子变得五彩缤纷起来。尽管只是一个性格测试，但是这次测试对于网易云来说是非常成功的，网易云不但获得了十几亿的流量，而且衍生话题也拥有上亿的话题度。网易云利用了人们普遍的心理——人们对自我有一种强烈的求知欲，很想要知道自己是什么样的人，而无论是星座还是性格测试都恰好满足了用户的这种自我求知欲。所以这种活动利用的是人们的本能，让人们自发地参加活动。活动参加方式简单，扫描即可参加，而且不费时费事，又有娱乐趣味。喜欢参加这种性格测试的网民一般都是年轻人，而且这些人大多是网易云的用户。网易云可以在年度歌单里了解这些人听了什么歌，从而判断他们的性格，因此测试结果让大多数人觉得真实。他们乐意将这种测试结果展示在自己的朋友圈里，通过朋友圈将 H5 性格主导色互动小测试转发，由此裂变并产生病毒式传播。

资料来源：根据网易网、DYZ 工作室资料改编。

案例分析

1. 结合案例分析网易云满足了网民哪些需求。

2. 网易云是怎样让网民主动转发 H5 性格主导色互动小测试的？

三、短视频营销

（一）短视频营销相关概念

1. 短视频

短视频是一种视频长度以“秒”计数，主要依托于移动智能终端实现快速拍摄和编辑，可以在社交媒体平台实时分享与无缝对接的一种新型视频形式。短视频是适合在移动状态和短时休闲状态下观看的、高频推送的视频内容，视频时长一般在 15 秒到 5 分钟之间。短视频内容丰富，涉及各种主题，包罗万象。相比传统的图文，短视频时间短、有价值、内容新、碎片化、多元化。人们利用碎片时间浏览短视频，并且通过弹幕、评论、分享进行社交互动，让短视频具备了病毒式传播潜力，短视频的影响力大大增强了。短视频的特征和具体内容如表 6-1 所示。

表 6-1　短视频的特征和具体内容

短视频的特征	具体内容
时间短	短视频时间较短，一般在 15 秒到 5 分钟之间，在最短的视频时长内，最有效地讲好故事做好营销
有价值	话题聚焦，能够引发情感共鸣并传递价值观
内容新	内容一般比较新鲜、新颖、新奇或具有新意，能够抓住用户的心
碎片化	用户会利用碎片化时间观看短视频
多元化	短视频主题涉及才艺展示、搞笑吐槽、影视解说、生活记录、街头采访、时尚美妆、新闻资讯、科普知识、实用技能等，内容丰富，包罗万象

2. 短视频平台

目前，我国发展较为成熟的短视频平台主要可分为以抖音、快手为代表的社交媒体类；以西瓜、秒拍为代表的资讯媒体类；以 B 站 (bilibili)、A 站 (AcFun) 为代表的 BBS 类；以陌陌、朋友圈视频为代表的 SNS 类；以淘宝、京东主图视频为代表的电商类；以小影、VUE 为代表的工具类这六大类别。而在这六大类别中，抖音、快手牢牢占据了目前短视频市场的龙头地位。在短视频市场，“南抖音、北快手”的竞争格局基本形成，美图的美拍、新浪的秒拍、头条的火山小视频、西瓜视频等产品基本占领了剩余的市场份额。

3. 短视频营销

短视频营销是企业主和品牌主借助短视频这种媒介形式进行社会化营销的一种方式。短视频营销具有以下特点：

（1）传播速度快。在快节奏的生活方式下，原创又有新意、有情感、有个性的短视频备受网民青睐。不管是火山、美拍、梨视频、头条、快手还是抖音，只要短视频内容足够精彩，就能在很大程度上引起大量用户的转发狂潮，达到大面积传播的效果。

（2）制作简单。相对于传统广告，短视频营销简单易制作，门槛低、成本低。另外，用户自发传播及粉丝维护的成本也相对较低。

（3）互动性强。所有的短视频都可以进行互动交流，这种优势在于可以迅速获得用户反馈并针对性进行调整。

（4）营销效果易衡量。不管是哪一类短视频，播放数、评论数、转发数、点赞数等数据都很直观。通过数据分析及对标账号和观察行业竞争对手等数据，企业可以掌握行业风向，及时优化短视频内容，从而达到更好的营销效果。

（二）短视频营销推广方式

1. 品牌自主录制短视频

品牌主动参与短视频制作，在企业官网进行短视频推送或者在短视频移动平台进行推送。目前大多数企业采取后者，即在短视频平台上注册账号，根据营销和宣传计划，定期发布短视频，达到吸引用户注意并进行互动的目的。企业主要依靠短视频平台本身巨大的关注度和影响力，可以最大限度地实现产品曝光率，达到营销效果。

2. 短视频病毒式营销

短视频病毒式营销主要有两种类型：一种是依赖于用户的第三方分享，即用户在看到引起共鸣的短视频以后，自发评论、转发及分享到其他社交平台，进而多次传播。另一种则是通过吸引人的固定主题或相同背景音乐，进行相似但内容不相同的视频录制，内容虽不同，但标题和音乐却能在第一时间迅速得到用户的关注。

3. 植入式短视频营销

视频内植入广告是目前视频营销的最普遍形式，信息在不知情的情况下被传递。在植入式短视频营销中，商家把广告语和产品顺其自然地植入到短视频内容中，视频内容或搞笑或感动，并不会让用户反感，相反会让其不知不觉产生体验产品的意愿和兴趣，潜移默化地接受营销信息。

4. 用户互动创意短视频

用户互动主要指用户和商家或短视频平台的互动，一般由商家或者品牌发起活动，活动的主题一般与新产品或企业理念相关，活动设置奖项以提高用户积极性，吸引大量用户参与活动并自主拍摄短视频，从而逐渐形成热门话题，进而充分利用该话题进行营销活动，实现营销效果。

（三）短视频营销策略

1. 短视频整合营销策略

整合营销是对各种营销工具、营销手段的系统化结合，注重系统化管理，强调协调统一。应用到短视频营销中的整合传播，不仅体现在工具和手段的整合上，还需要对内容进行整合传播，也就是要以用户为中心，以产品和服务为核心，以互联网为媒介，整合视频营销和传播的多种形式和内容，达到立体传播的效果。在进行短视频营销的过程中，企业还要将线下活动资源与媒体进行整合以增强营销效果。

2. 短视频创意策略

短视频创意策略是一种具有创新性的营销策略，要求短视频的内容、形式等突破既有的思维方式，从构思、执行、宣传到发布的每一个环节都应该体现出创意性。

经典、有趣、轻松且具有故事性的短视频，往往更容易让用户主动分享和传播，从而形成病毒式传播。在构思短视频内容时，为了快速获得关注和热点，可以利用事件进行借势，也就是事件营销。

现在的短视频形式非常多元化，精彩的创意内容与恰当的短视频形式相搭配，才能获得更好的传播效果，如定位有格调的视频，可以采用电影版的表现形式，给用户精彩的视觉享受，定位幽默、点评的视频，可以使用脱口秀的表现形式等，以获得用户的共鸣。

3. 短视频连锁传播策略

短视频连锁传播策略分为纵向连锁传播策略和横向连锁传播策略。纵向连锁传播贯穿短视频的构思、制作、宣传、发布、传播每一个环节，精确抓住每一个环节的传播点，配合相应的渠道进行推广。横向连锁传播贯穿于整个纵向传播的过程，企业在每一个环节进行横向延伸，选择更多、更热门、更适合的传播平台，不局限于某一个媒体或网站，将社交平台、视频平台全部纳入横向连锁传播体系，扩大每一个纵向环节的传播策略，扩大传播深度和广度，让营销效果进一步延伸，从而实现立体化营销。

4. 短视频互动体验策略

短视频互动体验策略是指在视频营销过程中，企业及时与用户保持互动和沟通，关注用户的体验，并根据他们的需求提供更多的体验手段。

短视频互动体验营销的前提是要有一个多样化的互动渠道，能够支持更多用户参与互动。为了提升用户的体验，需要综合设计视频表达方式，比如通过镜头、画面、拍摄、构图、色彩等专业手法制作视频，为用户提供美好的视觉体验；为了拉近用户的心理距离，企业可以贴近用户的角度、用日常生活中的素材制作视频。另外，企业还需要通过平台与用户保持直接的互动，包括引导用户评论、转发、分享和点赞等，让用户可以通过多元化的互动平台表达自己的看法和意见。

案例 6-9

李子柒古风田园美食短视频营销

2016 年短视频行业兴起，原创内容型古风美食短视频博主李子柒开始了短视频的创作拍摄。从美拍起步，到微博，再到 B 站，逐渐形成规模，成为粉丝众多的古风美食博主、知名网红。2017 年开始在 You Tube 海外视频网站上传原创古风短视频，不到一年粉丝数就破百万。之后，李子柒的古风短视频火遍中外。至今李子柒已经形成了自己独具特色的视频风格，并凭借优质的视频内容收获全网超过 1.3 亿粉丝。

1. 对田园美好生活向往的短视频内容定位

李子柒在她的短视频中淋漓尽致地展示了生机勃勃的中国田园画面，向用户提供了一种视线暂离城市、心灵回归田园的慢生活，这种生活是许多人向往的。在李子柒的短视频中所展现的那种与世隔绝、无忧无虑的生活，恰恰是对快节奏都市生活的鲜明对照，是工厂工人、办公室白领、漂泊异乡的打工族梦寐以求的生活。例如，无论是视频所配的古典背景音乐、画面中的田园风光，还是镜头下穿着素净古典服饰的李子柒，她安安静静采撷自己种植的蔬菜，熟稔制作各色菜式的模样，总能让人在一瞬间感觉生活节奏被无限放慢，就仿佛置身在那宁静致远的精致田园生活里。与此同时，她在海外市场将中国式的农耕田园理想化与唯美化，宣扬中国传统文化，也恰好符合国外用户对中国田园生活的幻想。

2. 精心策划唯美呈现的短视频制作

李子柒的短视频每一帧画面，每一道步骤，都力求尽善尽美。业内人士指出，李子柒的视频从专业性上看，甚至不输成熟的工业化纪录片。她的视频中充满了数天及数季度的跟拍，大量延时拍摄则被运用于展现时节变化之美，此外还有滤镜调色、微距特写，不同场景的中远景切换等技术运用。在视频滤镜、恰如其分的音乐衬托下，在连人物服装也有明确古风设定的情况下，视频通过精巧地拍摄和剪辑，呈现出“采菊东篱下，悠然见南山”的恬淡闲适之美。据李子柒的认证微博账号显示，从 2016 年 6 月至 2020 年 2 月，李子柒在四年时间持续不断推送了 145 条原创短视频，每条视频都经过精心策划与制作，获得大量用户点赞、评论与转发。值得注意的是，李子柒与其他短视频博主有显著区别，其视频制作周期长，几乎每条视频都含有大量需要长时间拍摄的延时镜头，如制作笔墨纸砚的视频等。据视频文案显示，从 2017 年秋到 2019 年秋，李子柒用了 2 年时间进行筹备与拍摄。

3. 多平台整合短视频营销策略

李子柒的短视频在注重内容的同时，实现了社交平台的全覆盖——抖音、微博、小红书等，并且根据不同的平台特性，对发布内容进行有针对性的优化剪辑。李子柒灵活运用新媒体的特点，多点联动、全覆盖分发，最大限度地实现传播。

4. 形成独特风格传播中国传统文化

“用视频记录东方味道，让世界感受中国传统文化”，正如 2021 年微博之夜的颁奖词所言，李子柒的视频展现的不仅仅是田园风光与美食，更蕴含着丰厚的文化内涵。自 2016 年初开始，李子柒就坚持创作内容，将中国真实、古朴的传统生活与中华民族引以为傲的美食和文化一点点展现给国内外用户。

资料来源：根据搜狐网、新浪网、网易网、中国知网等资料改编。

案例分析

1. 结合案例分析李子柒为什么会火起来。
2. 在李子柒的短视频营销中运用了哪些策略？

四、直播营销

（一）直播的概念

传统意义上的直播，指广播电视节目的后期合成与播出同时进行的播出方式，如以电视或广播平台为载体的体育比赛直播、文艺活动直播、新闻事件直播等。

基于互联网的直播是用户以某个直播平台为载体，利用摄像头记录某个事件的发生、发展进程，并在网络上实时呈现，其他用户在相应的直播平台上能直接观看并进行实时互动。网络直播以互联网技术为依托，具有实时性强、互动性强、更具真实性的特点。现场直播结束后，直播活动举办方还可以为用户提供重播、点播服务，这样做有利于扩大直播的影响范围，最大限度地发挥直播的价值。

（二）直播平台类型

1. 综合类直播平台

综合类直播平台是指包含户外、生活、娱乐、教育、游戏、秀场等多种直播类节目的平台，用户在这类平台上可以观看的内容较多。目前，具有代表性的综合类直播平台有斗鱼、虎牙、YY 直播、花椒直播、一直播、映客、QQ 空间等。

2. 购物类直播平台

购物类直播平台主要通过各类网络达人在“电商 + 直播”平台上和粉丝进行互动社交，以达到出售商品的目的。利用购物类直播平台，企业可以以更低的成本吸引观众，并产生交易。京东直播、天猫直播、拼多多直播等平台属于电子商务直播平台。

3. 短视频类直播平台

短视频平台主要以输出短视频为主，但随着直播形式的发展，很多短视频平台也开通了直播功能，用户在这些平台上不仅可以发布自己创作的短视频内容，还能通过直播展示才艺、销售商品。比较典型的短视频直播平台有抖音、快手、美拍、西瓜视频等。

4. 教育类直播平台

教育类直播平台支持知识分享者采取视频直播或语音直播的形式与用户分享知识。在直播过程中，知识分享者可以与用户进行实时互动，针对用户提出的一些问题进行在线解答。网易云课堂在原有平台、原有功能的基础上增加了直播功能，而千聊、荔枝微课、小鹅通等平台则属于独立开发的教育类直播平台。

5. 游戏类直播平台

游戏类直播平台主要是针对游戏的实时直播平台。与体育爱好者痴迷于某项体育比赛甚至某位体育明星相似，游戏爱好者通常会较为规律地登录游戏直播平台，甚至追随某位游戏主播。目前游戏类的直播平台有斗鱼、虎牙、龙珠等。

6. 秀场类直播平台

秀场直播从 2005 年开始在国内兴起，是直播行业起步较早的模式之一。秀场直播是主播展示自我才艺的最佳形式，观众在秀场直播平台浏览不同的直播间，类似于走入不同的演唱会或才艺表演现场。目前属于秀场类的直播平台有六间房、YY、新浪秀场、腾讯视频等。其中较典型的是六间房。

7. 体育类直播平台

体育类直播平台除了体育明星直播外，体育赛事也是娱乐活动的主要内容之一，受到大众的欢迎和认可。懂球帝、章鱼 TV 和企鹅直播是目前最受欢迎的体育类直播平台。

（三）直播营销的概念和形式

直播营销是指企业品牌商以直播平台为载体进行营销活动，以达到提升品牌影响力和提高商品销量目的的一种营销活动。

直播营销常见的形式共七种，包括颜值营销、明星营销、稀有营销、利他营销、才艺营销、对比营销和采访营销。

1. 颜值营销

直播经济中，“颜值就是生产力”的说法已经得到多次验证。颜值营销的主持人多是帅气靓丽的男主播或女主播，高颜值的容貌吸引着大量粉丝的围观与打赏，而大量粉丝围观带来的流量正是能够为品牌商家带来曝光量的重要指标。

2. 明星营销

明星经常会占据娱乐新闻头版，明星的一举一动都会受到粉丝的关注。因此，当明星出现在直播中与粉丝互动时，会出现极热闹的直播场面。明星营销适用于预算较为充足的项目，在明星筛选方面，企业应尽量在预算范围内寻找最贴合产品及消费者属性的明星进行合作。

3. 稀有营销

稀有营销适用于拥有独家信息渠道的企业，其包括独家冠名、知识版权、专利授权、唯一渠道方等。稀有产品往往备受消费者追捧，稀有营销不仅体现在直播镜头为观众带来的独特视角，而且有助于利用稀有内容直接拉升直播室人气，对于企业而言也是最佳的曝光机会。

4. 利他营销

直播中常见的利他行为主要是知识的分享和传播，旨在帮助用户提升生活技能或动手能力。与此同时，企业可以借助主持人或嘉宾的分享，传授关于产品使用技巧、分享生活知识等。利他营销主要适用于美妆护肤类及时装搭配类产品，例如淘宝主播“潮女可可”经常使用某品牌的化妆品向观众展示化妆技巧，在让观众学习美妆知识的同时，增加产品曝光度。

5. 才艺营销

直播是才艺主播的展示舞台，无论主播是否有名气，只要才艺过硬，都可以带来大量的粉丝围观，如古筝、钢琴、脱口秀等通过直播可以获取大量该才艺领域的忠实粉丝。才艺营销适用于围绕才艺所使用的工具类产品，如花椒主播“琵琶小仙小蜜”经常使用某品牌琵琶进行表演。

6. 对比营销

有对比就会有优劣之分，而消费者在进行购买时往往会偏向于购买更具优势的产品。当消费者无法识别产品的优势时，企业可以通过与竞品或自身上一代产品的对比，直观地展示差异化，以增强产品说服力。例如王自如 ZEALER 在测评手机时，经常会用 iPhone 作为参照标杆来评测手机性能。

7. 采访营销

采访营销指主持人采访名人嘉宾、路人、专家等，以互动的形式，通过他人的立场阐述对产品的看法。采访名人嘉宾，有助于增加观众对产品的好感；而采访路人，有利于拉近他人与观众之间的距离，增强信赖感。

（四）直播营销形式的选择

企业选择直播营销形式时，需要从用户角度出发，挑选或组合出最佳的直播营销形式。从互联网消费者心理上看，从初次接触某企业或某产品直到产生购买行为，通常会经历听说、了解、判断和下单四个过程。首先，互联网消费者通过在朋友圈、百度搜索等渠道头一次听说某款产品；然后会在其官网、官方自媒体平台进行充分了解；接下来会去问答平台、店铺评价区域进行分析判断，了解其他网友对于此产品的评价；最后才是下单与付款。对应互联网消费者的以上四步，企业需要进行“埋雷”工作，该工作环环相扣，在消费者可能会听说的渠道进行新品推介；在消费者了解产品的平台重点描述产品；在消费者进行判断的平台优化口碑与评价；在消费者下单的平台设计台词及促销策略、促进订单达成。因此，相对应的企业直播营销的重点工作即推新品、讲产品、提口碑、促销售。

以上七种不同的直播营销形式，直播活动中的重点各有不同。颜值营销可以把推新品与讲产品作为直播重点，由颜值高的帅哥或美女进行新品展示或产品的详细讲解。明星营销除讲产品外，其他三个重点都可以尝试。由于明星通常会引发粉丝追星热，“促销售”可以作为重中之重来设计。与颜值营销不同，明星一般不会有太多时间了解产品性能并对产品侃侃而谈，因此“讲产品”可以不作为明星营销的重点。稀有营销常以发布会直播形式出现，企业可以展示新品、讲解现有产品，尤其是提升口碑。企业可以邀请粉丝谈感受、讲心得，在侧面对产品质量与品牌进行背书。利他营销与才艺营销的营销重点在“推新品”与“促销售”，企业通过现场展示或道具引申，向直播间观众展示新产品，达成直播销售。对比营销的重点在于“讲产品”，企业通过对比，突出产品差异化优势，从而让消费者对购买及使用更有信心。采访营销通常以室外采访居多，对产品本身的展示与讲解较少，更多是通过被采访者之口说出产品的使用心得及感受，从而达到“提升口碑”的作用。

需要特别注意的是，以上七种直播营销形式并不是独立存在的。企业应将直播营销形式进行组合，强化营销重点，达到“1+1 ＞ 2”的效果。

案例 6-10

尼格买提直播发布新书

2020 年 8 月 15 日晚 20:00，央视著名主持人尼格买提在直播平台快手举行新书《一夜长大》线上首发式。当晚，在长江新世纪文化传媒公司的快手官方账号“长江 1905”的直播间内，尼格买提首先为网友们介绍了新书的主要内容和背后的创作故事，并朗读了书中一段描述自己和另一位央视主持人撒贝宁的性格差异以及两人在过往工作中合作经历的文字内容。

接下来，尼格买提则连麦了他“最爱的一位同事”康辉。康辉在直播中畅聊对于尼格买提新书的“读后感”，他认为这本书“阅读起来，很容易进入到小尼的世界中去，对小尼有了更多更全面的认识”。同时，两人也感叹“难得有这样的机会去沟通这些内容”。此后，尼格买提先后连麦了朱迅、月亮姐姐、李思思三位同事，上演“相爱相杀”的好友“互坑”现场。被尼格买提称呼为“迅宝宝”的朱迅一亮相直播间，两人就开始说土味情话；在月亮姐姐说自己会买100本小尼的新书后，尼格买提立即拿出手机出示二维码让对方付款；尼格买提笑称李思思五音不全，李思思则说对方自恋，新书封面完全是在全方位展示帅气。

连麦之外，在直播过程中，尼格买提在线回答了众多快手老铁提出的关于新书、职场、学历、人生等各类问题，其给出的参考建议让老铁们直呼“受益良多”。

通过直播形式举办线上新书发布的模式，对比传统的线下新书发布模式，不仅便于消费者更加快速、直观地了解图书，同时对于出版社和书店而言，不论是观众人数还是销量，都明显得到了提升。线上新书发布作为一种创新模式，从视频宣传，到直播，再到售卖，有效减少宣传投入成本、提升销售业绩转化。据悉，此次近3个小时的新书首发直播，共销售图书6 000册，销售额达到近50万码洋，直播间总观看人数达到300万+，直播账号直播3小时“涨粉”13万+。

资料来源：摘自搜狐网。

案例分析

1. 案例中采用了什么样的直播营销形式？

2. 结合案例分析图书直播营销的优势有哪些。

五、微博营销

（一）微博营销的概念

微博，即微博客的简称，是一个基于用户关系的信息分享、传播以及获取平台。微博营销是指通过微博平台为商家、个人等创造价值而执行的一种营销方式，也是指商家或个人通过微博平台发现并满足用户的各类需求的商业行为方式。微博营销以微博作为营销平台，每个网友（粉丝）都是潜在的营销对象，企业通过不断更新自己的微博内容向网友传播企业信息、产品信息，树立良好的企业形象和产品形象。该营销方式注重价值的传递、内容的互动、系统的布局、准确的定位，微博的火热发展也使得其营销效果尤为显著。微博营销涉及的范围包括认证、有效粉丝、朋友、话题、名博、开放平台、整体运营等。

（二）企业微博营销方法

1. 注重价值的传递

企业微博经营者首先要改变观念——企业微博的“索取”与“给予”之分，企业微博是一个给予平台。据《微博2020用户发展报告》数据，截至2020年9月，新浪微博月活跃用户达5.11亿，但只有那些能对浏览者创造价值的微博自身才有价值，此时企业微博才可能达到期望的商业目的。

2. 注重微博个性化

微博的特点是"关系""互动"，因此企业不要把微博打造成一个官方发布消息的窗口，给人冷冰冰的感觉，要使它给人感觉像一个人，有感情、有思考、有回应、有自己的特点与个性。这样的微博具有很高的黏性，可以持续积累粉丝，因为此时的微博具有了不可替代性与独特的魅力。

3. 注重发布的连续性

微博要像一本随时更新的电子杂志，注重定时、定量、定向发布内容，让阅读者养成经常观看的习惯。在登录微博后，阅读者能够看到微博新动态、新内容，并被深深吸引，主动转发，从而成为铁杆粉丝。

4. 注重互动性加强

微博的魅力在于互动，互动是微博持续发展的关键。"活动内容＋奖品＋关注（转发/评论）"的活动形式一直是微博互动的主要方式，但是企业认真回复留言，用心感受粉丝的思想，更能换取受众情感的认同。

5. 注重准确的定位

微博营销需要定位准确，企业需围绕目标顾客关注的相关信息来发布内容，吸引核心目标顾客的关注，而不是只考虑吸引公众眼球，结果导致吸引来的都不是潜在消费群体。

6. 注重方法与技巧

企业微博想要变得有声有色，持续发展，企业单纯在内容上传递价值是不够的，必须应用一定的技巧与方法，比如，微博话题的表达方法就非常重要。如果企业的博文是提问性的，或是带有悬念的，能引导粉丝思考与参与的，那么浏览和回复的人自然就多，也容易给人留下深刻印象。

案例 6-11

欧莱雅公司的微博营销

随着中国男士使用护肤品习惯的转变，男士美容市场的需求逐渐上升，整个中国男士护肤品市场也逐渐走向成熟。男士护肤品市场的发展速度迅速，越来越多的中国年轻男士护肤已从基本清洁发展为护理，美容的成熟消费意识也逐渐开始形成。

2012年，欧莱雅中国市场分析显示，男性消费者初次使用护肤品和个人护理品的年龄已经降到22岁，男士护肤品消费群区间已经获得较大扩张。虽然消费年龄层正在扩大，即使在经济发达的北京、上海、杭州、深圳等一线城市，男士护理用品销售额也只占整个化妆品市场的10%左右，全国的平均占比则远远低于这一水平。作为中国男士护肤品牌，欧莱雅男士（巴黎欧莱雅于2004年在法国推出的男士专业护肤系列）对该市场的上升空间充满信心，期望进一步扩大在中国年轻男士群体的市场份额，巩固在中国男妆市场的地位。

营销目标：

1. 推出新品欧莱雅男士BB霜，品牌主要希望迅速占领中国男士BB霜市场，树立该领域的品牌地位，并希望打造中国年轻男性心目中人气最高的BB霜产品。

2. 欧莱雅男士BB霜目标客户定位于18～25岁的人群，他们是一群热爱分享、热衷于社交媒体并已有一定护肤习惯的男士群体。

执行方式：

相较于其他男妆品牌主要针对“功能性”诉求的网络传播，美国麦肯光明广告公司旗下的数字营销公司MRM携手欧莱雅男士将关注点放在中国年轻男性的情感需求上，了解到年轻男士的心态在于一个“先”字，他们想要领先一步，先同龄人一步。因此，设立了“我是先型者”的创意理念。

为了打造该产品的网络知名度，欧莱雅男士针对目标人群，同时开设了名为“@型男成长营”的微博和微信账号，开展了一轮单纯依靠社交网络和在线电子零售平台的网络营销活动。

具体活动内容如下：

1. 活动在新浪微博上引发了针对男生使用BB霜的接受度的讨论。企业发现男生以及女生对于男生使用BB霜的接受度都大大高于人们的想象，为传播活动率先奠定了舆论基础。

2. 代言人阮经天加入，发表属于他的“先型者”宣言：“我负责有型俊朗，黑管BB负责击退油光、毛孔、痘印，我是先型者阮经天。”他号召广大网民，通过微博申请试用活动，发表属于自己的“先型者”宣言。微博营销产生了巨大的参与效应，更将微博参与者转化为品牌的主动传播者。

3. 企业在京东商城建立了欧莱雅男士BB霜首发专页，开展“占尽先机，万人先型”的首发抢购活动，设立了欧莱雅男士微博部长，为男士BB霜使用者提供一对一的专属产品定制服务。另外，企业特别开通了微信专属平台，每天即时将从新品上市到使用教程、前后对比等的信息通过微信推送给关注欧莱雅男士公众号的每位用户。

营销效果：

该活动通过网络营销引发了在线热潮，两个月内，在没有任何传统电视广告投放的情况下，该活动覆盖人群达到3 500万，共307 107位用户参与互动，仅来自新浪微博的统计，微博阅读量即达到560万。在整个微博试用活动中，一周内即有69 136位男性用户申请了试用，在线的预估销售库存在一周内被销售一空。

资料来源：根据麦迪逊邦网站案例改编。

案例分析

1. 欧莱雅公司为什么选择微博营销来进行男士BB霜的推广？
2. 微博营销和传统电视广告相比有什么优势和劣势？

思考题

1. 如何理解网络营销不等于网上销售？

2. 网络营销对传统营销带来了哪些冲击?
3. 网络广告的优点与缺点是什么?
4. 如何看待百度竞价排名的推广模式?
5. 电子邮件营销需要注意哪些问题?
6. 简述社交媒体营销的特点。
7. 网络营销有哪些方式?
8. 简述短视频的营销策略。
9. 简述直播营销形式的选择。

案例分析题

三只松鼠的网络品牌推广

三只松鼠股份有限公司成立于2012年,是中国第一家定位于纯互联网食品品牌的企业,也是当前中国销售规模最大的食品电商企业。2012年6月,三只松鼠在天猫上线,65天后成为中国网络坚果销售第一。2012年三只松鼠"双十一"创造了日销售766万元的奇迹,名列中国电商食品类第一名。2016年"双十一",三只松鼠全渠道销售额突破5.08亿元,其中天猫旗舰店单店销售额定格在4.35亿元,位居天猫"双十一"TOP10全品类商家榜第七位,三只松鼠受到了风险投资机构的青睐,先后获得IDG的150万美元A轮天使投资和今日资本的600万美元B轮投资。2015年,三只松鼠获得峰瑞资本3亿元投资。

三只松鼠在设计品牌角色之前,首先考虑到网购的主流人群是年轻的80后、90后,这类人群个性鲜明,喜欢新奇事物,追求生活品质,注重购物体验。对于这些年轻人来说,营养健康、干净卫生、方便携带、包装独特的食品更受他们的青睐。三只松鼠抓住了这群人的消费心理,将其品牌定位为自然、健康、新鲜的"森林食品"。

三只松鼠作为一个网络原创品牌,从上线开始就非常重视品牌推广。先借助阿里巴巴开发的各种推广工具在短期内迅速增加网络店铺的点击量,提高三只松鼠品牌的曝光度,建立消费者对三只松鼠品牌的初步认知,依靠适中的产品价格吸引了第一批购买者。同时,三只松鼠凭借着过硬的产品质量、可爱的松鼠包装、贴心的松鼠小物件、卖萌的在线服务、快速的物流服务,创造了独特的用户体验,积累了良好的口碑效应,提升了品牌的美誉度,进一步促进了网络销量和网络排名的良性循环。三只松鼠通过微博、微信等网络平台与顾客实时互动,开发松鼠周边衍生产品,成立动漫工厂创作动画片,和乐视动漫合作跨界推广,投资500万元拍摄15秒的品牌宣传片,在众多网络食品品牌中树立了个性鲜明的品牌形象,也逐渐提高了顾客的品牌忠诚度。

三只松鼠通过智能分析找准相关粉丝,将微博广告的投放群体确定为:电商账号(1号店、京东、天猫等)、官方微博自有粉丝三只松鼠相关账号、零食相关账号、吃货相关账号、动漫相关账号等。实现对指定账号的广告精准投放,并通过账号互动排名持续优化。在微博广告的文案推广中,围绕"不玩虚才是真狂欢"话题,品牌、产品推广齐上阵，让三只松鼠曝光度和关注度达到最大化。设计优惠和转发送奖品活动，通过微博向目标用户精准定向推广，并鼓励转发，吸引尽可能多的粉丝参与。在常规推广基础上，为粉丝提供三只松鼠优惠券赢取攻略，既有趣又有利，极大地激发了粉丝参与热情。

资料来源：根据现代商业杂志社网站案例——“三只松鼠的营销之道”改编。

案例分析

1. 结合案例分析三只松鼠的品牌定位及其优势。
2. 案例中三只松鼠用到了哪些网络推广工具？
3. 分析三只松鼠微博营销成功的因素有哪些。

实践应用题

每个班级按 3 ～ 5 人分成小组，每组根据所学的网络营销基础知识与理论，针对某个企业或某种产品设计整合网络营销方案，并形成最终的营销策划书。策划书要求有明确的小组成员分工、产品的消费者市场分析、采用的网络营销推广手段以及相应的营销策略组合方案，所提交方案既要有 Word 版的详细方案说明，又要有 PPT 版的方案路演幻灯片。

CHAPTER 7　第七章

移动电子商务

知识目标

- 了解移动电子商务的发展概况
- 理解移动电子商务的概念与特点
- 了解移动电子商务的关键技术及典型应用
- 理解移动电子商务的商业模式

能力标准

- 能够通过移动电子商务的关键技术深入分析移动电子商务的发展前景
- 能够通过移动电子商务的应用来辨识不同电子商务的应用模式

随着移动互联时代的到来，局限于传统网络连接的固定地点模式转向了“随时随地与任何人通信”的移动互联模式。在商务实现方式方面与之伴随的就是移动电子商务开始大行其道，得到了迅猛的发展。应该说互联网、移动通信技术和其他技术的完美结合创造了移动电子商务，移动电子商务以其灵活、简单、方便等特点让网络消费模式焕发了新的生机。以天猫“双十一”为例，2014 年 11 月 11 日，天猫交易额达 571 亿元，其中无线交易额达到 243 亿元，无线交易额占比 42.56%；经过 5 年的发展，到 2019 年 11 月 11 日，天猫成交额达到 2 684 亿元，其中无线成交额占比突破 91%，五年时间移动端占比提高了两倍多，交易对象覆盖全球 200 多个国家和地区，详见图 7-1。

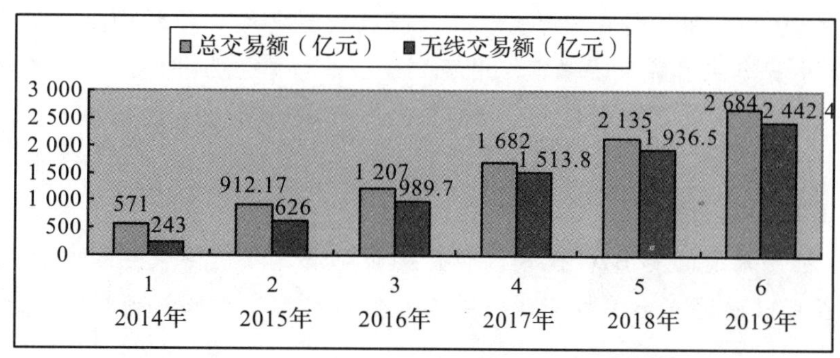

图 7-1　2014 ～ 2019 年天猫“双十一”无线交易额

快速增长的移动电子商务与传统的PC端电子商务形成了电子商务实现形态的鼎足之态，就发展后劲来看，大有超越之势！

第一节 移动电子商务概述

案例 7-1

移动电子商务的典型应用——ofo 共享单车

ofo 小黄车是一个无桩共享单车出行平台，其理念是“骑时可以更轻松”，缔造了“无桩单车共享”模式，致力于解决城市出行问题。用户只需用微信公众号或 App 扫一扫车上的二维码或直接输入对应车牌号，即可获得解锁密码，解锁骑行，随取随用，随时随地。

ofo 小黄车推出的“城市大共享”计划，欢迎全球的自行车品牌与生产商将自行车整车硬件和自行车服务接入 ofo 小黄车，共同为用户提供差异化、个性化的自行车出行服务；“城市大共享”计划同样面向城市用户，鼓励市民将闲置自行车共享出来，接入 ofo 小黄车平台为更多人提供服务。同时，把自己的自行车共享出来的市民，将获得 ofo 小黄车平台所有车辆的使用权，以 1 换 *N*。根据 ofo 小黄车在学校共享师生自行车的经验，此举将有效调动存量市场，提升闲置自行车使用效率，为城市节省更多空间。

ofo 小黄车推出的“城市大共享”计划自 2015 年 6 月启动以来，ofo 小黄车已连接了 1 000 万辆共享单车，累计向全球 16 个国家、180 多个城市、2 亿多用户提供了超过 40 亿次的出行服务。ofo 小黄车已成为移动互联网时代共享经济的成功样本，其成功的营销策略表现如下。

1. ofo 小黄车的产品策略

ofo 小黄车是一个无桩共享单车出行平台，ofo 小黄车也实现了线下推广的绿色生活，与此同时也解决城市中市民不方便出行的问题。ofo 小黄车的使用比较简单，用户只需要在微信公众号或 ofo 小黄车的 App 上输入车牌号，就可以获取密码进行解锁用车，ofo 小黄车做到了随取随用，随时随地停车。ofo 小黄车产品有几个突出的特点：方便、快捷的出行体验；以 1 换 *N* 的共享出行模式；缓解交通拥堵，减少环境污染；提高闲置自行车的利用率；首创无桩共享单车；应用软件操作简单、流畅。

2. ofo 小黄车的价格策略

在 ofo 小黄车推出的初期，它的使用价格包括以下两个方面。一是使用 ofo 小黄车的押金。押金只需要 99 元，如果是在校学生，则不需要交纳押金，不过学生得进行在校生实名认证。二是 ofo 小黄车使用费用。单车使用费的最小计费单位为“1 小时”，在校师生用车费用为 0.5 元 / 小时，其他使用者为 1 元 / 小时。

ofo 小黄车的费用很便宜，对于学生更是比较实惠，它的押金也是大部分人能够承受的价格。

3. ofo 小黄车的渠道策略

ofo 小黄车主要采用的是 B2C 模式，即直接面向消费者提供服务的商业零售模式。ofo 小黄车的消费者可以通过 App 寻找附近的单车，然后进行二维码解锁和缴费，可用支付宝、微信等方式支付。

4. ofo 小黄车的促销策略

ofo 小黄车采用了线上与线下相结合的促销方式。线上的促销方式主要包括官方微博、微信、微信公众号等，线下促销主要包括海报、传单、与相关媒体合作的广告牌宣传等。

在“共享经济”辉煌时期，ofo 小黄车的巅峰市值曾一度达到 280 亿元，ofo 小黄车服务于全球 21 个国家的 250 多座城市，用户数达 2 亿。然而，市场形势总是瞬息万变，一种新的商业模式的成熟和完善注定要经历一些波折。2018 年 ofo 小黄车由于资金链危机，处于破产的境地，面对无数的债务，ofo 小黄车无法及时退还用户押金，面临资金和信任的双重危机，曾经共享经济的“领头羊”轰然倒塌，给业界留下了“一声叹息”。

资料来源：根据 ofo 官网数据资料整理。

案例分析

1. 试分析总结 ofo 小黄车的成功因素。
2. 试分析 ofo 小黄车实现过程中涉及的移动电子商务应用。
3. 进一步收集资料，分析 ofo 共享单车从辉煌到“退市”的原因，并谈谈你对发展共享经济的理解。

一、移动电子商务的发展概况

2008 年 2 月，湖南成为首个“国际移动电子商务试点示范省”，标志着移动电子商务的试点工程正式启动。

2009 年 1 月 7 日下午，工业和信息化部向中国移动、中国电信和中国联通发放了三张第三代移动通信（3G）牌照，标志着我国正式进入第三代移动通信时代。

2009 年 3 月 30 日，由中国电子商务协会主办，与中国商业联合会合作的十大行业共推“移动电子商务行业应用工程”在北京正式启动，在一定程度上标志着我国移动电子商务迈入应用期。

2013 年 12 月 4 日，工业和信息化部正式向三大运营商发布 4G 牌照，中国移动、中国电信和中国联通均获得 TD-LTE（分时长期演进）牌照，宣告我国通信行业进入 4G 时代。对于整个电信业及移动互联网行业来说，4G 牌照发放之后，各项投资都因此加快，移动互联网领域因为 4G 牌照的发放而催生新一轮创业潮。

根据中国互联网络中心第 47 次《中国互联网络发展状况统计报告》的数据，截至 2020 年 12 月，我国网民规模为 9.89 亿，其中手机网民规模为 9.86 亿，占比高达 99.7%。2020 年 1 ～ 12 月，移动互联网接入流量消费达 1 656 亿 GB，App 数量占前四位的分别是游戏类、日常工具类、电子商务类和生活服务类，其数量之和占到所有上架 App 总数量的 59.2%。在移动终端网络应用中，短视频、网络支付、网络购物增长显著，其中手机网络购物用户规模 7.81 亿，占手机网民的 79.2%；手机网络支付用户规模 8.53 亿，占手机网民的 86.5%；值得关注的是移动电商的新业态手机网上外卖和网约车用户规模达到 4.18 亿和 3.65 亿，分别占手机网民的 42.4% 和 36.9%。手机用户数量和手机上网用户数量的攀升，智能手机及平板电脑的普及，上网速度的提升，无线宽带资费的下调，传统电子商务的转型，为移动电子商务的发展奠定了良好的基础。

二、移动电子商务的概念

移动电子商务是由电子商务的概念衍生而来的，从广义上讲是指应用移动终端设备，包括手机、掌上电脑、笔记本电脑等，通过移动互联网来进行各种商务活动的新型电子商务模式。从狭义上讲，移动电子商务是指以手机为终端，通过移动通信网络连接互联网所进行的电子商务活动。可以这样理解，凡是通过移动通信网络开展的商务活动都属于移动电子商务，如移动远程教育、移动远程医疗，以及通过无线移动设施的信息、金融、服务的交换等，也包括传统电子商务企业提供的移动互联网下的 B2B、B2C 和 C2C 电子商务业务、移动电子政务等。

三、移动电子商务的特点

随着网络环境的日益完善，移动互联网技术的发展，各类移动互联网应用的需求逐渐被开发。从基础的娱乐沟通到公共服务，移动互联网塑造了全新的社会生活形态，同时也开启了电子商务发展的新空间。相对于传统电子商务模式，移动电子商务除了具备 PC 端电子商务高效、便捷的基本特点外，同时还具有自身的特点。

（一）信息安全与移动接入

鉴于移动通信的本质，安全性对于移动电子商务是非常重要的。应该说移动信息网络的安全性决定了开展移动电子商务活动的深度。因此，开展移动电子商务活动务必解决好信息安全问题。移动电子商务的信息安全所涉及的新技术包括：无线传输层安全（WTLS）、基于 WTLS 的端到端安全、基于 Sign Text 脚本数字签名安全、无线公钥基础设施（WPKI）、K Java 安全、Blue Tooth/ 红外传输信息传输安全等。

移动接入是移动电子商务的一个重要特性，也是其实现的基础。移动接入是移动用户使用移动终端设备通过移动网络访问互联网信息和服务的基本手段。移动网络的覆盖面决定了移动电子商务的广度，用户随时随地可以方便地进行电子商务交易。

（二）冗余度高与灵活性好

移动电子商务有很高的冗余度。通俗地讲，冗余度就是数据的重复度，较高的冗余度能够保证移动电子商务系统在同一时刻应对百万乃至千万笔同步交易的实现。移动电子商务系统需要有很高的兼容性和开放性，以满足用户自由地使用各种各样的移动设备的需要。除此之外，移动电子商务系统还应该满足用户灵活选择访问和支付方法，并能设置个性化的信息格式。

（三）内容为王与场景体验

在移动互联网时代，谁能打造出更优质、更有价值的内容，谁就能在瞬息万变的市场中抢占先机，具备“先入优势”。在移动互联网时代，“内容为王”被赋予了新的内涵，那就是普适性强、传播度广以及短小精悍。只有具备了以上特征，移动电子商务才能打造出引发大众关注的内容，并借此实现自己的商业目的。

移动电子商务的一大发展趋势便是给顾客提供更加完美的场景体验，这种体验方式有别于过去的单一体验模式，应该逐步构建为综合化、立体化的全新场景体验模式。比如充分利用 VR 技术实现虚拟仿真，以 O2O 为基点，拉动线上与线下的良性互动。

（四）超级粉丝与无界经营

超级粉丝是一种以意见领袖为导向的、真实有效的媒介推动力量。在移动电子商务的运行过程中，超级粉丝对移动电子商务运营效果起着引导性作用。粉丝经济泛指架构在粉丝和被关注者关系之上的经营性创收行为，是一种通过提升用户黏性并以口碑营销形式获取经济利益与社会效益的商业运作模式。商家借助一定的平台，通过某个兴趣点聚集朋友圈、粉丝圈，给粉丝用户提供多样化、个性化的商品和服务，最终转化成消费，实现盈利。

无界经营是近几年移动电子商务最主要的发展特点及趋势，这种思路迫使我们必须打开思维，发挥想象，不但要从现有的移动平台（如微信、手机淘宝等）寻找盈利机会，还必须要从众多的移动端模式中寻找新的商机。移动电子商务的自我演化及其在行业中的快速适应性，往往在“跨界”中获得养分，得以生存与发展。

四、移动电子商务的典型应用

技术进步和商业应用的双驱动模式极大地拓展了移动电子商务的应用空间。通常来讲，移动电子商务的主要应用涵盖基于位置的服务、移动交易服务、移动多媒体信息服务等领域。

（一）基于位置的服务

基于位置的服务（Location Based Services，LBS），是指通过信移动运营商的无线通信网络或外部定位方式，获取移动终端用户的位置信息，在 GIS（地理信息系统）平台的支持下，为用户提供相应服务的一种增值业务。服务内容包括位置信息识别和社区服务、为用户提供天气预报、就餐预订、票务预订以及实时交通等服务。基于位置的服务将成为定位数据最重要的用武之地，使服务与移动用户紧密相关。

（二）移动交易服务

移动交易服务业务范围涵盖移动金融服务（支付、提款等）、移动购物服务（以酒店预订、票务预订等类似的 O2O 交易为代表）和移动娱乐服务（游戏、音乐、视频、直播等）。相对于上述常态化的移动交易服务，用户偶尔开展的移动交易活动也可以称之为移动商务，从而使移动终端真正成为随时随地的消费终端。

（三）移动多媒体信息服务

移动多媒体信息服务是基于移动互联网的一种为用户提供大容量及交互性内容的信息发布服务。信息发布的范围包括新闻、教育、财经和体育等信息，信息展示的方式是以多元化的图像、音频、视频、数据和文本为载体。用户可以根据兴趣需要订阅，颇受用户欢迎。如果提供给用户的信息能不断更新，那么这些服务将具有更大的价值。

（四）无线医疗

无线医疗通过打造健康档案区域医疗信息平台，利用最先进的无线通信技术和物联网技术，以移动终端作为控制端和接收端，实现患者与医务人员、医疗机构、医疗设备之间的互动的信息化医疗解决方案。现代医疗产业的救急性需求能很好地和移动电子商务的便捷性结合起来。在紧急情况下，救护车可以作为进行治疗的场所，而借助无线技术，救护车可以在移动的情况下同医疗中心和病人家属建立快速、动态、实时的数据交换，从而满足救急性需求。无线医疗是医疗产业步入智慧医疗的基础性环节和必备需求。

（五）移动应用服务

某些特殊行业需要经常派遣工程师或工人到现场作业，如物流取件服务、部分生产装备的技术售后服务等。如果将移动应用服务移植到这些行业，则将给移动应用服务提供商（MASP）带来巨大商机。比如现场工作人员直接用他们的手持通信设备结合定位服务技术、短消息服务、无线应用协议（WAP）技术以及呼叫中心技术，可以为用户提供及时的服务，这样既可以提高用户的工作效率，又能避免工作人员来回奔波。工作人员还可以根据所在的位置、交通的状况以及任务的紧急程度，自动安排各项工作，给用户提供更加满意的服务。

五、移动电子商务的主要支撑技术

移动电子商务并不是虚构的，实际上它已经存在并形成了一个庞大的市场容量。从技术方面来讲，将移动通信工具与互联网连接起来的无线上网技术，以及互联网服务商提供的无线上网服务等条件正逐步走向完善。实现移动电子商务的支撑技术主要有以下几种。

（一）WAP 技术

WAP（无线应用协议）是移动终端访问无线信息服务的全球主要标准，也是实现移动数据以及增值业务的技术基础。WAP 协议定义了一种移动通信终端连接互联网的标准方式，提供了一套统一、开放的技术平台，使得移动设备可以方便地访问以统一的内容格式表示的互联网及互联网的信息。WAP 是开展移动电子商务的核心技术之一，通过

WAP 手机可以随时随地、方便快捷地接入互联网，真正实现不受时间和地点约束的移动电子商务。目前，许多电信公司推出了多种 WAP 产品，包括 WAP 网关、应用开发工具和 WAP 手机，向用户提供网上资讯、机票订购、网上银行、游戏、购物等服务。

（二）移动 IP

移动 IP 技术是移动节点（计算机 / 服务器 / 网段等）以固定的网络 IP 地址，实现跨越不同网段的漫游功能，并保证了基于网络 IP 的网络权限在漫游过程中不发生任何改变。移动 IP 是为了满足移动节点在移动中保持其连接性而设计的。移动 IP 目前有两个版本，分别为 Mobile IPv4（RFC 3344，取代了 RFC 3220，RFC 2002）和 Mobile IPv6（RFC 3775）。目前广泛使用的仍然是 Mobile IPv4，其实现技术包括代理搜索、转交地址、登录和隧道技术等。移动 IP 技术在一定程度上能够很好地支持移动电子商务的应用，但是目前它也面临一些问题，比如，移动 IP 协议运行时的路径及移动主机的安全性和功耗问题等。

（三）蓝牙技术

蓝牙（Bluetooth）是由爱立信、IBM、诺基亚、英特尔和东芝共同推出的一项短程无线连接标准，旨在取代有线连接，实现数字设备间的无线互联，以便确保大多数常见的计算机和通信设备之间可方便地进行通信。利用蓝牙技术，能够有效地简化移动终端设备之间的通信，从而使数据传输变得更加迅速高效。同时蓝牙也可以为移动电话、个人电脑、个人数字助理（PDA）、便携式电脑、打印机及其他计算机设备在短距离内的无线通信提供解决方案。

（四）移动定位技术

移动定位技术是指通过特定的定位技术来获取移动手机或终端用户的位置信息，在电子地图上标出被定位对象位置的技术或服务。目前的移动定位技术有两种：一种是基于 GPS 的定位，另一种是基于移动运营网基站的定位。移动电子商务的主要应用领域之一就是基于位置的服务，比如向旅游者和外出办公的公司员工提供当地天气及环境指标参数等信息，也可以将位置搜索服务与当地的交通、餐饮、旅游等信息进行捆绑，非常适合移动电子商务中的 O2O 模式。中国北斗卫星导航系统（BDS）将成为 GPS 系统在全球基础定位服务商业化应用的有力竞争者。

（五）4G 移动通信技术

移动通信技术发展迅速。随着数据通信与多媒体业务的发展，适合移动数据、移动计算及移动多媒体运作需要的第四代移动通信已经得到广泛应用，第五代移动通信（5G）技术已研究成功，取代第四代移动通信（4G）技术将成为一种必然趋势。4G 是一种超高速无线网络，是一种不需要电缆的信息超级高速公路。在 4G 技术的支撑下，接入的 4G 手机可以提供高性能的汇流媒体内容，并通过ID应用程序成为个人身份鉴定的设备。随着5G技术的诞生，用智能终端分享3D电影、游戏以及超高画质节目的时代已向我们走来。

（六）近距离无线通信

近距离无线通信（Near Field Communication，NFC）技术是由飞利浦公司和索尼公司等世界著名厂商共同开发的一种非接触式识别和互联技术。通俗地讲，NFC是一种基于标准的通信技术，能够简化交易，精简数字内容的交换，通过接触方式接入移动设备、消费类电子产品、PC和智能控件工具键，从而进行近距离无线通信。当持近场通信设备靠近目标对象时，通过直接接触或近距离（几厘米）非接触式读取，用户即可访问服务，与内容互动，建立连接，付款或出示活动入场券等。移动电子商务的主要参与者，包括谷歌、Visa及多家领先的无线运营商，它们都对这一技术投入了巨资，力推进场通信行业标准的制定。

（七）基于Wi-Fi和微波存取全球互通（WiMAX）技术

Wi-Fi（无线保真）是一种允许电子设备连接到一个无线局域网（WLAN）的技术，通常使用2.4G UHF或5G SHF ISM射频频段。无线局域网通常是有密码保护的，但也可以是开放无密码的，这样就允许任何在无线局域网范围内的设备可以连接到无线局域网。

微波存取全球互通（WiMAX）被业界誉为“4G技术”或者“beyond 3G技术”。WiMAX将IP宽带和无线接入两种技术融合，可以支持基于IP的固定、漫游、便携等综合业务的接入。

（八）无线应用公钥基础设施

无线公开密钥体系（Wireless Public Key Infrastructure，WPKI）并不是一个全新的PKI标准，它是传统的PKI技术应用于无线环境的优化扩展，是将互联网电子商务中PKI安全机制引入无线网络环境中的一套遵循既定标准的密钥及证书管理平台体系，用它来管理在移动网络环境中使用的公开密钥和数字证书，建立安全和值得信赖的无线网络环境。WPKI技术可以实现移动电子商务中的密钥和证书的管理、加密等，能够满足人们对移动电子商务在保密性、完整性、真实性、不可抵赖性等方面的安全性需求，从而消除用户在交易中面临的风险。

第二节　移动电子商务商业模式及其发展策略

随着通信技术与互联网技术的进步，移动互联网呈现出蓬勃发展的局面，越来越多的企业把眼光放在移动电子商务上，移动电子商务在创造更多商业机会的同时，也会为自身的发展创造更多的商业机会。其商业模式的形成为电子商务的发展创造了有利的条件，使产业发展的速度不断加快，竞争机制不断升级，价值链传递与转移不断完善。

案例 7-2

星巴克中国的 App 营销

星巴克作为世界领先的特种咖啡零售商，从不做媒体广告，注重的是顾客与服务员之间的互动，即“口碑营销”。2008 年，发展到一定规模的星巴克遇到了瓶颈，经济形势不佳，竞争对手强大，营销增长呈下降趋势，危机重重。在这样的背景下，星巴克决定顺从顾客的意愿，实施数字化、网络化战略，依靠互联网创造的“第四空间”，走出星巴克发展的新路，即依托互联网，设立 CDO（首席开发官）职位，砸重金于数字网络的发展，实现移动端支付，开展社交网络营销，借此与顾客保持一致的步调。这些调整取得了显著的成绩，星巴克的投资取得了很好的回报，并一跃成为传统企业进行互联网改造的领头羊，保持住了线上线下持续增长的势头，成为全球最受顾客欢迎的食品公司之一。

在中国，星巴克的“第四空间”通过手机 App 以及微博、微信为主的各类社交媒体和消费者连接的平台，拥有数百万粉丝，在中国的门店数目以每 18 小时新开一家的速度迅速增加。

在移动互联网时代来临之际，星巴克已经做好相关准备并取得了不少成功经验。2009 年 9 月，星巴克正式上线了第一个客户端 My Starbucks，使用户能够更快捷地查询到附近店铺及菜单饮品信息。此后，星巴克发布了多款 iOS 和 Android 版的应用，其中 2011 年 11 月发布的 Starbucks Cup Magic App 和 2012 年 6 月发布 Early Bird App 属于创意型应用，星巴克通过带有乐趣或者鼓励的方式进行移动端推广，取得了非常不错的效果。

2012 年 2 月 14 日，星巴克中国移动 App 推出，这标志着星巴克在中国市场正式走上了移动推广之道。星巴克中国 App 为顾客提供了更加便捷有效的消费指导和体验服务，手机用户可通过扫描二维码下载 App，星巴克中国 App 如同一个即时分享的社区，涵盖了 GPS 定位，绑定星享俱乐部、记录咖啡心情、产品查询和同步社交网络功能。

资料来源：根据叶琼伟《互联网 + 电子商务创新与案例研究》“星巴克中国的 App 营销”案例改编。

案例分析

1. 星巴克利用移动互联网取得的成功，对国内餐饮同行有何启示？
2. 分析星巴克采用 App 营销这种方式的原因。
3. 结合案例并查阅相关资料，讨论目前星巴克以“互联网 +”为特征的数字战略主要包含的内容。

一、移动电子商务的商业模式

（一）移动电子商务的产业价值链

整个移动电子商务产业链囊括了一系列的参与方，主要包括移动门户、服务提供商、内容提供商、基础设备提供商、终端设备提供商、移动网络运营商和移动用户等。其中移动用户构成了移动电子商务的基本参与群体；移动网络运营商构成了移动电子商务的基本技术支撑；其他参与方的密切配合实现了移动电子商务产业链的完整效能。各参与主体的关系如图 7-2 所示。

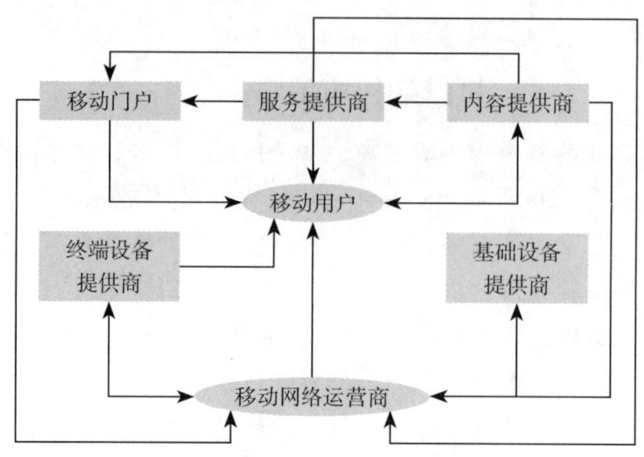

图 7-2　移动电子商务产业价值链

一般来说，电信和移动通信行业价值链的形成方向是从消费者到运营商再到制造商，而移动电子商务的价值链的形成方向与上述行业有很大的不同。其价值链的形成从移动运营商和服务提供商开始，逐步形成一个完善的移动增值服务运营体系（构筑于成熟的通信增值业务价值链和商业产业链之上），回归到消费者（移动用户）。在整条移动电子商务产业价值链中，移动网络运营商作为提供信息交易平台的一方，占据重要地位。其肩负着设立行业标准，控制价值链核心资源，协调价值链各环节之间关系等多项任务，最终为移动电子商务的产业价值链实现各参与方的利益奠定基础。

（二）移动电子商务的盈利模式

移动电子商务在实现过程中根据交易客体的不同有不同的盈利模式，总体上可以划分为以下几种模式。

1. 实物商品的盈利模式

在此模式下，移动电子商务的盈利模式和传统电子商务，甚至与非电子商务交易的盈利模式没有太大差别，是通过优化交易成本，以差价或者收取佣金来获取利润。前者适用于直接的买卖交易，后者适合于中介交易模式。

2. 内容咨询服务的盈利模式

在此模式下，内容服务商通过向移动终端用户提供相关内容服务并获取相应收益，最典型的有文库下载收费模式、手机安全软件远程检修服务收费模式、远程教育网站在线学习收费模式、医疗网站在线咨询服务收费模式等。

3. 虚拟产品的盈利模式

（1）娱乐模式。移动电子商务在满足手机用户娱乐需求上具有先天的优势。在这种模式中，由内容提供商提供彩铃下载、游戏等业务，费用由移动通信运营商从其手机话费账户中扣除，双方按照约定比例进行收入分成。该种模式还可以以另一种形式表现，即基于移动平台的交互式娱乐方式，用户以付费的方式参与其中，如浙江卫视举办的

《中国好声音》等选秀节目，吸引了众多手机用户以短信投票方式参与其中，为移动通信运营商及相关企业创造了巨大价值。

（2）广告盈利模式。移动电子商务重要的利润来源是广告，移动电子商务广告拥有庞大的受众，具有较强的针对性。此外，移动终端还可以对位置进行追踪，使个性化的精准广告投放成为可能，无线广告将成为未来重要的广告模式之一。企业以免费的方式向移动用户提供其感兴趣或有用的信息内容，吸引用户浏览，同时在相关信息页面插入相关企业的付费广告，网站也可以根据用户的需求定制其感兴趣的商品广告。

（3）资信交互盈利模式。实现的基础是移动终端的信息交互，内容提供商为用户提供其所需要的信息如新闻、证券价格、天气预报等，使得移动用户在任何时间和地点均能收到最及时的信息，减少信息获取及整理成本，并能及时做出决策。在这种模式下，利润来自用户所交纳的预定资信费用，并由信息提供商获得大部分收入，移动通信运营商获得流量资费及总收入一定比例的提成。

（4）社交形式的盈利模式。在移动网络虚拟世界里，服务社区化将成为新的焦点。社区可以延伸出不同的用户体验，提高用户对企业的黏性。宽带服务质量的提升将促使移动互联网的服务创新，用户的许多功能需求都将在手机上得以实现，这标志着 SNS 在移动领域发展具有一定的先天优势。以个人空间、多元化沟通平台、群组及关系为核心的移动 SNS 手机社交将得到迅猛发展。

（5）金融盈利模式。此种盈利模式可以划分为两种模式：其一是各商业银行或具有准入资格的第三方支付机构通过转账、交易金融服务的提供收取费用；其二是移动行业与金融行业的深入融合，消费者可用具有支付、认证功能的手机来购买车票和电影票以及充值会员卡，真正实现移动通信与金融服务相结合，从而让消费者能够享受到方便、安全的金融生活服务。

（三）不同主体主导下的移动电子商务商业模式

1. 以传统电子商务企业为主导的移动电子商务商业模式

以传统电子商务为主导的移动电子商务商业模式的实质是传统电子商务企业的移动化，也就是传统电子商务企业的转型与升级。比如当当网是传统电子商务企业的代表，通过对原有的网络页面外观进行改造，当当网推出了适合在移动智能终端浏览的移动电子商务购物平台。当前，国内越来越多的传统电子商务企业开始进行移动电子商务业务，并将其作为传统电子商务形式的无线扩展。

在以传统电子商务企业为主导的移动电子商务商业模式中，发展移动电子商务的优势体现在以下几个方面。

第一，对企业品牌形象进行延续宣传。一方面移动电子商务平台能够凭借其便捷优势逐步让用户接受；另一方面企业可以利用传统电子商务的品牌影响力促进移动电子商务与上下游产业链进行合作，促进移动电子商务产业链的完善。

第二，移动电子商务的发展继承了传统电子商务中优秀的电子商务应用能力与管理能力，在硬软件资源、产品渠道、商户资源等方面获取了有力支持。

第三，移动互联网网民与互联网网民在很大程度上存在着重叠，如果用户在PC端培养了购物习惯，那么这部分用户就能轻松地转移到移动电子商务平台，这部分用户相当于传统电子商务为进行移动电子商务服务的原始客户积累，这为移动电子商务业务的开展奠定了用户基础。

2. 以运营商为主导的移动电子商务商业模式

以运营商为主导的商业模式的特点为“渠道+平台”。运营商主要指的是移动通信运营商，其主要服务是提供数据。移动通信运营商能够与商业的客户或者用户建立直接的联系，通过SIM卡对用户的身份进行识别，参与用户的交易环节。

3. 以移动电子商务平台自身为主体的商业模式

移动电子商务的业务模式有推动（Push）式模式、拉动（Pull）式模式和交互（Interactive）式模式三种。推动式模式主要用于公共信息发布，该模式的最大特点就是用户只能被动接收，应用领域包括时事新闻、天气预报、股票行情、彩票中奖信息、交通路况信息、招聘信息和广告等。电信监管部门务必加强对这种方式的监管，同时还应该对相应应用项目收费履行告知及提醒义务，否则容易造成信息诈骗或用户与内容推送部门的权责纠纷。拉动式模式主要用于信息的个人定制接收，应用领域包括账单服务、旅游信息、航班信息、影院节目安排等。交互式模式可用于移动购物、博彩、交互游戏、证券交易、在线竞拍、移动付款、移动即时通信、信息点播等。推动式模式与拉动式模式均属于单边模式，灵活性差，对用户的吸引力有限，而交互式模式提供了双方互动的业务，提高了用户的参与度，应该是未来移动电子商务平台业务开展的主导模式，但势必也会造成移动电子商务系统的复杂性，以及运营成本的提高。

二、我国移动电子商务发展的推动因素

移动电子商务以几何级的增长速度得以迅速扩展，消费者消费理念的变革及商业模式的革新推动了网络购物等交易形态的活跃，全球金融危机促使传统企业朝低成本的网络营销模式转变。同理，移动电子商务若要取得成功也需要诸多条件。

（一）智能设备终端的普及

从根本上说，移动电子商务最核心的内容是商务活动，就这一点而言，它与传统电子商务并无本质差异，它只是将商务交易活动转移到移动互联网上。移动电子商务最核心的承载物是以智能手机、平板电脑为代表的智能终端设备。智能手机在我国有较高的普及率，它极大地推动了移动电子商务的快速发展。

（二）产业链合作模式的创新

移动电子商务的良性发展要求整个产业链的各参与方有良好的合作关系。移动电子商务是以相互沟通为基础，以传播为桥梁，以移动互联网为平台的全新商务模式，这

必定需要购物网站、即时通信软件、社交论坛、搜索引擎、微博等高度结合。随着二维码、移动定位、移动支付等技术的不断成熟，处于产业链不同环节甚至不同行业的企业都已迅速加入这个产业链的阵营。

（三）移动互联网络技术的发展

移动互联网的定义有广义和狭义之分。广义的移动互联网是指用户可以使用手机、笔记本电脑等移动终端通过协议接入互联网；狭义的移动互联网则是指用户使用手机终端通过无线通信的方式访问采用 WAP 的网站。移动互联网络技术的发展是移动电子商务得以推广并得到迅速发展的技术支撑。移动互联网络技术发展的另一个方向就是物联网技术的发展，即通过 RFID 技术、传感器技术、无线网络技术、人工智能技术、云计算技术等将所有的传统物品（比如家电、货物、生活工具等）在同一个场景中连接起来，从而使用户可以轻松地实现对各种物品的远程监控和管理。可以说物联网技术的不断成熟也是人工智能和云计算应用开始融入现代生活各个领域的重要表现。未来随着新型基础设施构建的日益完善，以 5G 为代表的新技术应用的纵深化，移动终端设备的普及化与智能化，这些都将为移动互联网的发展带来更加广阔的前景。

（四）传统企业营销模式的变革

移动互联网营销模式的特点表现为低成本、精准化、个性化和互动性，这必然导致传统企业的营销模式迅速转向移动互联网。基数庞大的中小企业群体在大企业、大品牌的挤压下，必须找到一个投入产出比更高的营销模式，移动电子商务绝对是未来中小企业的一个有效选择。

三、制约移动电子商务发展的因素

移动电子商务作为传统电子商务行为的无线扩展，其生命力是不可小觑的，但我们也应该看到它的发展不可能是一帆风顺的。可能对移动电子商务的广泛增长形成约束的因素包括安全与信用、技术与标准、政策与法律、产业链合作与市场培育等诸多因素。

（一）安全与信用

安全需求是移动电子商务发展的基本需求。部分无线网络连接的特殊性，在一定程度上带来了移动电子商务的安全性隐患。如何保护用户信息（账户、密码、身份信息等）不受侵犯，是一个迫切需要解决的问题。

信用问题是制约移动电子商务发展的另一关键要素，一方面，由于移动电子商务的交易主体通过互联网平台进行虚拟化交流，因此交易双方缺少实体交易模式下的信任感；另一方面，始终处于弱势的消费者可能会怀疑商家会借助信息不对称牟利，导致交易无法顺利完成。为了实现交易目标，双方往往需要支付高昂的信用成本。

（二）技术与标准

目前，技术因素对移动电子商务的制约主要体现在两个方面：一是无线信道资源短缺、质量较差，用户支付的成本较高；二是移动终端设备在整体性能方面有待进一步提升。为了能够吸引更多的人从事移动电子商务活动，便捷可靠和多功能的移动终端设备是必不可少的。

移动电子商务作为一种新型电子商务方式，其发展趋势代表了移动互联网在商业领域的高效应用。目前移动电子商务在发展过程中存在硬软件不兼容、安全标准模糊、支付不稳定等诸多问题，随着它的发展和普及，制定移动电子商务发展的相关标准已迫在眉睫。

（三）政策与法律

尽管各国政府均对移动电子商务的发展给予了一定的政策扶持，但从整体上来讲，仍然缺乏配套的财政、金融以及产业协调政策，尤其是针对中小企业的扶持政策更是缺乏，难以适应当前形势发展的需要。

任何一种成熟的商业模式必然有相对完善、公平的政策法规的支撑，目前我国移动电子商务在移动支付、移动电子商务交易主体市场准入、交易主体法律地位及责任、移动购物消费者权益保护、移动电子商务交易主体税收征缴等方面缺少明确的法律支撑。移动电子商务的立法问题任重道远。

（四）产业链合作与市场培育

推动移动电子商务的健康持续发展务必要形成完整的产业链合作模式，让参与移动电子商务行为的每个参与主体都能实现各自的商业目标，从而增强其参与移动电子商务的自觉性。目前产业链合作的主要难题在于技术标准和服务规范的难以统一，以及用户的引导和未来市场的推动面临一定的困难。鉴于此，相关企业如何通过移动网络提供更好的服务体验，包括更多的商品展示、更便捷的物流实现、更具有吸引力的商品价格及质量、高度仿真化的购物环境成为移动电子商务参与企业在市场培育方面的基本功。

四、我国移动电子商务发展的策略

（一）构建符合移动电子商务发展的商业信用体系

美国的电子商务产业之所以在全世界领先，除了其先天的网络优势和相对完善的商业环境外，立体化的个人信用体系功不可没。其信用框架涵盖了法律、专业信用中介服务机构及政府管理。在多方力量的制约模式下，信用记录成为个人和企业在市场中生存的重要前提。应该说信用体系的建设不仅仅是移动电子商务发展的问题，更是一个社会问题。因此，对于个人的诚信评价，不应该仅仅局限于某个电子商务网站中，而应该伴随着个人的各个时期。各个部门需要共同努力，建设一套个人的完整的信用评价体系，使之不仅仅关系到移动电子商务的诚信，而且关系到个人的品格问题。只有打破银行、税务、法律、通信等部门各自信息库的条块分割，实现联网管理，构建诚信社会共享机制，电子交易虚拟的诚信评价才能转移到现实生活中，最终推动移动电子商务在诚信体系的构建方面有所突破。

（二）通过立法逐步规范移动电子商务中各方的行为

完善相关法律制度，加强移动通信市场的安全监管，优化安全交易环境，有了法律的保障才能使交易双方具有安全感。2005 年，《中华人民共和国电子签名法》以及中国人民银行制定并颁布实施的《电子支付引导（第一号）》等法律文件的出台为我国电子商务的发展提供了基本的法律保障。但从总体上看，我国的电子商务本身特别是针对移动电子商务的相关法律尚须不断完善。因此，国家应根据移动电子商务的发展特点和其自身的特殊性，有针对性地出台相关法律规范和有效措施，明确交易各方的权责，规范各方的行为应该是未来移动电子商务立法建设的方向。比如工信部和公安部最近几年推出的手机实名制不仅将有助于缓解垃圾短信骚扰的情况，更是将唯一的手机号码与用户的真实身份直接相关，大大提高了移动电子支付的安全性。值得关注的是，在我国 2019 年 1 月 1 日正式实施的《中华人民共和国电子商务法》中，对于商家开展移动电子商务过程中涉及的网络经济平台用户权益保障、竞价排名、捆绑销售、“二选一”平台站队、App 强制索权、大数据杀熟、用户信息泄露等相关法律问题均进行了原则性的限定。此举对于规范移动电子商务商家行为，强化商家监管、为移动电子商务安全性的解决提供了较好的法律参考。

（三）选择合适的移动电子商务解决方案

目前，国际上主流的移动电子商务解决方案基本上都是国际知名信息产业企业提供的，例如，爱立信公司的移动商务解决方案（Mobile e-Pay），惠普为企业提供了全系列的移动 E-services 解决方案，IBM 公司提供了 Web Sphere Trans Coding Publisher，无线设备厂商 Mobilize 提供了 Mobilize Commerce 等。当然企业也可以选择一些国内厂商和研发机构提供的解决方案，比如 CMEMC（中国移动电子商务管理中心）提供的解决方案。目前，由于我国和发达国家之间在该领域存在着技术水平的较大差距，需要国内同类企业不断进行技术创新和自主研发，提供相对成熟的移动电子商务解决方案。在选择移动电子商务解决方案时，企业不要贪大求全，要根据企业的实际需要，本着经济、高效、适用的原则选择适合自身的解决方案。

（四）加强在移动电子商务活动中相关服务性环节的建设

移动电子商务和电子商务一样，也是资金流、物流与信息流的融合统一，三者缺一不可。移动电子商务在信息流的实现方面比传统的 PC 端电子商务在跨时空领域更具有优势，因此需要在两个方面加强建设。第一，完善物流配送体系，大力发展现代化物流。由于移动电子商务的服务模式对货物递送时间要求很高，因此物流环节在整个商务流程里显得更为重要。通过加强与优秀物流公司的合作，建立高效率、低成本的物流服务体系，可以有效地提高移动电子商务服务提供商的服务层次与核心竞争力。第二，完善移动支付体系，进一步提高移动支付的安全性与便捷性。移动支付为移动电子商务资金流的实现提供了良好的支撑，但在移动支付的实现过程中如何最大程度地降低支付成本，提高移动支付的安全性应该是未来移动支付发展过程中需要进一步解决的问题。

思考题

1. 简述移动电子商务的特征。
2. 支撑移动电子商务发展的关键技术有哪些？
3. 移动电子商务的盈利模式有哪些？
4. 简述移动电子商务发展的推动因素和制约因素。
5. 查阅相关资料，谈谈你认为移动电子商务还有哪些应用。
6. 结合实例谈谈你对我国移动电子商务健康持续发展的想法。

案例分析题

移动互联网下的微信平台

微信平台可以提供各种交易活动、商务活动、金融活动和相关的综合服务活动，且对平台用户而言是完全免费的，微信平台这一优势让诸多企业都“嗅”到其商业价值。自从微信公众平台正式向公众开放注册后，很多人气微博都转战微信公众平台，靠自己微博、论坛、博客资源的推荐，快速拥有几百、几千甚至几万的微信粉丝。微信公众平台的迅速扩张似乎告诉我们微信平台就是为广大企业在移动互联网领域的推广专门打造的，尽管大部分企业在其功能应用方面还不充分，但它爆发出来的威力不会亚于微博、搜索引擎等传统的推广途径。企业现在要做的就是率先进入这一领域，从而获得在移动互联网领域的“先入”优势。

微信成为企业或网站用户最快捷的沟通桥梁，对微信而言，它主要针对手机用户，精准性更高，而且如果你的微信用户越多，那么和用户的沟通越直接。微信公众平台每天都能发一些具有较强针对性的图文信息，这一点相对于传统的邮件推广、微博推广及网络广告推广而言，微信让用户在自主选择及针对性信息获取方面更具有竞争力，用户在获得尊重的基础上会感到更亲切，故更有利于微信的市场推广。

案例分析

1. 分析微信公众平台在企业移动电子商务业务开展过程中的作用。
2. 结合你的理解分析微信公众平台在企业移动电子商务开展领域的应用前景。

实践应用题

1. 下载国内几个常见的电子商务交易平台的手机 App，尝试通过手机平台完成交易，然后比较移动电子商务与传统 PC 端电子商务的差异。

2. 登录国内几个知名的移动电子商务平台，比较其各自在移动电子商务领域的实现方式及优势特征。

CHAPTER 8　第八章

电子商务网站规划

知识目标

- 掌握电子商务网站规划的基本内容
- 了解电子商务网站的基本功能
- 了解电子商务网站建设的流程

能力标准

- 能够根据企业业务活动的需要提供电子商务网站的规划方案
- 能够根据企业实际情况对服务器实现技术进行选择

第一节　电子商务网站规划概述

案例 8-1

美团网网站规划理念

一、美团网介绍

美团网成立于 2010 年 3 月 4 日，其宣传口号为“吃喝玩乐尽在美团”。美团网的价值理念是“消费者第一，商家第二，美团第三”，服务宗旨是为消费者寻找并发现信赖度最高的商家，让消费者能够以超低的折扣享受最优质的服务；同时也为商家寻找最忠诚的潜在消费者，并竭尽全力为商家提供能够带来最大收益的网络推广服务。截至 2017 年 6 月，美团网覆盖美食、外卖、酒店、旅游、电影票、运动健身、休闲娱乐等 200 多个品类，开通 1 300 多个城市站，用户数达 2 亿多人，合作商户超过 500 多万家。其中，美团外卖日完成订单量 1 255 万单，日交易额突破 5 亿元。

美团网的目标客户群体为 18 ～ 40 岁的、接受了一定文化教育的中产或中产以上的阶层。这部分人群具有强大的消费力，也是当今网民的主体。通过提供“7 天内未消费，无条件退款”“消费不满意，美团就免单”“过期未消费，一键退款”等服务，美团网为这些消费者提供高品质、便捷的本地化服务。

二、美团网的盈利模式

（1）佣金。佣金是现在大多数团购网站的主要盈利模式，也是美团网主要的盈利模式。它主要是通过出售商品进行百分比的抽成，或者通过协议帮商家做折扣促销，并按照协议金额提成。

（2）广告收入。拥有2亿多用户的美团网是众多商家投放广告的平台首选之一，在美团网上商家可以针对不同地区的消费者投放不同的广告，如此投放更有针对性，效果也更明显。

（3）差价。由于团购的订单量通常比较大，所以美团网能够从商家那里拿到低折扣商品，然后以稍微高的价格销售给消费者，从而赚取差价。

三、网站页面分析

美团网首页界面如图8-1所示，网站整体设计比较清新，给人一种平静、自然、舒适的感觉，在一定程度上能够改善消费者的情绪，增强消费者的愉悦感，使消费者在购物时有一个良好的体验和心情。

图8-1 美团网首页

美团网的网页设计采用“F”布局，比较科学合理，符合消费者浏览页面的视觉轨迹，即消费者浏览网页时一般先看顶部，再看左上角，然后沿着左边缘顺势向下看。网站把网站标识放在了页面的顶部，导航放在了左边，让消费者第一眼就看到了网站的标志，然后看到了网站产品和服务，便于消费者网络消费和体验。页面顶部的搜索框可以让有明确购物需求的消费者在最短时间内搜索到自己想要购买的商品，操作便捷，给消费者节约了大量时间。同时该搜索功能还可以根据消费者输入的内容自动进行匹配，免去了消费者输入全部信息，从而提供了良好的消费者体验。网站页面链接采用树状结构3层链接形式，便于搜索引擎蜘蛛抓取。消费者可以通过任何一个页面回到上级页面以及回到首页。网站导航合理，在全部分类导航一级目录下设有美食、外卖、酒店等15个二级目录，二级目录下分别对应详细的导航信息，消费者可以根据自己的需要进行选择，从而进入对应的界面并找到所需服务。

资料来源：根据简书网资料改编。

案例分析

1. 试分析美团网的盈利模式。

2. 试分析美团网的首页页面布局。

一、电子商务网站规划的概念

（一）网站规划的概念

网站规划是网站建设的最重要环节，也是最容易被忽视的环节。网站规划是指在网站建设前对市场进行分析，确定网站的目的和功能，并根据需要对网站建设中的技术、内容、费用、测试、维护等做出规划。网站规划对网站建设起到计划和指导的作用，对网站的内容和维护起到了定位的作用。

网站规划既有战略性的内容，也包含战术性的内容，战术是为战略服务的，网站规划应站在企业战略的高度来考虑。网站规划是网站建设的基础和指导纲领，决定了一个网站的发展方向，同时对网站推广也具有指导意义。

（二）网站规划的原则

1. 支持企业的总目标

企业的战略目标是规划的出发点。网站规划应从企业目标出发，分析企业管理的信息需求，逐步导出网站的战略目标和总体结构。

2. 兼顾各管理层的使用需求

企业的网站规划是企业商业决策的具体体现，网站规划在考虑网站的具体功能和客户需求的同时要兼顾企业各管理层的使用需求。

3. 摆脱商务系统对组织机构的依从性

用户对企业业务流程的了解往往从现行组织机构入手，但只有摆脱对它的依从性，才能提高商务系统的应变能力。

4. 使系统结构有良好的整体性

网站的规划和实现的过程是一个“自顶向下规划、自底向上实现”的过程。采用自上而下的规划方法，可以保证系统结构的完整性和信息的一致性。

5. 便于实施

规划应给后续工作提供指导，要便于实施。方案选择应追求实效，宜选择最经济、简单、易于实施的方案。技术手段强调实用，不片面求新。

二、电子商务网站的功能组成

交易型电子商务网站由前台功能模块和后台功能模块两部分构成，共同实现网站的商务功能。前台功能模块主要由交易记录模块、购物车模块、促销专题模块、帮助中心模块、会员注册登录模块、评论 / 咨询 / 留言模块、友情链接模块、商品展示模块、会员中心模块等构成。后台功能模块主要由商品管理模块、订单管理模块、会员管理模块、营销管理模块、SNS 交互模块、站点管理模块、站点全局模块、统计报表模块、采购管理模块、仓储管理模块、售后管理模块、财务单据模块、微博管理模块、私信管理模块和其他应用模块等组成（见图 8-2）。

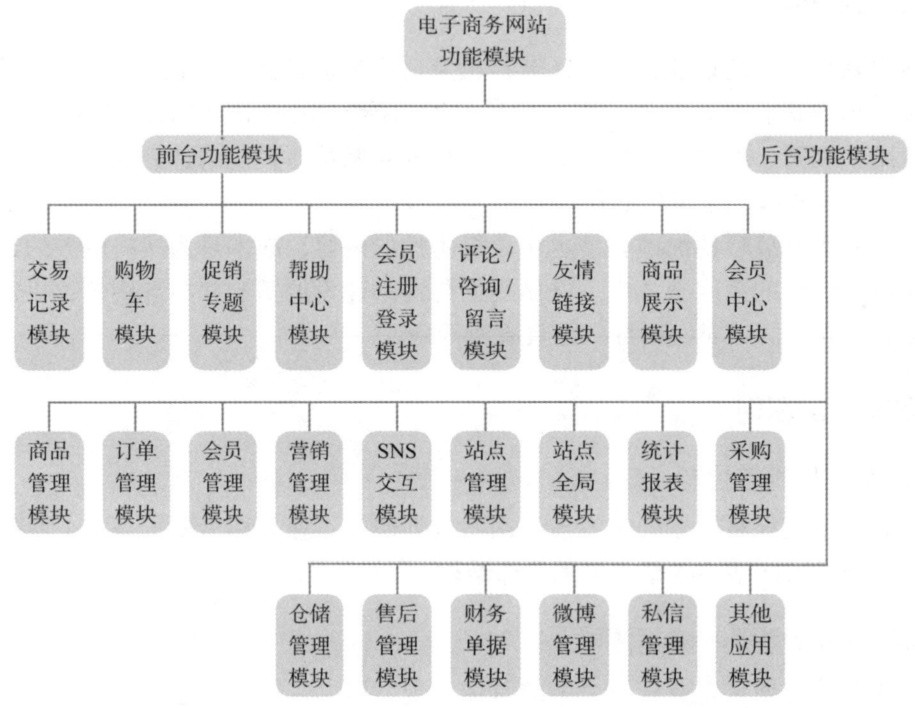

图 8-2 交易型电子商务网站功能组成图

三、电子商务网站的设计要求

无论是企业内部网站，还是面对外部的商业网站，电子商务网站的设计要求都应当满足以下几个方面的要求。

（1）良好的可扩展性。电子商务网站的设计应具有良好的可扩展性，要有针对性地对一些模块和功能预留扩展接口，以便未来添加某些必要的功能和模块。

（2）高效率的并发处理能力。网站在高浏览量情况下，如当某一时段访问量达到 20 多万时，这对网站的并行处理能力是个极大的挑战，如不具备高效率的并发处理能力，就将会导致网站服务器死机、网页卡顿、订单超时、浏览器链接丢失等错误，网站将无法承载用户的操作。这种高效率的并发处理能力一般在设计网站时由系统分析师负责并发能力，系统构架师负责实现高效率处理能力，并共同实现。

（3）强大的管理能力。电子商务网站的设计需要满足资金流、商品流和信息流这三方面的管理要求，同时还要满足会员管理、权限管理、积分管理等需求，在设计网站的时候后台管理模块的管理能力十分重要。

（4）与企业内部的系统紧密联系。现代电子商务网站与企业内部系统的对接越来越紧密，一般都包含企业内部 OA 系统、ERP 系统、CRM 系统及绩效管理系统的接口，在设计网站的时候需要查看企业内部系统的接口说明，设计电子商务网站与其的接口程序。

（5）确保每天提供 24 小时服务。

（6）良好的容错性能。电子商务网站在设计的时候就需要考虑容错问题，这些错误可能是用户输入导致的，也可能是网站程序本身导致的。网站建设者一般在设计好电子商务网站后需要对网站进行测试，利用黑盒法测试外部输入数据和输出数据错误，利用白盒法测试网站内部数据的逻辑错误，用错误预设程序实现已知错误的处理结果，以及对未知错误做出容错处理。

（7）支持多种客户终端。在设计电子商务网站时，建议使用 H5 响应式设计，H5 响应式设计能解决多种客户终端支持的能力。

（8）安全的运行环境。电子商务网站运行环境的安全至关重要，一旦网站源程序设计中有缺陷，存在注入漏洞、跨域漏洞或支付接口漏洞，将会导致灭顶之灾。一般的网站设计人员往往只注重电商业务流程的开发，疏忽安全性方面的考虑。所以在网站设计中应该有针对性地设计隔离页面、404 页面；网站还需有用户输入字段验证程序、数据库 sql 语句筛选程序以及 Cookies 加密程序等安全设计。

四、电子商务网站建设流程

（一）电子商务网站规划的主要内容

电子商务网站有非独立建站和独立建站两种方式。前者是指基于第三方提供的平台，利用其现有的模板，主要通过模块组合的方式快速构建起一个简单站点，后者则是消费者根据自己的需要，单独设计，建设个性化的站点。

独立建站的流程分为网站规划、网站设计、网站发布和网站管理与维护四个阶段，其具体任务如图 8-3 所示。

（二）电子商务网站建设的步骤

1. 网站规划

电子商务网站是个较复杂的系统，设计人员一开始就要想好所需的功能，网站的规划也是建所有网站都需要做的事情，设计人员在网站规划中需要对网站进行整体的分析，明确网站的建设目标，确定网站的访问对象以及网站提供的内容与服务，这一步也是网站建设成功的前提，因为所有的建设步骤都是按规划设计实施的。

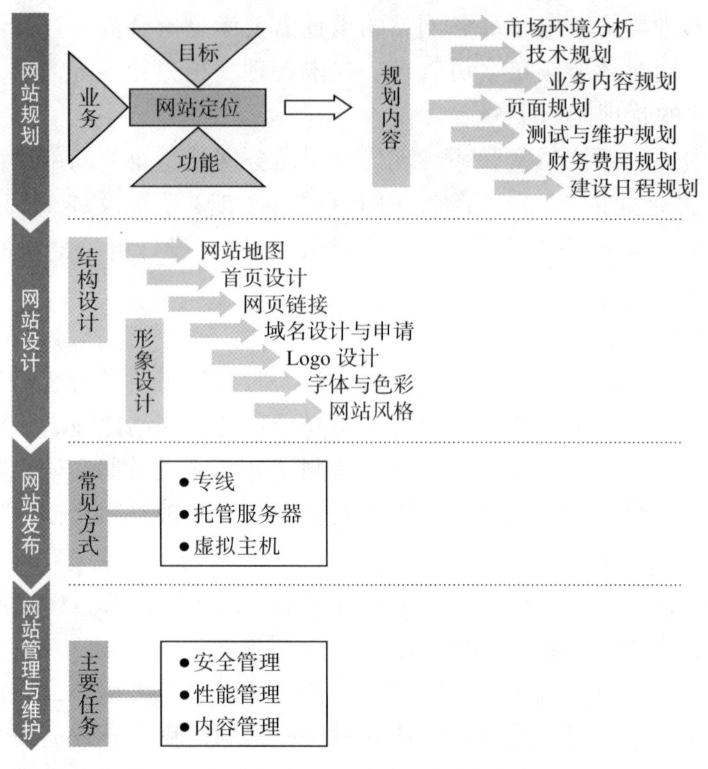

图 8-3 网站建设流程

为了使电商网站与其经营目标相一致，企业应该在进行市场分析和环境分析的基础上，依据网站目标和功能，对网站建设中的技术、内容、费用、测试、管理与维护等做出周密的规划。

（1）市场环境分析。企业通过对相关行业的市场分析，确定是否有机会在互联网上开展业务；分析主要竞争者网上业务及网站规划、功能和作用，为自己的网站建设提供较好的基点和参考；分析自身资源特别是信息化程度，有利于找准强化竞争力的突破口。

（2）技术规划。企业根据网站功能的不同选择相应的技术解决方案。

（3）业务内容规划。网站的具体业务内容表现为网页上的板块和栏目，企业需要对板块和栏目名称、框架结构、链接方式、导航条等进行详细规划。

（4）页面规划。页面规划一般要符合企业的整体形象和企业标志（Corporate Identity,CI）规范。企业标志是指造型单纯、意义明确、标准的视觉符号，一般是结合企业的文字名称、图案记号的一种设计。注意色彩和图片的应用及版面规划，保持网页的整体一致性。

此外，还需要对网站的测试与维护、财务费用、建设日程等做出规划。

2. 网站设计

网站规划设计以后，就开始进入网站的建设阶段，可分为网站结构设计和网站形象设计两部分。网站结构设计主要涉及网站地图、首页设计、网页链接、网站目录分类、网页制作等任务；网站形象设计主要涉及域名注册、企业标志、字体颜色、网站风格等任务；除了网站测试需要在其他项目完成之后才能进行之外，域名注册、企业标志和网页制作相对独立，可以同时进行。

3. 网站发布

等网站建设完成之后，企业通过 FTP 上传工具将网站源程序远程上传至虚拟主机或托管服务器，如涉及机密信息可使用 VPN 专线传输并发布。正式上线之后，用户可以通过域名直接对网站进行访问。

4. 网站管理与维护

网站管理与维护主要是对网站进行安全、性能和内容三个方面的管理与维护。网站管理与维护虽然是一个步骤，但实际上是从头至尾的工作，只要网站没有停止运行，就应一直对网站进行管理维护，所以这一步，也是最为复杂的一步。

第二节　电子商务网站建设技术要素

案例 8-2

董小弟的选择

董小弟就要大学毕业了，在学校学的是电子商务专业。他有个姐姐在深圳华强北路经营一家手机商行，董小弟想建设一个自己的 B2C 商城专门售卖 3C 电子产品，但他在建设电子商务网站时不知道是该选自建服务器还是托管服务器。

自建服务器需要大量硬件、资金和技术的支持，而且成本高，通过初步的测算，大约需要 3 万多元，但是自建服务器比较安全且易于维护。托管服务器，不需要投入大量的资金和硬件，成本低，且能缓解创业初期资金短缺的问题，但网站维护需要远程登录到服务器上进行，对他的技术水平要求比较高。托管服务器又包括服务器托管、虚拟主机或虚拟专用服务器（VPS）。服务器托管不需要组建机房和通信路线，可节约成本，独享服务器，具有较好的稳定性，但是安全性稍差；虚拟主机价格比较低，但是一旦有国外客户访问需求时，虚拟主机性能就显得比较差；相比之下，VPS 价格适合，即使有国外 IP 客户访问需求时，性能也较好。

经过一段时间的学习和了解后，董小弟认识到自己的电子商务网站在运营初期其实没有很大的访问量，但有国外访客的需求，托管服务器中的 VPS 服务器就已经够用了，而且 VPS 在维护上比较简单，互联网数据中心（IDC）运营商要的费用也不高，是性价比较高的选择。

资料来源：根据中国知网的期刊内容改编。

案例分析

1. 目前大多数中小企业网站服务器解决方案都有哪些？
2. 试阐述虚拟主机和 VPS 的区别。

一、电子商务网站建设的硬件环境

网站建设首先要做的就是为网站选择合适的发布平台，即选择适合网站规模的各种软硬件资源，包括确定服务器解决方案以及软件平台等。

（一）自建型电子商务网站硬件环境

自建小型电商网站的硬件基本环境需要互联网接入、路由器、Web 服务器、固定 IP 地址。

（1）互联网接入。实现互联网连接的方式有主要有 ADSL 接入、光纤宽带接入、无源光网络（PON）、无线网络接入、电力网接入（PLC）等，目前主流的是光纤宽带接入，ADSL 接入会逐渐被淘汰。

（2）路由器。路由器是连接互联网中各局域网、广域网的设备，它是会根据信道的情况自动选择和设定路由，以最佳路径，按前后顺序发送信号的设备。路由器是互联网的枢纽、“交通警察”。它的一个作用是连通不同的网络，另一个作用是选择信息传送的线路，选择通畅快捷的近路，能大大提高通信速度，减轻网络系统通信负荷，节约网络系统资源，提高网络传输效率，从而让网络系统发挥出更大的效益来。

（3）Web 服务器。Web 服务器也称为 WWW（World Wide Web）服务器，主要功能是提供网上信息浏览服务。

（二）托管型电子商务网站软硬件环境

托管型电子商务网站是将自己的服务器放到高带宽接入的互联网服务提供商或专门的数据中心，通过互联网进行远程维护，用户则使用各自的互联网接入方式来访问网站。

托管型电子商务网站硬件环境主要是指托管服务器的实现方式，提供托管服务器的服务商有基础电信运营商（ISP）、IDC 服务商。IDC 服务商的基本服务表现形式是资源（包括空间、主机、带宽）出租服务。

目前，托管型电子商务网站的实现技术有服务器托管、虚拟主机、VPS、云服务器（ECS）等。

1. 服务器托管

服务器托管是指用户委托具有完善机房、良好网络和丰富运营经验的服务商管理用户的服务器，使其更安全、稳定、高效地运行。用户把自己的网络设备（服务器、交换机等）放在 IDC 服务商提供的专业服务器机房中，享受高品质的带宽、不断增加的增值服务和 24 × 7 的各方面专人维护以及监控服务。

用户可以购买一台服务器放到当地电信机房、网通机房、多线多 IP 机房、BGP 机房。在使用这种业务时，托管的服务器可以实现不间断高速接入互联网，并且可以获取一个固定的 IP 地址，用于开展互联网业务或其他业务。

2. 虚拟主机

虚拟主机，也叫“网站空间”，就是把一台运行在互联网上的物理服务器划分成多个“虚拟”服务器，用户可以租用，以供用户放置站点及应用组件，提供必要的数据存放和传输功能。

3. VPS

虚拟专用服务器（Virtual Private Server，VPS）是利用虚拟服务器软件（如微软的Virtual Server、VMware 的 ESX server、SWsoft 的 Virtuozzo）在一台物理服务器上创建多个相互隔离的小服务器。

这些服务器本身就有自己的操作系统，它的运行和管理与独立服务器完全相同。因为每个 VPS 均可独立进行重启并拥有自己的 root 访问权限、用户、IP 地址、内存、过程、文件、应用程序、系统函数库以及配置文件。虚拟专用服务器确保所有资源为用户独享，给用户最高的服务品质保证，让用户以虚拟主机的价格享受到独立主机的服务品质。

4. 云服务器 ECS

云服务器（Elastic Compute Service，ECS），又称云计算服务器或云主机，是云计算服务体系中的一项主机产品，该产品有效地解决了传统物理主机与 VPS 中存在的管理难度大、业务扩展性弱的缺陷。它是一种简单高效、处理能力可弹性伸缩的计算服务，帮助用户快速构建更稳定、安全的应用，提升运维效率，降低 IT 成本，使用户更专注于核心业务创新。云服务器的结构如图 8-4 所示。

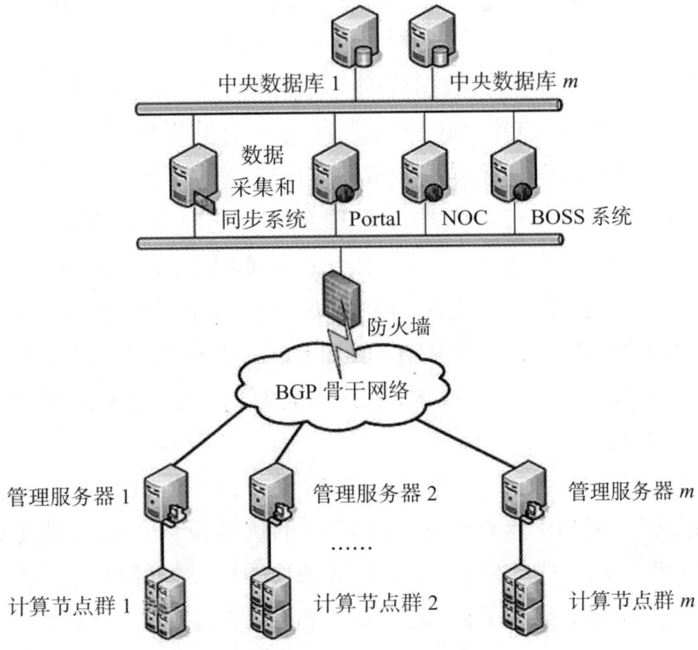

图 8-4 云服务器的结构图

云服务器的作用一般可分为四个：完全管理权限、快照备份与恢复、自定义镜像和拥有 API 接口。

简单来说，今后用户可以将云服务器 ECS、云服务器与 ECS 作为同义词相互置换。云服务器 ECS 目前一般对应亚马逊 AWS 的产品叫 EC2，Elastic Compute Cloud；对应阿里云称为云服务器 ECS。

对比于传统的租用服务器而言，云服务器租用价格低于传统的物理服务器租用价格，且无须支付押金，具有快速供应和部署能力。

二、电子商务网站构建的软件环境

（一）电子商务网站构建的软件环境

电子商务网站的软件基本环境需要 Web 服务器软件、数据库软件、电子商务网站 CMS 建站源程序和防火墙软件。

（1）Web 服务器软件。提供 Web 访问服务的服务器软件。常用的 Web 服务器软件有微软的信息服务器（IIS）和 Apache。Apache 是世界使用排名第一的 Web 服务器软件，它几乎可以运行在所有的计算机平台上，由于其具有跨平台和安全性的特点被广泛使用。

（2）数据库软件。提供 Web 页面中数据的访问查询和数据存取等功能。建站中常用的网络数据库有以下三种。

1）SQL Server。这是微软公司推出的基于服务器端的中型数据库，可以适合大容量数据的应用。在处理海量数据的效率，后台开发的灵活性、可扩展性等方面强大。

2）Microsoft Access。这是微软公司推出的一种桌面数据库，只适合数据量少的应用，在处理少量数据和单机访问的数据库时是很好的，效率也很高。

3）MySQL。是瑞典 MySQL AB 公司研发的、全世界最受欢迎的开源 SQL 数据库系统，它是一个跨平台的数据库系统，支持多用户、多线程的 SQL 数据库系统，是具有客户机 / 服务器体系结构的分布式数据库管理系统。它具有安装简单、使用简单、管理简单等特点，是初学者的首要选择，广泛用于 PHP 脚本的电子商务网站。

如常用的 MySQL，它是一个快速的、多线程、多用户和重负载的小型关系型数据库服务器软件。MySQL 被广泛地应用在互联网上的中小型网站中。由于其体积小、速度快、总体拥有成本低，尤其是开放源码这一特点，因此 MySQL 成为许多中小型网站降低网站总体成本的首选。

（3）电子商务网站 CMS 建站源程序。CMS 是 Content Management System 的缩写，意为“内容管理系统”。CMS 具有许多基于模板的优秀设计，可以减少开发的成本。

（4）防火墙软件。Web 应用防火墙是集 Web 防护、网页保护、负载均衡、应用交付于一体的 Web 整体安全防护设备的一款产品。常用的有腾亿安全盾服务器防火墙、天网防火墙、天存 Web 防火墙等。

（二）电子商务网站构建的软件技术

电子商务网站的承载主体服务器（VPS、ECS、虚拟主机、托管服务器）均需要安装操作系统和数据库软件，并在此基础上安装电子商务网站源程序。网站源程序可自行编写，也可以使用已有的商业版或共享开源版的电子商务网站源代码，涉及的网站建设软件开发技术有以下几种。

1. 动态网页开发技术

动态网页是与静态网页相对应的，也就是说，网页 URL 不固定，能通过后台与用户交互，完成用户查询、提交等动作。常用的语言有 ASP、PHP、JSP、C# 等。

2. HTML5 与响应式网站设计

（1）HTML5。HTML5 就是超文本标记语言的第 5 版标准，HTML5 已经成为开放 Web 网络平台的奠基石，为桌面和移动平台带来无缝衔接的丰富内容。

（2）响应式网站设计。响应式网站设计（Responsive Web Design）是一种网站且能够兼容多个终端的网络页面设计布局。

（3）HTML5 响应式网站设计。HTML5 响应式网站设计就是让网站在任何尺寸、任何分辨率以及任何性能的移动设备上都可以完美呈现出来，而不会出现图片加载失败、网页缺损以及排布失序等任何会影响浏览的情况。

3. 移动端 Web 网站

移动端 Web 网站是指用 WML（无线标记语言）编写的专门用于移动设备浏览的网站，通常以文字信息和简单的图片信息为主。

思考题

1. 电子商务网站功能模块中前台功能模块有哪些？
2. 电子商务网站建设技术要素有哪些？
3. VPS 的优点是什么？
4. CMS 能搭建多用户商城的电子商务网站吗？

案例分析题

风火轮共享轮滑

何淼是一名电子商务专业学生，随着“互联网 + 共享经济”的火爆，她发现轮滑项目是个不错的切入点，她想打造一个随时随地想滑就滑的共享轮滑平台，为打算尝试轮滑的人提供一个“手机 App + PC 网站 + 微信分享”的专业化共享轮滑商业模式。通过风火轮共享轮滑平台网站，广大轮滑爱好者可以互相进行分享和切磋，能在网上租轮滑装备且实时送达，还能预约教练进行线下教学。让客户花费最少的钱享受轮滑带来的乐趣，让人们通过轮滑丰富自己的生活。

她想把这个项目落地做成一个电商平台，她的项目策划书目录如表 8-1 所示。

表 8-1 风火轮共享轮滑

1. 项目概述	1.1 公司及产品或服务的介绍
	1.2 项目的产业背景和市场竞争环境
	1.3 市场竞争环境
	1.4 项目的市场机会和有效的市场需求
	1.5 目标客户群体
	1.6 创业团队的特殊性和优势
2. 目前运营情况及发展目标	2.1 项目网站信息结构及现状
	2.2 保险模块
3. 发展战略	3.1 项目的商业模式
	3.2 客户细分
	3.3 价值主张
	3.4 关键业务
	3.5 核心资源
	3.6 重要合作伙伴
4. 推广方案	4.1 网络推广
	4.2 线下推广
5. 所需费用	所需费用详细
6. 市场分析	6.1 市场容量
	6.2 市场定位
7. 营销策略	7.1 营销渠道及其拓展
	7.2 促销方式
8. 项目存在的问题及解决方案	8.1 目前面临的问题
	8.2 规避计划
9. 实施方案	9.1 前期工作
	9.2 中期工作
	9.3 后期工作
10. 盈利模式	盈利模式细分
11. 团队介绍	11.1 团队负责人
	11.2 队员
12. 项目融资	项目融资
13. 展望未来	展望未来

案例分析

1. 如果由你来决定该网站项目的软件技术，你会选择何种技术，并给出理由。
2. 如果由你来做这个网站项目，请写出网站建设策划书的详细内容。

CHAPTER 9 第九章

跨境电子商务

知识目标

- 理解跨境电子商务的概念及特点
- 了解我国跨境电子商务的相关政策及发展趋势
- 掌握跨境电子商务的模式分类及主流平台
- 掌握跨境电子商务的主流支付方式
- 熟悉跨境电子商务物流的主要模式

能力标准

- 能够结合实际说明跨境电子商务外贸新业态的崛起对传统外贸领域的经营模式和商业格局的影响。
- 能够结合所在城市的区域和产品特色，选择合适的跨境电商平台进行产品销售。
- 能够根据主流跨境支付方式的特点，合理选择跨境支付方式，降低支付风险。
- 能够设计跨境电子商务物流方案，合理选择跨境物流方式。

第一节　跨境电子商务概述

案例 9-1

上海自贸区：跨境电商的先行者

中国（上海）自由贸易试验区（简称“上海自贸区”）于 2013 年 9 月 29 日正式成立，涵盖上海市外高桥保税区、外高桥保税物流园区、洋山保税港区和上海浦东机场综合保税区等 4 个海关特殊监管区域。上海自贸区在成立之初，跨境电商就成为其发展的重点，作为对外贸易发展的“新动力”助推贸易自由化和便利化。

发展跨境电商的三大优势

上海自贸区开展跨境电商主要有三个方面的优势：一是自贸区为跨境电商业务发展提供

了低关税税率等一系列优惠政策；二是在2013年前上海自贸区就成立了上海跨境通国际贸易有限公司，构建了一个比较成熟的平台，为跨境电商企业统一办理通关服务；三是“跨境通”平台吸引了数十家大型的跨境电商企业入驻，取得了快速发展。

三种模式加强跨境电子商务运作力度

第一种是跨境平台模式。上海官方的跨境电商平台为“跨境通”。2013年12月，“跨境通”于上海自贸区成立，成为全国首个跨境电商平台。该网站供应包括来自韩国、日本、澳大利亚、美国、意大利和法国在内的30多家海外供应商的1万余种产品。其价格与国内专柜价相比，至少普遍便宜30%。据统计，首批申请入驻“跨境通”的中小企业就有2 000多家。

第二种是“前店后库”贸易模式。在完税销售试运作基础上，上海自贸区形成了保税、完税、免税的全链条商业模式运作，打造出“存展销”一体化的经营模式。

第三种是产地直达贸易模式。上海自贸区发挥浦东机场综合保税区区港一体化协同优势，依托东航产地直达网和线下体验店，开展直达贸易。

跨境电商公司积极响应

随着上海自贸区的优惠政策及平台的逐渐完善，市场上的电商公司很快给了积极的反应。

2015年6月18日，上海首个“跨境电子商务示范园区”正式在松江挂牌，阿里巴巴旗下的天猫国际成为首家入驻企业，正式走货运营。过去，周期长、转运贵、怕“补税”一直是海淘族的痛点，上海买家海淘商品一般都要从宁波、杭州、广州等地发出，到上海起码要两三天。而现在保税模式大大节省了清关效率。以首批200瓶来自澳大利亚的蔓越莓胶囊为例，早上10点在聚划算上开售，到11:35货品就已经从松江天猫国际合作方——“基森仓储”的仓库里清关出库并开始配送，上海买家当天就收到了货。比较而言，有了松江保税仓后，“海货”出仓后直接可在上海本地配送和清关，至少能减少一天的转关环节，物流成本相比直邮降低90%。目前，菜鸟网络已打通物流渠道，实现了订单数据、支付数据、物流数据与上海跨境贸易电子商务公共服务平台的对接。

而吸引阿里巴巴把天猫国际保税仓落户上海松江的，除了有上海自贸区的政策利好以及上海港是全球第一大港的航运中心优势外，还有松江的通关软环境和仓储物流能力。上海海关将上海自贸区实施的海关监管创新制度在符合条件的海关特殊监管区域复制推广后，松江出口加工区即作为自贸区监管政策复制推广试点区，获得了跨境电子商务的试点资格。

到2016年，“新零售”概念提出后，上海自贸区开始了和新零售合作的项目。

2018年1月，京东首家“无界零售”线下店落户上海自贸区。全球首个“无界零售”线下体验店——“京东汇”项目在外高桥投资建设；双方在物流、仓储、商贸、功能平台等多个领域达成战略合作。上海自贸区在2016年3月已是上海首批颁牌的跨境电子商务示范园区，京东在布局“京东汇”的同时，已将该项目的跨境电商保税仓设在了上海自贸区外高桥保税物流园区，使用面积1万平方米。该保税仓的落地，使消费者拿到跨境商品的时间再次缩短：用户下单后，保税仓的京东机器人将进行拣货、分拣，完成订单、支付单、物流单匹配申报手续后，通过京东物流送达店内。

资料来源：根据搜狐网“上海自贸区：见证跨境电商发展的黄金时代”改编。

案例分析

1. 上海自贸区在跨境电子商务实践中提出的三种创新模式有哪些?

2. 跨境电子商务对我国企业走出国门带来哪些机遇?

改革开放40多年来，我国紧抓第三次工业革命和经济全球化的机遇，成为全球第二大经济体和第一大贸易国。然而，近年来，国际金融危机深层次影响持续显现，贸易保护主义抬头，全球产业价值体系面临重塑。在此背景下，由互联网、物联网、大数据、云计算、人工智能技术所驱动的第四次科技革命引发的数字经济进入黄金发展时代，传统消费方式和业态向数字化、个性化、智能化和精准化转型，社会经济各个环节均产生深刻变革。跨境电子商务作为数字经济的重要组成部分，以独有的优势助力中国外贸逆势发力，实现量的稳定增长和质的稳步提升。2020年11月15日，亚太15个国家《区域全面经济伙伴关系协定》(RCEP) 的正式签署也在一定程度上促进了我国跨境电商的蓬勃发展。

一、跨境电子商务的概念

跨境电子商务（Cross-border E-commerce) 是指分属于不同关境的交易主体，通过跨境电子商务平台达成商品交易、进行跨境支付结算，并通过跨境物流送达商品从而完成交易的一种新型电子商务应用模式。从定义中可以看出，跨境电子商务包括三层含义：

(一) 交易主体属于不同关境

关境是指执行统一海关法令的领土范围。在通常情况下，关境与国境是一致的，但又不是绝对的。如一国境内有自由港或自由贸易区，因其不属于该国关境范围之内，所以此时的关境小于国境。而缔结关税同盟的国家，它们的领土成为统一的关境，在此情况下，关境则大于国境。这里的交易主体属于不同关境，也就是说商品的销售需要“过海关”。

(二) 需要通过跨境电商平台实现商品交易的各项活动

企业通过利用跨境电子商务平台提供的网络基础设施、支付平台、安全平台和管理平台等共享资源，低成本、高效率地开展跨境贸易的各项活动。

(三) 需要通过跨境物流运送商品

跨境物流是在商品达成交易后，在运输、仓储、包装、配送、搬运等过程中形成的实物流。跨境电商的商品经过海关需要借助跨境物流才能完成最终交易，因此跨境电商也属于国际商业活动。图 9-1 是目前跨境电子商务已形成的生态圈。

图 9-1　跨境电子商务已形成的生态圈

二、跨境电子商务的特点

跨境电子商务融合了电子商务和国际贸易两方面的特征，具体呈现出以下特点。

（一）全球性

跨境电子商务依附于互联网，具有全球性和非中心化特性。任何人只要具备了一定技术手段，在任何时候、任何地方都可以让信息进入网络，可以实现买全球、卖全球的目标。

（二）复杂性

跨境电子商务的复杂性主要体现在三个方面：一是跨境电子商务活动的顺利完成需要商品流、信息流、资金流、物流等多种要素紧密结合；二是跨境电子商务的流程繁杂，在通关、支付、税收、监管等领域的法规还不完善；三是容易受国际政治、经济等宏观环境及各国政策的影响，风险触发因素较多。

（三）虚拟性

数字经济时代下的国际贸易活动将以实体空间为主转向以数字虚拟空间为主。跨境电子商务通过网络虚拟信息交换，在虚拟的场景中完成交易过程。但这种“虚拟”不等于“虚无”，因为贸易活动仍然实实在在地进行着。

（四）无纸化

跨境电子商务主要采取无纸化的操作方式完成所有商务活动。跨境电商平台用数据电文取代了传统的纸质交易文件。买卖双方通过即时沟通工具或电子邮件实现信息的无纸化传递。

（五）即时性

在跨境电子商务环境中，交易不再像传统贸易那样受到时空的限制。网络卖方在发布商品和服务信息时，买方几乎同时就能接收到信息，并能随时随地购买商品和服务。

（六）参与主体多元化

依托跨境电商平台，国际贸易不再被大型跨国公司和大型企业主体所垄断，一批平台型企业和更多体现消费者主权的中小微企业，乃至个人也能成为国际贸易的主体。

（七）订单碎片化

网络的即时性使消费者的需求信息能很快反馈给平台乃至供应商，从而出现更多地满足消费者个性化需求的产品和商业模式（C2B）。这种满足消费者个人需求的跨境零售模式使得国际贸易，尤其是消费品行业的国际贸易呈现出订单量较多、金额较小的碎片化特征。

三、我国跨境电子商务的发展概况及趋势

（一）我国跨境电子商务的发展概况

我国跨境电商在 20 多年间从无到有、从弱到强，经历了萌芽、成长、探索、成熟四个阶段，如图 9-2 所示。

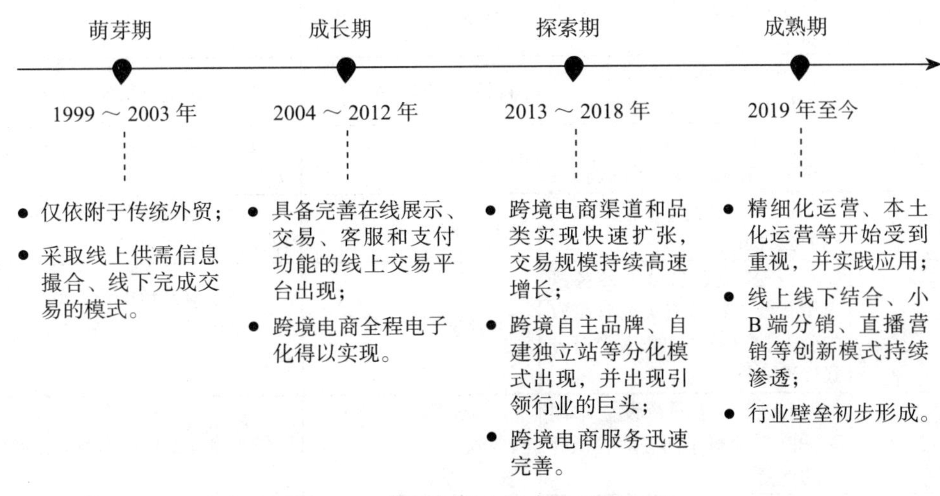

图 9-2　中国跨境电子商务发展历程

资料来源：亿邦智库《2020 跨境电商出口发展报告》。

当前，我国跨境电商产业正在加速外贸创新发展进程，已经成为我国外贸发展的新引擎。中国跨境电商市场规模从2013年的2.7万亿元增长到2019年的10.5万亿元，占当年中国进出口总值的33.29%。2020年我国跨境电商在新疫情之下逆势增长，前三季度海关跨境电商监管平台进出口额为1 873.9亿元，已超2019年全年进出口总额，大幅增长52.8%，为外贸进出口回稳，进一步扩大对外开放水平做出了突出贡献，如图9-3、图9-4所示。

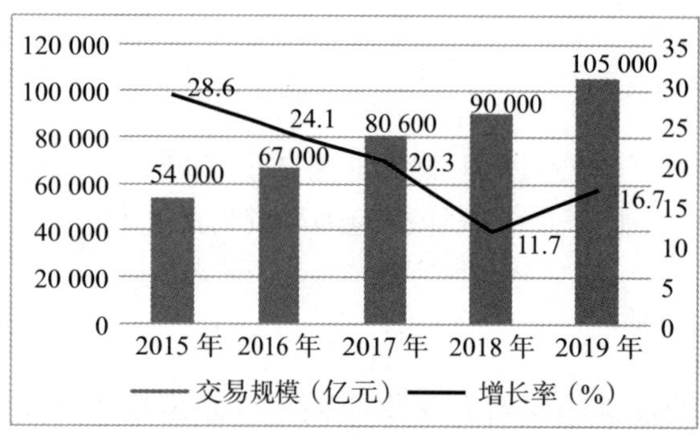

图9-3 中国跨境电商市场规模及增长率

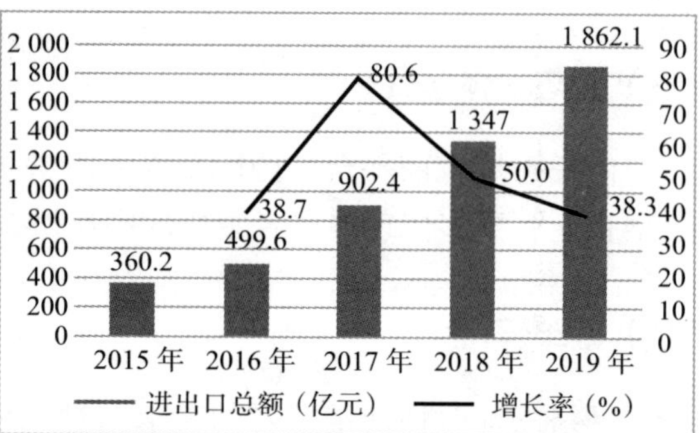

图9-4 经海关跨境电商管理平台的进出口额及增长率

资料来源：网经社电子商务研究中心《2019年度中国跨境电商市场数据监测报告》；海关总署。

（二）我国跨境电子商务的政策支持

由于跨境电子商务承载着中国外贸转型升级的使命，近年来得到国家的大力支持。自2012年以来，我国政府对跨境电子商务的政策支持涵盖效率提升、流程优化、城市试点、基础建设、降低税费等多个方面，如表9-1所示，政策红利不断释放。

表9-1 我国主要跨境电子商务政策

时间	政策名称	发布部门	主要内容
2012年12月	国家跨境贸易电子商务服务试点工作启动	国家发改委、海关总署	首次设立跨境电商服务试点城市
2013年2月	《支付机构跨境电子商务外汇支付业务试点指导意见》	国家外汇管理局	最早对跨境支付业务的指导支持
2013年8月	《关于实施支持跨境电子商务零售出口有关政策意见的通知》	国务院	最早以跨境电商为专门主题的独立文件
2014年1月	《关于增列海关监管方式代码的公告》	海关总署	增设“跨境贸易电子商务”海关监管方式代码“9610”
2014年7月	《关于跨境贸易电子商务进出境货物、物品有关监管事宜的公告》《关于增列海关监管方式代码的公告》	海关总署	明确了对跨境电商监管的框架；增设“保税跨境贸易电子商务-1210”代码
2015年3月	《国务院关于同意设立中国（杭州）跨境电子商务综合试验区的批复》	国务院	首次设立跨境电商综合试验区
2018年9月	《关于跨境电子商务综合试验区零售出口货物税收政策的通知》	财政部等四部门	明确跨境出口无票免征政策

（续）

时间	政策名称	发布部门	主要内容
2018 年 11 月	《关于完善跨境电子商务零售进口监管有关工作的通知》	商务部等六部门	明确跨境电商零售进口过渡期后的监管安排
2020 年 4 月	新增 46 个跨境电商综合试验区	国务院	在已设 59 个跨境电商综合试验区的基础上，再新设 46 个，共计 105 个综合试验区
2020 年 6 月	《关于开展跨境电子商务企业对企业出口监管试点的公告》	海关总署	增设“跨境电子商务企业对企业直接出口-9710”“跨境电子商务出口海外仓-9810”代码
2021 年 3 月	《关于扩大跨境电商零售进口试点、严格落实监管要求的通知》	商务部等六部门	将跨境电商零售进口试点范围扩大至所有自贸试验区、跨境电商综合试验区、综合保税区、进口贸易促进创新示范区、保税物流中心（B 型）所在城市（及区域）

（三）我国跨境电子商务的发展趋势

1. 继续在对外贸易中占据重要地位

随着我国进入数字经济发展时代，现代智能物流体系的优化升级、线上支付环境和生态系统的创新完善以及国家政策的大力支持，跨境电商将进一步快速发展。因此，跨境电商在可见的未来将在我国进出口贸易中扮演越来越重要的角色。

2. B2C 模式将获得迅速发展

从我国跨境电商交易模式来看，进出口 B2B 交易因具有交易量大、订单较为稳定的特点，占据约八成的交易规模，成为我国跨境电商交易的主流模式。但是，随着跨境贸易主体越来越小，跨境交易订单向小额化、碎片化发展，我国跨境电商零售出口税收、零售进口监管政策实施后，B2C 模式近年来受到了行业重视和持续投入，以每年 2% ～ 3% 的速度扩张，增长势头明显。

3. 跨境电商进口业务比重将提升

我国跨境电商贸易中，目前出口业务仍占主导。近年来，一个明显的趋势是随着国内市场，特别是零售市场对海外高品质商品需求的不断增长，跨境电商贸易中的进口规模在持续扩大，跨境电商的进出口业务结构正逐步发生改变。

4. “DTC 品牌出海 + 独立站”的模式潜力巨大

随着中国居民收入水平的提高和消费水平的提升，消费者对跨境电商产品关注的重点也不再是过去的国际价格差价，而是产品品质和品牌。在工业 4.0 时代，物联网、智能化等新技术使得制造业向智能化转型，供给端生产由需求端决定，国民的消费升级使得跨境电商的发展转向精细化和垂直化，以满足消费者的个性化需求。因此，部分品类的龙头品牌通过 DTC（Direct To Consumer）营销，借助自己独立的销售渠道（独立站）已经在消费者心中建立了品牌影响力。跨境电商市场的竞争重点从过去的山寨、无品牌的产品转变为品牌竞争。小而美的品牌将会在跨境电商竞争中拥有重要的位置。

第二节 跨境电子商务模式分类及主流平台

案例 9-2

外贸快车：通过建立独立站助力中小企业品牌出海

2020年，新冠疫情导致了全球电商市场的快速发展，由于独立站的建站低成本、上手快，同时迫于电商平台的规则、薄利润等因素限制，独立站成为部分跨境卖家挖掘新增长的首选。Shopify、店匠等独立站服务商主要面向C端卖家，而对于很多传统外贸企业来说转型B2C是颠覆性的，需涉及产业链、业务门类、售后服务、产品改造转型等各个方面。中小企业很难在平台规则的竞争中与大企业分一杯羹，它们更有构建属于自己的品牌独立站的需求。

思亿欧网络科技有限公司成立于2004年，一直致力于为中国各类企业提供互联网技术应用、产品和服务，累计服务企业超过10万家。旗下的核心产品"外贸快车"，就如同B2B界的"Shopify"，帮助中国中小外贸企业搭建多语种营销型独立站，实现互联网品牌国际化和全球市场开发。

杭州丝绸自马可波罗时代就久负盛名，扬名海内外。如今，全国丝绸产地已超过几百处，如何让世界各国再一次认识杭州本土丝绸品牌的魅力？这是杭州华粹元丝绸有限公司2014年找到思亿欧"外贸快车"的主要原因。该公司要求"外贸快车"帮助它们解决这样的问题，即客户在搜索引擎里搜索"丝绸围巾"，就能找到该公司的官网，由此在询盘之前客户就能对其产品品质、品牌理念等有所了解，以便大大提高询盘转化率，从而实现客户从"丝绸围巾"到"杭州华粹元品牌丝绸围巾"认知的转变。

杭州华粹元丝绸有限公司入驻"外贸快车"平台后，可以通过优化关键词的搜索排名，帮助其品牌独立站获得更高的曝光度；还可以通过"外贸快车"后台关键词挖掘工具，深入了解全球用户对丝绸产品的全方位搜索行为。在前端，"外贸快车"SAAS平台帮助建立了杭州华粹元丝绸有限公司英文品牌独立站，同时一键就能生成48种小语种，非英语国家的客户也能搜索到其独立站，抢占了小语种的蓝海市场，通过小语种网站发起询盘的客户占到总量的50%以上。在后端，平台对其进行SEO[⊖]全方位技术优化，包括网页标题、描述、内容及关键词密度优化、网站结构优化、图片优化、网站权重提升等，使得杭州华粹元丝绸有限公司品牌独立站内容能全面覆盖全球丝绸用户所有搜索行为。又因为网站各项指标均符合Google、Bing、DuckDuckGo等各大搜索引擎自然排名规则，当全球用户有丝绸类产品需求而进行搜索行为的时候，直接就会点击进入杭州华粹元丝绸有限公司品牌独立站，从而该公司获得了全球极大的品牌曝光度。现在，当用户在搜索引擎中搜索Silk Headcloth（丝绸头巾），Silk Scarf Factory（丝绸围巾工厂），Silk Scarf Supplier（丝绸围巾供应商）等1 861个关键词，都能在Google首页前10名看到杭州华粹元丝绸有限公司的丝绸品牌。

⊖ SEO(Search Engine Optimization) 搜索引擎优化。

以杭州华粹元丝绸有限公司品牌独立站内容为基础，“外贸快车”不仅帮助其从各大搜索引擎获得引流，还帮助其在全球各大社交媒体曝光，并再次引流到杭州华粹元丝绸有限公司品牌独立站进行转化。“外贸快车”通过一键发布内容和产品一键分享到全球数十个社交平台，轻松实现 SNS 营销。

现在，这家杭州丝绸公司通过“外贸快车”平台得到了全球 20 万次品牌曝光，一对一精准询盘邮件达到 1 000 余封，询盘转化率达到 50% 左右，订单利润率显著提高。“外贸快车”询盘客户成交额也在逐年增加，杭州本土的丝绸品牌成功走出了一条品牌出海之路。

资料来源：根据微信公众号“中国跨境电商综合试验区”中“从外贸企业到 B2B 独立站还有多远？坐上这辆快车直达品牌出海！”案例改编。

案例分析

1. 一般情况下中小企业都会通过第三方跨境电商平台开展业务，请结合案例分析“外贸快车”的优势。
2. 结合案例说明跨境电子商务独立站是如何帮助杭州华粹元丝绸有限公司品牌出海的？

一、跨境电子商务模式分类

跨境电子商务业务涉及多种模式，其分类标准包括交易主体、进出口方向、行业范围、服务类型、业务形态和运营方式等。

（一）按交易主体分类

1. B2B 模式

B2B 模式是分属不同关境的企业之间，通过跨境电商平台进行产品、服务及信息的交换，达成交易的一种国际商业模式。代表企业有阿里巴巴国际站、敦煌网、环球资源网、中国制造网等。

2. B2C 模式

B2C 模式是分属不同关境的企业对终端个人消费者，以网上零售的方式销售产品和服务的一种国际商业模式。代表企业有亚马逊、速卖通、Wish、兰亭集势等。

3. C2C 模式

C2C 模式是位于不同关境的个人卖方对个人买方，开展在线产品和服务的销售，交易达成后通过跨境物流送达商品、完成交易的一种国际商业模式。

（二）按进出口方向分类

1. 进口跨境电商

进口跨境电商是将国外商品通过电子商务渠道销售到国内市场的一种国际商业模式。代表企业有天猫国际、洋码头、京东国际、小红书等。

2. 出口跨境电商

出口跨境电商是将境内生产或加工的商品通过电子商务渠道销售到国外市场的一种国际商业模式。代表企业有速卖通、Wish、阿里巴巴国际站、敦煌网、亚马逊海外购等。

（三）按涉及的行业范围分类

1. 垂直型跨境电商

垂直型跨境电商是指在某一行业或细分市场深入运营的跨境电子商务模式，包括品类垂直型跨境电商和地域垂直型跨境电商。品类垂直型跨境电商是指专注于某类产品的跨境电子商务模式，代表企业有蜜芽、小红书等；而地域垂直型跨境电商则是专注于某一地域的跨境电子商务模式，代表企业有俄顺通、日贸通等。

2. 综合型跨境电商

综合型跨境电商是与垂直型跨境电商相对的概念，是指不专注于某一特定领域或需求，而是涉及多种行业，展示和销售各类商品和服务的跨境电子商务模式，如速卖通、敦煌网、亚马逊、eBay、Wish 等。

（四）按服务类型分类

1. 信息服务平台

信息服务平台是为境内外供应商及采购商提供信息服务，促成双方交易的平台。信息服务模式是 B2B 跨境电商的主流模式，如阿里巴巴国际站、中国制造网、环球资源网等。

2. 在线交易平台

在线交易平台是通过产品、服务等多方面信息的展示，境外卖家就可以在线上完成搜索、咨询、下单、支付、物流、评价等全购物环节的平台。在线交易模式是零售跨境电商 B2C 和 C2C 的主流模式，如速卖通、敦煌网、亚马逊、eBay 等。

3. 综合服务平台

综合服务平台是为企业从事跨境贸易提供“一站式”服务，帮助企业高效便捷地完成进出口流通环节，并为其提供定制化的跨境电子商务解决方案的平台。代表企业有阿里巴巴一达通、四海商舟、锐意企创等。

（五）按业务形态分类

1. 跨境直营模式

跨境直营是由海外品牌商直接供货，跨境电商企业通过直营平台以零售形式直接销货给消费者的一种商业模式。代表企业有天猫国际、苏宁国际、洋码头、跨境通等。

2. 海外代购模式

海外代购模式是身处海外的人或商户为有需求的国内消费者在当地采购商品，然后通过跨境物流将商品送到国内消费者手中的一种商业模式。

3. 导购返利模式

导购返利模式是平台将自己的页面与海外 B2C 电商的商品销售页面进行对接，产生商品销售后，B2C 电商给导购平台 5% ～ 15% 的返点，导购平台再将所获返点的一部分作为返利回馈给消费者的一种商业模式。它是海淘 B2C 模式 + 代购 C2C 模式的综合体。代表企业有 55 海淘、极客海淘网、悠悠海淘等。

4. 海外闪购模式

海外闪购模式是跨境 B2C 电子零售商以限时特卖的形式，限时定期推出国际知名品牌的商品，进行特价销售的商业营销模式。例如聚美极速免税店、唯品会海外直发专场、天猫国际环球闪购等。

（六）按运营方式分类

1. 第三方跨境电商平台

第三方跨境电商平台是通过线上搭建商城，整合运营、支付、物流等服务资源，吸引商家入驻，为其提供跨境电商交易服务的平台，其主要盈利模式为收取商家佣金及增值服务佣金。代表企业有速卖通、阿里巴巴国际站、亚马逊、Wish、eBay 等。

2. 自营型跨境电商平台

自营型跨境电商平台是通过线上搭建平台，平台方自己整合供应商资源，低价进货，并通过自己平台高价售出，赚取商品差价的平台。代表企业有兰亭集势、大龙网、米兰网、FocalPrice 等。

3. 跨境电商独立站

跨境电商独立站是商家通过建站系统或自己搭建面向国外用户的具有销售功能的官方网站。现有的跨境电商独立站多为品牌独立站模式，旨在把自有产品打造为品牌运营，利用搜索引擎、海外社交媒体、博客等推广渠道进行引流，建立长期的客户群体。代表企业有 Anker、SHEIN、Dyson 等。

二、跨境电子商务主流平台

（一）全球速卖通

全球速卖通（AliExpress）是阿里巴巴旗下面向全球市场打造的在线交易平台，被广大卖家称为“国际版淘宝”。它是我国最大的国际 B2C 交易平台，也是全球第三大英文在线购物平台。全球速卖通面向海外买家，通过支付宝国际账户进行担保交易，并使用国际快递发货。从 2010 年 4 月上线开始，经过十多年飞速发展，全球速卖通已拥有 30 多个一级行业类目，业务遍及全球 220 多个国家和地区，其中交易额最高的国家分别为美国、俄罗斯、西班牙、法国和英国。该平台的盈利模式为对卖家收取技术服务费、交易服务费及广告营销服务费。

全球速卖通平台的优势表现在门槛低，能满足众多小企业出口的需要；为消费者提供丰富的产品品类选择；交易流程及操作模式简单，如同国内的淘宝平台；平台上的商品具有较强的价格竞争优势。

全球速卖通平台的不足之处是产品质量难以保证，物流、售后及退换货等客户体验一般。因此，最初的欧美目标市场因服务要求较高占比逐渐下降，而新兴国家占比上升。

（二）亚马逊

亚马逊（Amazon）由杰夫·贝佐斯（Jeff Bezos）创立于 1994 年，位于华盛顿州的西雅图，是美国最大的一家网络电子商务公司，也是较早开始从事跨境电子商务的 B2C 平台。公司起初只经营网络书籍销售业务，之后不断扩充平台品类，现已成为全球商品品种最多的网上零售商和全球第二大互联网企业。亚马逊在全球共有 18 个站点，拥有跨越全球的 123 个运营中心构成的物流仓储体系，将商品配送至全球 185 个国家和地区。其盈利模式为收取平台月费和交易佣金，选择亚马逊物流的卖家加收物流费和仓储费。

亚马逊的优势表现在品类丰富；品牌认同度高，商品品质较好；用户流量大；重视客户反馈；自建物流（Fullfillment by Amazon，FBA），物流体验较好；全球站点多，适合走精细化路线。

亚马逊平台的不足之处是卖家准入门槛较高，开店风险较大；若不选用亚马逊物流，物流体验无法保证。

（三）eBay

易贝（eBay）创立于 1995 年 ，总部位于美国加利福尼亚州圣荷塞，是全球最大的民众可以上网买卖物品的线上拍卖及购物 C2C 平台。作为全球电子商务与支付行业的领先者，eBay 在全球拥有 2 亿左右活跃用户，遍及全球 190 多个国家和地区，超过 70% 的流量来自美国，其次是中国、加拿大、俄罗斯和英国。其盈利模式主要为刊登物品时，向卖家收取刊登费；物品售出后，向卖家收取小额比例成交费；使用物品添加特殊功能和买家工具时，向卖家收取相应的功能费；向开店卖家收取相应的店铺月租费，根据所选店铺级别不同，其月租费也不同。

eBay 的优势是平台品类丰富；买家多；PayPal 支付系统强大，支持 26 种货币交易；平台入驻门槛低；排名相对公平，有专业客服支持；新卖家可以靠拍卖曝光。

eBay 的不足之处是平台上产品品牌相对较杂，平台对产品掌控能力较弱；平台对买家保护政策强势，遇到买卖双方争议时，多半倾向买家，对卖家略显不公。

（四）Wish

Wish 创建于 2011 年美国硅谷，是基于移动端 App，针对优先考虑购买低价产品的消费群体而开发的跨境电商平台，有人将其称之为“美版拼多多”。目前，它是全球第六大电子商务公司，资金交易规模超过 10 亿美元。Wish 的 App 是 iPhone 和 Android 手机下载量最大的购物应用之一，主要靠物美价廉吸引客户，在美国市场有非常高的人气，核心品类包括服装、珠宝、手机、礼品等，大部分都是从中国发货。Wish 平台 97% 的订单量来自移动端，App 日均下载量稳定在 10 万，峰值时冲到 20 万。其盈利模式主要为交易成功后，卖家向平台支付交易佣金；在使用 PayPal 收款方式时，卖家还需为每笔款项支付一定的收续费。

Wish 的优势是买家通过移动端进行购物，更加方便快捷；平台注重产品展示与个性化推荐，极大增强了用户的黏性。但是，该平台偏向于买家，只要消费者反映产品有瑕疵，提出退款，平台基本都通过，无法保证卖家的利益。

（五）兰亭集势

兰亭集势是我国的以技术驱动、大数据为贯穿点，整合供应链生态圈服务的外贸 B2C 网站。在 2007 年成立之初，兰亭集势主要销售的产品是婚纱礼服，之后销售的产品品类不断拓展。目前，销售的产品涵盖服装、玩具、饰品、电子产品、家居用品等 14 大类，注册客户数达千万，累计发货目的地国家多达 200 个，遍布北美洲、欧洲、中东、南美洲和东南亚。其盈利模式为以自营产品的进销差价获取盈利；平台收取商家销售额的一定比例作为分成，不对商家收取年费。

兰亭集势的优势是采取直营模式，供应链管理能力较强；具有领先精准的网络营销技术，针对婚纱和礼服类产品，可为消费者提供个性化定制；推出完整的本地化措施，售后体验较好。

平台劣势是流量成本较高，运营成本较高，核心品类不够突出。

（六）敦煌网

敦煌网创立于 2004 年，是我国首个聚集国内供应商产品，为国外众多中小采购商提供采购服务的 B2B 网上批发交易平台，也是在美国中小零售商在线一站式贸易中拥有最大市场的平台。该平台专注小额 B2B 赛道，在行业内率先推出 App 应用，整合海关、商检、物流、支付、金融等领域生态圈合作伙伴，打造出集相关服务于一体的全平台、线上外贸闭环模式，在帮助国内中小企业直连国际市场的同时，也帮助海外中小零售商获得质优价廉的货源，实现对供应端和采购端的双向赋能，让“买全球，卖全球”成为现实。目前，敦煌网已经拥有 220 万以上的累计注册供应商，在线产品数量超过 2 300 万，累计注册买家超过 2 800 万，覆盖全球 222 个国家及地区，拥有 50 多个国家的清关能力，200 多条物流线路以及 17 个海外仓。敦煌网的盈利模式采取佣金制，免注册费，只有买卖双方交易成交后才收取费用。

敦煌网的优势是以交易服务为核心；创新推出买家按交易金额付费的动态佣金模式；卖家在平台上传产品免费；平台会帮助消费者和供应商商谈价格折扣。平台的不足之处是入驻的大型企业数量较少。

第三节　跨境电子商务支付

案例 9-3

Buna：阿拉伯首个跨境支付系统正式上线

在跨境电商圈子里很多人一提到中东电商付款，第一反应就是 Cash On Delivery（COD，货到付款）。因为整个中东，除了阿联酋拥有不错的物流基础以及消费者对线上商家有足够的信心外，其他国家的消费者相对来说都十分保守。比如沙特阿拉伯，其 COD 市场平均水平在 90% 左右。中东消费者选择货到付款，一是因为消费者对于某些电子商务网站没有信任度，担心订单无法按时交付，同时购物观念保守，看不见摸不着商品，心里没谱。二是由于当地缺乏技术性人才，区域内的金融科技公司仍处于发展阶段，因此商家没法提供多元化的支付方式，消费者缺乏对数字支付解决方案的认识。三是当地信用卡持有率较低，银行账户普及率不够，仍多以储蓄卡为主。这就将跨境购物最重要的付款环节卡住了，因为如果大批量使用 COD 进行付款，对于平台现金流是不利的，拒收率也容易居高不下。

建立在重重困难的刚需基础之上，Buna 作为一个以多种货币进行结算的跨境支付交易平台上线了，与 120 多个银行建立业务网络。就如同 Buna 官网上所说的："我们的视野是跨阿拉伯世界及其他地区的选择支付平台，我们的任务是为阿拉伯经济体提供促进区域一体化的支付解决方案。"

Buna 在 2020 年 2 月首次启用了技术平台，通过层层测试，成功完成了阿联酋 Mashreq 银行和埃及 Banque Misr 银行间通过阿联酋迪拉姆进行的第一笔实时付款。继迪拉姆和埃及镑之后，沙特阿拉伯里亚尔成为了 Buna 结算的第三种货币，沙特阿拉伯国家商业银行（NCB）已被指定为沙特阿拉伯货币的结算银行。根据与 Buna 签订的协议条款，NCB 已被授予权利，并已完成所有必需的技术测试和集成过程，以通过 Buna 的平台在沙特阿拉伯提供交易服务。

未来 Buna 会接入越来越多的币种作为结算货币，这是阿拉伯世界跨境支付的一大进步。Buna 为阿拉伯支付行业带来的长期价值不仅限于多样化和灵活的支付系统，还包括探索该地区对多币种和集中化平台的需求情况，可以在安全透明的环境中提供符合国际标准的现代支付解决方案。

中东跨境支付在近年来飞速增长，巴林经济发展委员会的一份报告称，该国的支付平台 Benef itPay 上的交易在 2020 年猛增了 367%。沙特阿拉伯金融管理局（SAMA）2020 年 9 月表示，电子交易占沙特阿拉伯所有金融交易的 37%。从全球来看，这同样也是一个新兴板块，在 2020 年至 2024 年期间，全球支付市场将以 13.4％的复合年增长率（CAGR）增长，到 2024 年将达到 8.17 万亿美元。

资料来源：根据雨果网资讯改编。

案例分析

1. 跨境支付对开展跨境电子商务业务有何影响？

2. 试分析 Buna 进入市场给阿拉伯跨境支付行业带来的价值。

一、跨境电商支付概述

（一）跨境支付的定义

跨境支付（Cross-border Payment）是指两个或两个以上国家（或地区）之间因国际贸易、国际投资及其他方面产生的国际债权债务，借助一定的结算工具和支付系统实现资金跨国（或跨地区）转移的行为。

与境内支付不同的是，跨境支付的付款方与收款方使用的币种可能不一致，这就涉及外币兑换及外汇管制政策问题。

（二）跨境支付业务

跨境支付业务按照资金流向可以分为进口支付业务和出口支付业务。

1. 进口支付业务

进口支付业务表现为境外收单业务。跨境支付公司通过与境外银行、第三方支付公司合作，利用国际信用卡组织建立的清算网络，帮助境内企业实现境外资金分发，在境内扮演收单服务商的角色。

2. 出口支付业务

出口支付业务表现为外卡收单业务。跨境支付公司与境内第三方支付公司合作，建立分发渠道，帮助境外买家和支付机构完成资金的入境及境内分发。

（三）跨境支付的主要渠道

1. 商业银行

通过商业银行进行跨境支付主要表现为银行间国际结算汇款，是指通过电汇、信汇和票汇等传统国际结算工具进行汇款。它是传统 B2B 贸易中常用的跨境支付渠道，具有收款较快、手续费较高的特点。

2. 专业汇款公司

专业汇款公司通常与银行、邮局等机构建立深入的合作机制，借助这些机构分布广泛的代理点，迅速扩大地域覆盖面。以西联汇款为代表的专业汇款公司所提供的小额汇款业务为例，它主要以个人客户为主，具有汇款流程简便、到账时间快的特点。为了保证商家利益，专业汇款公司一般采用先付款后发货模式，但由于交易安全性不够，交易规模难以快速增长。

3. 第三方跨境支付平台

第三方跨境支付平台是指第三方支付机构为跨境电子商务、境外线下商务的交易双方提供跨境互联网支付或移动支付服务的平台，包含外汇资金集中收付及相关结算等业务，适用于金额小、数量多的跨境电商交易。近年来，第三方跨境支付平台因其具有支付流程简单、汇款到账速度快、安全性高、交易成本低等特点，被越来越多的跨境支付用户所青睐。常用的第三方支付平台有 PayPal、国际支付宝、财付通、快钱等。

跨境支付主要渠道的特点、痛点及应用场景对比如表 9-2 所示。

表 9-2 跨境支付渠道对比

跨境支付渠道	特点	痛点	主要应用场景
商业银行（电汇）	(1)交易安全性高 (2)手续费有上限	(1)对于小额汇款手续费过高 (2)汇款到账需 3 ～ 5 天 (3)支付流程烦琐	跨境银行间往来的 B2B 大额交易，传统进出口贸易
专业汇款公司	(1)线下网点遍布全球 (2)分档付费	(1)交易成本大，包括电报费、手续费、中转费 (2)汇款币种有限 (3)金额上限 1 万美元	中小规模交易
第三方跨境支付平台	(1)第三方跨境支付平台最晚进入市场、需拥有支付牌照和支付许可证 (2)支付流程简单 (3)汇款到账速度快 (4)安全性高 (5)交易成本低	(1)市场准入机制仍不完善 (2)市场监管力度仍不到位 (3)资金非法沉淀风险 (4)信息泄露风险	小额高频交易、B2C 跨境电子商务

二、跨境电商主流支付方式

(一) 西联汇款

西联汇款是西联国际汇款公司（Western Union）的简称，是世界上领先的特快汇款公司，迄今已有 170 多年的历史。它拥有全球最大、最先进的电子汇兑金融网络，代理网点遍布全球近 200 个国家和地区，拥有超过 50 万个合作网点。西联汇款业务于 21 世纪 90 年代进入中国市场。目前，西联汇款在中国的合作网点超过 28 000 个，服务覆盖全国。西联汇款支付方式的特点见表 9-3。

表 9-3 西联汇款支付方式的特点

项目	内容
费用	• 买家承担手续费 • 在卖家未领取钱款时，买家可以将支付的资金撤回
优点	• 卖家可先收款再发货，安全性好 • 到账速度快
缺点	• 对买家来说风险较高，不易被买家接受 • 买卖双方需要去西联汇款线下柜台操作，相对麻烦 • 手续费较高
适用范围	1 万美元以下的小额支付

(二) PayPal

PayPal 创建于 1998 年，是 eBay 旗下的全资子公司，总部位于美国加利福尼亚州圣何塞市。PayPal 允许在使用电子邮件标识身份的用户之间转移资金，避免了传统的汇款或邮寄支票。作为全球大型在线支付公司，PayPal 是在线支付行业标准的制定者，在第三方支付机构中占有重要地位，并在全球支付市场拥有很高的知名度和品牌影响力。在中国，越来越多的个人海淘用户和跨境 B2C 出口企业选择使用 PayPal。PayPal 支付方式的特点详见表 9-4。

表 9-4　PayPal 支付方式的特点

<table>
<tr><th>项目</th><th colspan="2">内容</th></tr>
<tr><td>费用</td><td colspan="2">• 费率为 2.9% ～ 3.9%
• 无开户费及使用费
• 每笔收取 0.3 美元银行系统占用费
• 提现每笔收取 35 美元
• 如果跨境每笔收取 0.5% 的跨境服务费</td></tr>
<tr><td rowspan="2">优点</td><td>对买家</td><td>• 付款时无需向商家提供任何敏感金融信息，享有 PayPal 买家保护政策
• 集多种支付途径为一体，不需任何服务费，两分钟即可完成账户注册，具备多国语言操作界面
• 支付包括国际信用卡在内的多种付款方式，数万网站支持 PayPal，一个账户买遍全球</td></tr>
<tr><td>对卖家</td><td>• 实现网上自动化支付清算，可有效提高运营效率，拥有多种功能强大的商家工具
• 拥有成熟的风险控制体系，内置有防欺诈模式，保护个人财务资料不被披露
• 只有产生交易才需付费，没有任何开户费及年费</td></tr>
<tr><td>缺点</td><td colspan="2">• 偏向保护买家利益，买卖双方权利不平衡
• 电汇费用，每笔交易除手续费外，还需支付交易处理费
• 如一笔交易存在争议，卖家账户容易被冻结</td></tr>
<tr><td>适用范围</td><td colspan="2">跨境电商零售行业，尤其是几十到几百美元的小额交易</td></tr>
</table>

(三) 国际信用卡支付

信用卡消费是当今国际流行的一种消费方式，尤其是在欧美发达国家，信用卡的使用频率非常高。在我国，伴随着人民币国际化和“一带一路”建设的深入推进，中国企业和个人“走出去”步伐加快，也为信用卡跨境支付业务发展提供了政策红利。因此，在跨境支付中，国际信用卡支付也成为较为常见的一种支付方式。国际信用卡支付通常是指国际信用卡在线支付，具体表现为跨境电商企业可以通过与国际信用卡组织合作，或直接与海外银行合作，开通接收境外银行信用卡支付的端口进行跨境支付。目前，国际六大信用卡品牌分别为中国银联（China UnionPay)、维萨（VISA)、万事达（Mastercard)、运通（American Express)、日本 JCB(Japan Credit Bureau) 和大来（Diners Club)。国际信用卡支付方式的特点详见表 9-5。

表 9-5 国际信用卡支付方式的特点

项目	内容
费用	需要年费和服务费用
优点	• 客户群大，欧美地区使用率很高 • 不会冻结账户，注重买卖双方的利益 • 买家付款过程简便
缺点	• 接入方式麻烦 • 需预存保证金、收费高昂、付款额度偏小 • “黑卡”危害蔓延，存在拒付风险
适用范围	一般用于 1 000 美元以下的小额支付，比较适合于跨境电商零售平台和独立 B2C 网站

（四）Secure Payment

Secure Payment（原 Escrow）相当于国际支付宝服务，是阿里巴巴国际站针对国际贸易，联合第三方支付平台 Alipay 提供的在线交易资金支付安全保障服务，帮助解决买卖双方交易中的资金纠纷问题。Secure Payment 的服务模式类似于国内支付宝。买家在阿里巴巴国际站下单后通过第三方担保平台 Secure Payment 账户付款；买家付款后，平台通知卖家发货；买家确认收货后，平台放款给卖家。Secure Payment 支付方式的特点详见表 9-6。

表 9-6 Secure Payment 支付方式的特点

项目	内容
费用	• 开通 Secure Payment 服务不需要支付额外费用 • 使用过程中会产生 5% 的交易手续费和提现手续费（美元提现每次 15 美元，银行收取；人民币提现无手续费）
优点	• 交易快速 • 支持信用卡、西联汇款、银行汇款多种支付方式，方便买家支付 • 收款安全
缺点	暂不能像国内支付宝一样直接付款或收款
适用范围	• 产品通过 EMS、UPS、DHL、TNT、FedEx、顺丰和邮政航空包裹七种国际运输方式发货 • 单笔订单金额小于 10 000 美元（产品总价加上运费的总额）的交易

（五）Qiwi Wallet

Qiwi Wallet 是俄罗斯领先的支付服务提供商，它运营着俄罗斯最大规模的自助购物终端设备，并提供在线支付和手机支付服务。其服务类似于中国的支付宝，是俄罗斯最大的第三方支付工具。目前，Qiwi 的业务涉及欧洲、亚洲、非洲和美洲的 22 个国家。2012 年阿里巴巴与 Qiwi 签署战略合作协议后，俄罗斯用户可以用过 Qiwi Wallet 在阿里巴巴平台上购买中国商品。Qiwi Wallet 支付方式的特点详见表 9-7。

表 9-7 Qiwi Wallet 支付方式的特点

项目	内容
费用	初始收款手续费率一般在 4% 左右
优点	• 拥有较完善的风险保障机制 • 支持美元、卢布、欧元、哈萨克斯坦坚戈四种货币的付款

（续）

项目	内容
缺点	• 初始收款手续费率稍高 • 收款金额有限
适用范围	单笔交易额不超过 15 000 俄罗斯卢布，每日交易额不能超过 2 万美元

（六）CashU

CashU 是中东和北非最流行的电子支付方式（不含信用卡），主要用于在线购物、游戏支付、电信、IT 服务和外汇交易等方面。CashU 可以接受来自超过 28 个国家的付款，但始终以美元显示账户金额。CashU 是一个拥有最新的防欺诈和反洗钱系统的支付平台，不仅为买家和卖家避免了相关的风险，也让在线支付变得更便捷、安全。CashU 支付方式的特点详见表 9-8。

表 9-8　CashU 支付方式的特点

项目	内容
费用	• 年费 1 美元 • 不同国家或地区的汇兑手续费为 5% ～ 7%
优点	• 实时交易 • 不能拒付 • 无保证金或循环保证金要求，减轻了商家的资金周转压力
缺点	交易费用较高，对商家收取的费用为 6% ～ 7%
适用范围	有中东客户的电商及游戏公司

第四节　跨境电子商务物流

案例 9-4

菜鸟跨境物流全球化之路

“菜鸟”是由阿里巴巴集团联合“四通一达”等快递公司成立的一家专注于物流骨干网络服务的互联网科技公司。经过多年发展，菜鸟建立了以协同共赢、数据技术赋能为核心的平台，将更多的合作伙伴纳入其中。截至目前，菜鸟的跨境物流合作伙伴数量已经有 89 家，其物流覆盖能力可至全球 224 个国家和地区，跨境仓库数量达到 231 个，搭建起了一张具有全球配送能力的跨境物流骨干网络。

菜鸟建立全球数字化跨境物流网络

2020 年 12 月，天猫国际联合菜鸟正式开通中欧首条跨境直邮“香水航线”。“双旦”期间，欧洲的香水每日直发国内。中欧香水航线的开通不仅丰富了以往进口香水主要依靠海运的单一模式，还为越来越受欢迎的“小众香水”入华提供了更便捷的跨境物流方案。

天猫国际联合菜鸟打造奢侈品跨境供应链，在全球拥有仓储数超 231 个。为了更好地服务全球的消费者和商家，菜鸟还将物流网络延伸至全球 224 个国家和地区，并使用智能系统预测消费需求、调度物流资源，构建全球直采、直发供应链体系，让全球奢侈品从15～30天送达提速到最快72小时送达，真正搭建起一张具有全球配送能力的跨境物流骨干网。

目前，菜鸟每天的跨境包裹运输量，已经超过美国联邦快递和德国DHL，逼近了全球最大的快递公司UPS的跨境包裹规模。菜鸟建立跨境物流的思路是搭建基础设施平台，将物流行业的数据标准进行统一，通过菜鸟的数据技术为快递公司降本提效。数据层面外，菜鸟还在线下建立了国内最大的"境内+境外+跨境"的供应链仓配网络。在菜鸟这张全球物流网络上，包括"通达系"在内的全球3 000多家快递物流公司，与阿里巴巴经济体上数以百万计的商家和近10亿的消费者连接在一起。

菜鸟网络的常态化包机专线

2020年底，由阿里巴巴国际站联合菜鸟网络等生态伙伴推出中美包机无忧专线，每周2至3班，为外贸商家带来低成本、有保障的出货体验。同时，还推出了多条专线服务，包括东南亚专线和中欧卡航专线，帮助商家出货全球。

菜鸟一站式"无忧物流"服务

受益于菜鸟国际网络的建设，菜鸟目前可提供无忧保税和无忧直邮服务，为淘系平台商家提供了多样化的物流服务选择。以天猫国际为例，国际物流可选择进口保税、海外直邮、进口现货三类，商家可根据自己的需求自主选择。

无忧保税服务可为天猫国际、全球购等淘系进口商家提供跨境进口电商一站式服务。无忧保税服务包括海关备案、保税仓储、入境清关、国内配送等，到货时间缩减、客户体验提升。

无忧直邮服务是为天猫国际、全球购等淘系商家提供的零散商品邮寄服务。商家在海外将货物送至菜鸟海外集货仓（集货模式）或海外备货仓（GFC模式）后，菜鸟统一以集货的方式进境清关，并完成国内配送。

为了提升速卖通商家物流体验，降低物流不可控因素，菜鸟网络和速卖通还共同推出线上发货升级版——无忧物流。无忧物流提供包括揽收、配送、物流跟踪、物流赔付等一站式物流解决方案。优势包括渠道稳定、时效快、运费低、平台操作简便、平台负责售后服务、平台负责赔付等。

因新冠疫情的影响，跨境电商物流进入高速发展阶段。近几年，菜鸟在全球建设关键性的物流枢纽，打造多功能的配送网络，并通过数字技术智能化的优化物流链路，确保了物流的高效和稳定，让"72小时"送达逐渐成为现实。菜鸟网络的常态化包机与一站式"无忧物流"不断为全球化布局提速，保证了整个运营网络的稳定性，并不断优化和解决各种跨境物流渠道问题。

资料来源：根据公众号跨境电商物流百晓生资讯改编。

案例分析

1. 菜鸟采用了哪些跨境电商物流模式？
2. 菜鸟是如何搭建自己的全球数字化跨境物流网络的？

一、跨境电子商务物流的概念

跨境电子商务物流作为全球供应链的一部分，是为满足不同关境的客户需求，采用现代物流技术，利用国际化的物流网络，选择最佳的方式与路径，以最低费用和最小风险，实现商品、服务及相关信息从供应方向需求方跨境流动及储存而进行的规划、实施与控制过程。

二、跨境电子商务物流的特征

跨境电商物流除了有与国内电商物流相同的一些特征外，还具有以下特征。

（一）物流环节多

由于跨境电子商务的交易双方位于不同国家，商品需要从出口国通过跨境物流方式实现空间位移，在进口国内实现物流配送，最后交到消费者手中。因此，跨境电商物流涉及出口方国内物流、出口国海关、国际物流、进口国海关和进口方国内物流与配送，物流环节多，操作烦琐。跨境电商物流流程见图 9-5。

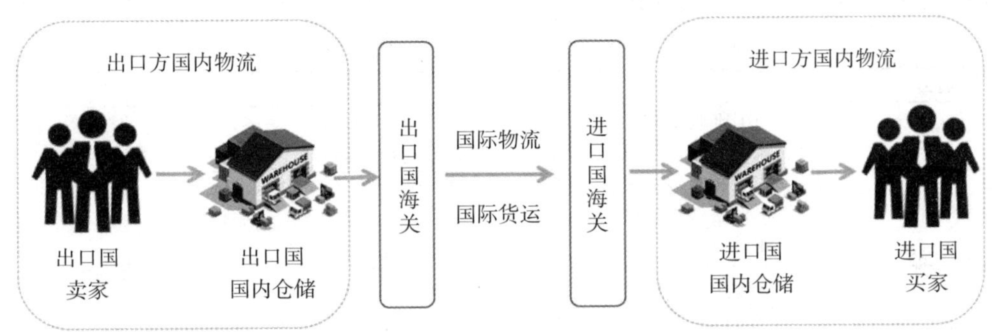

图 9-5　跨境电商物流流程

（二）物流时间长

由于国际贸易使得跨境物流产业链和环节更长，再加上通关和商检的周期，导致跨境电商物流花费的时间远远多于国内电商物流时间。

（三）物流成本高

由于与国内物流相比，跨境电商物流的距离更远、运输时间更长，再加上各国之间的政策也会相应地增加税赋，因而跨境电商物流成本比国内电商物流更高。

（四）物流风险大

跨境电商物流涉及跨国贸易，会受到进口国当地政治、文化、法律、政策等因素的影响，从而加大了跨境物流的风险。

三、跨境电子商务物流的模式

在跨境电子商务业务中，卖家除了要把货物顺利运送到境外买家手中外，还需要考虑如何优化物流成本和服务质量，改善客户物流体验。因此，做跨境电商就要了解各种跨境电商物流模式的特点，并能根据实际情况选择最合适的跨境物流。

（一）国际邮政包裹模式

国际邮政包裹是指以全球邮政体系为载体，完成商品跨境转移的物流模式，多采用个人邮包形式发货，包括邮政大包和小包。得益于万国邮政联盟（UPU）和卡哈拉邮政组织（KPG），邮政网络基本覆盖全球，比其他任何物流渠道都要广，是一种比较成熟的跨境电商物流模式。

目前，中国跨境物流包裹有超过 70% 是通过邮政系统运送的，其中邮政小包因其时效快、价格低成为中国跨境电商物流最主要的模式，也是海淘和海外代购最常用的跨境物流模式。中国邮政小包（China Post Air Mail）即中国邮政航空小包，又称“航空小包”“中邮小包”“空邮小包”，是指单件包裹重量小于 2 千克（寄往阿富汗的包裹限重 1 千克），外包装长宽高之和不超过 90 厘米，最长边不超过 60 厘米，通过邮政空邮服务寄往国外的小包裹类型与特点见表 9-9。

表 9-9 中国邮政小包的类型、费用和优缺点

项目	内容
类型	• 中国邮政平常小包（平邮）：只能通过单据条码用电话查询邮包的实时状态 • 挂号小包：可以利用跟踪条码查询邮包在大部分目的国的实时状态
费用	挂号小包需要支付挂号费，平邮无须支付挂号费 • 平邮运费 = 标准运费 × 实际重量 × 折扣 • 挂号运费 = 标准运费 × 实际重量 × 折扣 + 挂号费
优点	• 费用相对较低 • 网络覆盖范围广，基本覆盖全球 • 在海关享有“绿色通道”特权，因此清关能力很强 • 包裹基本属于“民用包裹”，可邮寄的物品类型较多
缺点	• 限重较低，包裹如果超过限重就需将其分成多个包裹邮寄 • 物流时效较慢 • 跟踪查询不方便，许多国家不支持全程跟踪，官网只能跟踪国内部分，国外部分无法跟踪，卖家需要借助其他工具进行跟踪
适用范围	单个包裹重量较轻、价格要求实惠且对时限、跟踪查询要求较低的产品

（二）国际商业快递模式

国际商业快递模式是指货物通过国际快递公司实现跨境物流与配送的模式。该模式是时效最快、成本最高的跨境物流方式。其最大的优势在于服务优质，客户体验极佳。相比邮政渠道，国际商业快递模式报关程序复杂，查验严格，关税征收概率较高。一般货值高、时效要求快、2 千克以上的大包或重货等可以选择这种物流模式。

目前，在全球极具影响力的四大商业快递巨头分别为 UPS、FedEx、DHL 和 TNT[㊀]，其自建的全球物流网络几乎覆盖各个重点区域，时效性极高，再加上本地化的派送服

㊀ TNT 已被 FedEX 收购。

务，为买卖双方提供了良好的物流体验。

中国知名的快递公司近年来也在积极扩展国际快递业务，如 EMS、顺丰速运和“四通一达”。虽然这些快递公司国际业务布局较晚，网络覆盖稍差，但配送速度很高，且出关能力很强。国际主要商业快递公司跨境物流对比见表 9-10。

表 9-10　国际主要商业快递公司跨境物流对比

快递公司	发展概况	费用	优点	缺点
UPS	UPS，即美国联合包裹运送服务公司，成立于 1907 年，是全球最大的快递承运商与包裹递送公司	以 UPS 官网公布或以 UPS 服务热线提供的资费信息为准，会收取计算单件超重费、超长费	• 速度快、服务好、支持一票多件 • 美洲和日本路线具有绝对优势，尤其是美国、日本、加拿大、英国，适合发快件 • 一般 2 ～ 4 个工作日可送达 • 货物可送达全球 200 多个国家和地区 • 提供在线发货，中国 109 个城市提供上门取货 • 查询网站信息更新快，遇到问题及时解决	• 运费较贵，需要计算商品包装后的体积重量，适合发 6 ～ 21 千克的货物，或者 100 千克以上的货物 • 对托运货物限制比较严格
FedEx	FedEx，即联邦快递，成立于 1971 年，是一家国际性速递集团，提供隔夜快递、地面快递、重型货物运送、文件复印及物流服务，总部位于美国田纳西州孟菲斯。1984 年，FedEx 进入中国，目前是拥有直飞中国航班数目最多的国际快递公司	以 FedEx 官网公布的资费信息为准，会收取偏远地区附加费、单件超重费和地址更改派送费	• 适合 21 千克以上的大件，到东南亚国家速度快，到南美洲和欧洲的价格较有竞争力 • 一般 2 ～ 6 个工作日可送达 • 网站信息更新快、网络覆盖全，查询响应快	• 价格较贵，需要计算商品体积重量 • 对托运货物限制较严格
DHL	DHL，即敦豪航空货运公司，成立于 1969 年，是全球快递、洲际运输和航空货运的领导者，目前总部在德国。1986 年，DHL 与中国对外贸易运输（集团）总公司合资成立了中外运敦豪，现已稳居我国航空快递业的领导地位，在中国的市场占有率达到 36%	以 DHL 官网公布的资费信息为准	• 速度快，一般 2 ～ 4 个工作日送达。欧洲一般 3 个工作日可送达，东南亚一般 2 个工作日可送达 • 可送达的网点多，到北美、西欧有优势 • 网站信息更新快，遇到问题可及时解决	• 价格相对较高，小件货价格不太划算，适合发 5.5 千克以上，或者介于 21 千克和 100 千克之间的货物 • 对托运物品限制较严格，拒收许多特殊物品
TNT	TNT 快递成立于 1946 年，总部设在荷兰，是全球领先的快递和邮政服务提供商，其国际网络覆盖世界 200 多个国家和地区。TNT 还为澳大利亚以及欧洲、亚洲的许多主要国家提供业界领先的全国范围快递服务。早在 1988 年，TNT 就已进入中国市场。目前，TNT 为客户提供从定时的门到门快递服务和供应链管理，到直邮服务的整合业务解决方案。TNT 在中国拥有 25 家直属运营分支机构，3 个全功能国际口岸和近 3 000 名员工，服务范围覆盖中国 500 多个城市	运费包括基本运费和附加费用（燃油附加费、偏远地区附加费和安全附加费）。其中，燃油附加费会随燃油价格变动而变动，具体以 TNT 官网公布的数据为准	• 通关能力强，提供报关代理服务 • 速度快，送达全球时效为 2 ～ 4 个工作日，特别是发送西欧，一般 3 个工作日可到 • 在欧洲、西亚、中东及政治、军事不稳定的国家有绝对优势 • 纺织大货到澳大利亚、新西兰和西欧有较大优势 • 网络覆盖较全，信息更新快，可及时跟踪查询货物，遇到问题解决及时	• 价格相对较高，需要计算商品体积重量 • 对货物限制较多

（续）

快递公司	发展概况	费用	优点	缺点
EMS	EMS，是由万国邮联联盟管理下的国际邮件快递服务，在中国境内是由中国邮政提供的一种快递服务	以EMS官网公布的资费信息为准	• 在各国邮政、海关、航空等部门享有优先处理权，且清关时可不提供商业发票，通关不过的货物可以免费运回国内，而其他快递一般要收费 • 投递网络强大，覆盖范围广，价格较为便宜，以实际重量计算，不算抛重 • 寄往南美及俄罗斯等具有绝对优势 • 适合小件物品及时效性要求较低的货物	• 速度较慢 • 查询网站信息更新不及时，出现问题解决时间较长 • 不能一票多件，运送大件货物价格较高
顺丰速运	顺丰速运成立于1993年，是中国具有网络规模优势的快递物流综合服务商。自2010年开展国际业务以来，顺丰为国内外制造企业、贸易企业、跨境电商以及消费者提供了便捷可靠的国际快递服务与定制化物流解决方案，旨在帮助中国优秀企业或商品“走出去”，同时将海外优质企业或商品“引进来”。目前，顺丰速运已开通美国、日本、澳大利亚、新加坡、韩国、马来西亚、泰国、越南等国的快递服务	以顺丰速运官网公布的资费信息为准	• 国内服务网点分布广，收派人员服务意识强，服务队伍庞大 • 价格具有一定竞争力 • 送达东南亚和澳大利亚具有一定时效优势，一般3～5个工作日可送达	• 开通的国家线路较少，卖家可选的国家有限 • 由于业务种类繁多，揽收人员对于国际快递的专业知识了解不够全面

（三）国际专线物流模式

国际专线物流模式是通过航空包舱的方式将货物运送到国外，再通过合作公司进行目的国国内派送的物流模式。其优势在于能集中运输大批商品，通过规模效应降低物流成本。因此，国际专线物流较国际商业快递价格低、时效慢，但比邮政包裹快很多，是目前比较受欢迎的一种跨境物流方式。业内使用最普遍的国际专线物流包括美国专线、欧洲专线、澳大利亚专线、俄罗斯专线等，也有不少公司推出了南美专线、南非专线和中东专线等。

2011年开通的中欧班列，往来于中国与欧洲及“一带一路”沿线各国，也是一种专线运输。中欧班列具有稳定高效、覆盖范围广、全天候的独特优势，已经成为联通欧亚大陆的主要桥梁和绿色通道。

（四）海外仓模式

海外仓是最近几年兴起的新型跨境电商物流模式。它是指经营跨境电商的企业在境外目的地建立或租赁仓库，采用海陆空等运输方式将货物运输至境外目的地，通过跨境电商的方式进行线上销售，消费者成功下订单之后，企业再利用境外目的地仓库或境外第三方物流机构直接进行商品配送运输或本地化服务。海外仓运作流程见图 9-6。与传统跨境物流模式所存在的弊端相比，海外仓能够缩短物流时间、降低物流配送成本，同时还能有效解决商品检验及退换货等诸多问题。但它也存在一定风险，其建设投资庞大，产品需要精细化管理，并不是所有产品都适合海外仓。

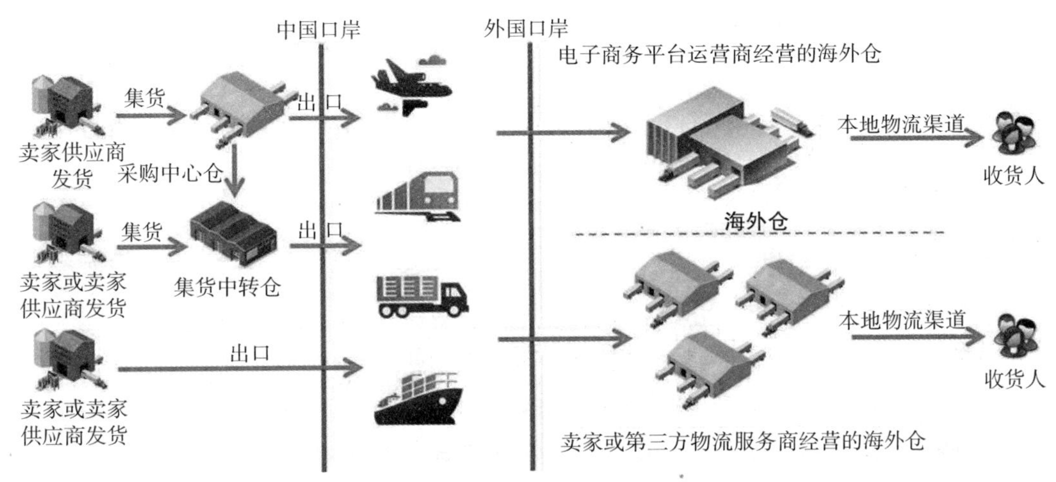

图 9-6　海外仓运作流程

目前，海外仓主要有三种形式：

1. 亚马逊 FBA

亚马逊 FBA 是由亚马逊提供的包括仓储、拣货打包、派送以及收付款、退换货等一系列的电商服务模式。作为全球最大的电商零售平台之一，它的仓库大多靠近机场，配送货效率很高，而且有着多年的物流经验，物流问题比较小。

但是，亚马逊 FBA 费用相对较高，而且客服只能通过邮件用英文沟通，回复速度慢，这影响了用户的购物体验。

2. 商家自建海外仓

商家自建海外仓是由商家自己解决设立公司、仓库、清关、税收、物流配送等各方面问题，自己掌握系统，自己进行管理的电商服务模式。

自建海外仓风险和成本会更高，而且体量不大的话，没有规模优势也很难拿到当地的优惠配送价。

3. 第三方海外仓

第三方海外仓是由第三方公司建设，卖家可租赁使用，实现海外仓运输业务。根据跨境电商与第三方海外仓的合作方式不同，第三方海外仓可分为两种模式：一种是租用，另一种是合作建设。租用会有租用费、物流费等，合作一般只有物流费用。

第三方海外仓有利于提高单件商品的利润率。因为这种模式有稳定的供应链，也有助于商品的销售，同时也会带动客户体验，提高回购率。但是，这种模式也有一定的弊端，比如，存货量预测不准可能会导致货物积压，货物追踪出现问题可能会导致商品丢失等。

思考题

1. 跨境电子商务具有哪些特点?
2. 简述我国跨境电子商务发展的主要趋势。
3. 简述跨境电子商务的模式分类。
4. 目前跨境电子商务主流平台有哪些?
5. 简述跨境支付三大渠道的优缺点。
6. 跨境电子商务有哪些主流支付方式?
7. 简述跨境电子商务物流模式及各自优缺点。

实践应用题

1. 用思维导图的方式描述我国跨境电子商务行业近10年的重大事件。

2. 中国A公司计划开拓美国市场,试分析美国跨境电子商务市场特点,找出美国排名前三的跨境电子商务平台,利用SWOT法则分析在美国市场用哪个平台做跨境电商更有优势,并结合本地市场所拥有的货源特点及优势进行阐述。

参考文献

[1] 张淑琴 . 电子商务概论 [M]. 北京：机械工业出版社，2018.
[2] 自营销 . 直播营销的七大方式总结 [EB/OL]. (2020-02-20)[2021-06-10]. https://www.zyxiao.com/p/11202.
[3] 徐骏骅，陈郁青，宋文正 . 直播营销与运营（微课版）[M]. 北京：人民邮电出版社，2020.
[4] 隗静秋，廖晓文，肖丽辉，等 . 短视频与直播运营：策划 制作 营销 变现（视频指导版)[M]. 北京：人民邮电出版社，2020.
[5] 搜狐网 . 浅谈社交媒体营销的特点及优势 [EB/OL]. (2020-06-04)[2021-07-12]. https://m.sohu.com/a/399720321_120244135.
[6] 买购网 . 社交媒体营销方式有哪些　8 大社交媒体营销策略 [EB/OL]. (2020-06-04)[2021-07-13]. https://www.maigoo.com/goomai/191090.html.
[7] Hishop. 微信营销策略方法技巧大全 [EB/OL]. (2017-07-10)[2021-07-14]：https://www.hishop.com.cn/wsgh/show_38481.html.
[8] 赵明莉 . 短视频营销策略研究 [J]. 现代营销（创富信息版），2018(12)：228-229.
[9] 杜一帆，胡一波 . 新媒体营销：营销方式 + 推广技巧 + 案例解析 [M]. 北京：人民邮电出版社，2017.
[10] 王胜利，曹雨苗 . 5G 时代短视频的内容生产与运营策略探析：以李子柒现象为例 [J]. 传媒，2020(16)：49-51.
[11] 袁国宝 . 新基建 [M]. 北京：中国经济出版社，2020.
[12] 郭锋，等 . 中华人民共和国电子商务法法律适用与案例指引 [M]. 北京：人民法院出版社，2019.
[13] 张夏恒 . 跨境电子商务概论 [M]. 北京：机械工业出版社，2020.
[14] 张函 . 跨境电子商务 [M]. 北京：人民邮电出版社，2019.
[15] 邓志超，崔慧勇，莫川川 . 跨境电商基础与实务 [M]. 北京：人民邮电出版社，2018.
[16] 农家庆 . 跨境电商：平台规则 + 采购物流 + 通关合规全案 [M]. 北京：清华大学出版社，2020.
[17] 孙韬，胡丕辉 . 跨境物流及海外仓：市场、运营与科技 [M]. 北京：电子工业出版社，2020.
[18] 阿里研究中心 . 增长极：从新兴市场国家到互联网经济体：信息经济前景研究报告 [EB/OL].（2013-04-17）[2017-12-08]. http://doc.mbalib.com/view/89a5c4d156902e43eb03b91fdee26039.html.
[19] 中国互联网络信息中心 . 中国互联网发展状况统计报告 [EB/OL].（2021-01-17）[2021-08-18]. http://www.cnnic.net.cn/.
[20] 吴晓波频道 . 转型之战：传统企业的互联网机会 [M]. 北京：中国友谊出版公司，2015.
[21] 孙建红 . 电子商务理论与实务 [M]. 北京：化学工业出版社，2016.
[22] 李振勇 . 商业模式：企业竞争的最高形态 [M]. 北京：新华出版社，2006.
[23] 李雪伶 . 电子商务概论 [M]. 北京：电子工业出版社，2014.
[24] 覃征，等 . 电子商务概论 [M]. 2 版 . 北京：高等教育出版社，2016.
[25] 中国互联网络信息中心 . 2015 年中国网络购物市场研究报告 [EB/OL].（2016-06-24）[2021-08-08]. http://b2b.toocle.com/detail--6341310.html.

[26] 黄岚，王喆．电子商务概论 [M]. 2 版．北京：机械工业出版社，2016.
[27] 张淑琴．电子商务基础与实务 [M]. 北京：北京交通大学出版社，2011.
[28] 李维宇，王蔚，赵敏．电子商务概论 [M]. 北京：清华大学出版社，2016.
[29] 白东蕊，岳云康．电子商务概论 [M]. 3 版．北京：人民邮电出版社，2016.
[30] 万辉，魏华．电子商务概论 [M]. 西安：西安交通大学出版社，2014.
[31] 中国电信移动支付研究组．走进移动支付：开启物联网时代的商务之门 [M]. 北京：电子工业出版社，2013.
[32] 李向文．电子商务物流及其信息化 [M]. 北京：清华大学出版社，2014.
[33] 刘磊，梁娟娟．电子商务物流 [M]. 2 版．北京：电子工业出版社，2014.
[34] 孙军，张英奎．电子商务概论 [M]. 2 版．北京：机械工业出版社，2015.
[35] 黄敏学，朱华伟，李小玲，等．网络营销 [M]. 3 版．武汉：武汉大学出版社，2015.
[36] 尚德峰，王世胜．网络营销 [M]. 北京：中国人民大学出版社，2015.
[37] 尚万成，黄燕．网络营销 [M]. 上海：华东师范大学出版社，2016.
[38] 刘春青，梁海波．网络营销 [M]. 北京：清华大学出版社，2014.
[39] 郑丽，付丽丽．电子商务概论 [M]. 北京：清华大学出版社，2013.
[40] 张润彤．电子商务概论 [M]. 北京：电子工业出版社，2014.
[41] 梁冰，李燕．电子商务概论 [M]. 广州：华南理工大学出版社，2014.
[42] 权金娟．移动电子商务 [M]. 北京：清华大学出版社，2016.
[43] 杜一凡．移动电商团队管理手册：商业模式 + 团队组建 + 运营方案 [M]. 北京：人民邮电出版社，2017.
[44] 叶琼伟，孙细明，罗裕梅，等．互联网 + 电子商务创新与案例研究 [M]. 北京：化学工业出版社，2017.
[45] 李建忠，牟凤瑞，安刚，等．电子商务网站建设与维护 [M]. 北京：清华大学出版社，2017.
[46] 朱美芳，钱娟．电子商务网站建设完整案例教程 [M]. 北京：中国水利水电出版社，2011.